国家侵权行为的管辖豁免问题研究

Research on Jurisdictional Immunities
of Tortious Acts Committed by States

王 佳◎著

世界知识出版社

图书在版编目（CIP）数据

国家侵权行为的管辖豁免问题研究 / 王佳著.
—北京：世界知识出版社，2016.2
ISBN 978-7-5012-5164-3

Ⅰ.①国… Ⅱ.①王… Ⅲ.①侵权行为—研究—中国
Ⅳ.①D923.04

中国版本图书馆CIP数据核字（2016）第037054号

责任编辑	袁路明
责任出版	赵　玥
责任校对	张　琨
封面设计	田　林

书　　名	国家侵权行为的管辖豁免问题研究 Guojia Qinquan Xingwei de Guanxia Huomian Wenti Yanjiu
作　　者	王　佳
出版发行	世界知识出版社
地址邮编	北京市东城区干面胡同51号（100010）
网　　址	www.ishizhi.cn
电　　话	010-65265923（发行）　010-85119023（邮购）
经　　销	新华书店
印　　刷	北京京科印刷有限公司
开本印张	787×1092毫米　1/16　15印张
字　　数	230千字
版次印次	2016年2月第一版　2016年2月第一次印刷
标准书号	ISBN 978-7-5012-5164-3
定　　价	39.00元

版权所有　侵权必究

本书获外交学院中央高校基本科研业务费专项资金资助

序

国家豁免是国际法上的一项重要原则，主要是指一国及其财产免受他国法院的司法管辖。然而，随着国家与外国自然人或法人之间的交往日益增多，他们之间的纠纷也大量增加，国家能否在另一国法院享有绝对的、无条件的豁免地位成为国际社会关注的重大问题。20世纪70年代以来，一些国家在有关国家豁免立法中开始对国家豁免的"例外"进行了规定。特别是2004年12月12日联合国大会第59届会议通过的《联合国国家及其财产管辖豁免公约》不仅明确了一国及其财产依照公约的规定在另一国法院享有管辖豁免，是公约的核心原则，还明确规定了"不得援引国家豁免的诉讼"。公约的规定反映了现今国家豁免问题的发展趋势和重点，即在特定情况下对外国国家原应享有的管辖豁免加以限制。在国家豁免的"例外"或"限制"之中，国家侵权行为是最引人注目的问题。因为，国家侵权行为的管辖豁免问题打破了"限制豁免论"的理论框架，同时在一定程度上是对国家责任制度的突破。

本书是我国第一部系统研究国家侵权行为的管辖豁免问题的专著。本书是在作者的博士学位论文基础上修改而成的，它是作者多年辛勤付出和深入研究的成果。对于国家侵权行为的管辖豁免问题，本书考察了其理论基础，界定了其所涉范围，分析了其争议问题，探究了其实践动向，预测了其发展趋势。本书不仅科学构建了研究该问题的理论框架，还对如何处理实践问题提出了具有可操作性的建议。本书的鲜明特色主要体现在以下几个方面。

第一，本书的选题新颖，视角独到。国家豁免问题不仅是学界讨论的热点话题，也是实务界需要处理的棘手难题，因此围绕国家豁免问题的各种著作并不鲜见。面对着这样的热度，作者冷静地选择了尚未被系统研究的国家侵权行为的管辖豁免问题。该问题可谓是除"商业活动例外"之外，国家豁免问题的"第二大例外"，但"商业活动例外"并未打破"限制豁免论"的理论框架，而该问题却做到了这一点。同时，一些国家在国家侵权行为的管辖豁免问题上"走得太远"，使得该问题成为国家豁免领域中争议最多、亟待解决的一个。由此可见，作者在选题方面是有独到眼光的。

第二，本书的资料翔实，论证充分。作者研读了有关国家豁免的重要中英文著作、论文，为其深入研究奠定了扎实的理论基础。更值得一提的是，作者还研读了有关国家侵权行为管辖豁免问题的所有立法条款、条约文本、国际法委员会工作报告，以及主要国家的国内法院所受理的与该问题有关的所有重要案例材料。丰富而可信的资料不仅使得本书在论证时有了充分的依据，为作者深入分析奠定了坚实的资料基础，也给读者提供了进一步了解和深入国家侵权行为的管辖豁免方面的资料线索。

第三，本书的内容全面，方法得当。在本书中，作者首先考察了国家豁免的一般理论，阐明了国家豁免的发展历程，以及"绝对豁免论"和"限制豁免论"的产生背景和国家实践，厘清了理论中的是非。在此基础上，作者通过深入分析，提出了领土管辖权原则和方便法院原则作为管辖豁免的理论基础。为界定该问题的适用范围，作者从行为性质、领土联系、主体要件等方面认定了限制管辖豁免的国家侵权行为种类，澄清了实践中的误区。作者还从行为性质、领土联系、主体要件等方面界定了限制管辖豁免的国家侵权行为种类，从而避免因适用范围不明而在实践中走入误区。作者着力分析了该问题中最新出现且最有争议的部分——违反国际法的国家侵权行为的豁免问题。在上述基础上，作者对中国的实践进行了深入分析，并提出立法和实践建议。本书大量采用文本分析、历史分析、比较分析等多种研究方法，并得出有价值的独到见解和结论，反映了作者良好的理论研究水平和驾驭研究对象的能力。

第四，本书的研究对我国开展国家豁免立法和司法实践具有重要的参考价值。我国积极参与了《联合国国家及其财产管辖豁免公约》的谈判，推动了该公约的最终通过，并于2005年9月14日签署了公约。随着我国的国家交往日益频繁，我国将会面临越来越多的国家侵权管辖豁免问题。一方面，我国国家面临在国外法院因国家侵权行为被起诉的情况；另一方面，走出国门的我国公民、法人也面临被外国国家侵犯权利的情况。可喜的是，《国家豁免法》已列入全国人大常委会的立法计划中，国家侵权行为的管辖豁免问题也将成为立法中的重要条款。因此，在尊重国际法的基础上，探索中国对国家侵权行为的管辖豁免的程序和模式，维护国家和公民的合法利益，已经成为摆在我们面前的重大课题。在本书中，作者不仅为我国国家应诉和公民、法人起诉外国国家的情况提出了具有可操作性的建议，还结合国际条约、相关国家国内立法，为我国的《国家豁免法》中的国家侵权行为条款进行了设计。我相信作者的研究成果，在将来我国的国家豁免立法和司法实践中会日益凸显其重要作用。

本书作者王佳是我所指导的博士研究生。她自2010年进入中国人民大学法学院攻读博士学位，从那时起开始关注国家侵权行为的管辖豁免问题，到此书的出版，时光已经过去6年。作者的法学功底扎实，同时勤奋踏实、刻苦努力，在学习过程中表现出了严谨认真的研究态度和务求真知的钻研精神。在这种态度与精神的支撑下，作者以优异的成绩获得博士学位，并前往外交学院国际法系担任教职，成为国际法学界的新生力量。国际法的内容博大精深，范围包罗万象，问题错综复杂，希望作者继续努力，更好地结合我国实际，深入观察和分析，为国际法治与国内法治的良性互动贡献自己的力量。

是为序！

邵沙平
2016年1月5日于北京

目 录
Contents

导 论 .... / 1

第1章 国家侵权行为的管辖豁免问题概述 .... / 8
    第一节 国家豁免的一般理论 8
    第二节 国家豁免规则的形成与确立 22
    第三节 国家侵权行为的管辖豁免的提出和发展 34
    第四节 国家侵权行为的管辖豁免的理论基础 45

第2章 限制管辖豁免的国家侵权行为的认定 .... / 55
    第一节 行为性质 56
    第二节 领土联系 63
    第三节 主体要件 70
    第四节 美国立法中规定的特殊条件 78

第3章 国家侵权行为的管辖豁免的争议问题 .... / 86
    第一节 概述 86
    第二节 武装冲突中的国家侵权行为的管辖豁免问题 96
    第三节 国家支持的恐怖主义侵权行为的管辖豁免问题 103

第四节　国家从事酷刑的侵权行为的管辖豁免问题 112

第4章　国家侵权行为的管辖豁免的相关问题 .... / 123
　　第一节　国家侵权行为的管辖豁免与外交豁免 123
　　第二节　国家侵权行为的管辖豁免与国家责任 131
　　第三节　国家侵权行为的管辖豁免与外交保护 139
　　第四节　国家侵权行为的管辖豁免与商业活动的管辖豁免 146

第5章　国家侵权行为的执行豁免问题 .... / 156
　　第一节　执行豁免概述 156
　　第二节　国家侵权行为的执行豁免的立法情况 163
　　第三节　国家侵权行为的执行豁免的实践情况 174

第6章　中国有关国家侵权行为的管辖豁免问题 .... / 181
　　第一节　中国在国家豁免领域的实践情况 181
　　第二节　对中国的实践情况的对策与建议 192
　　第三节　立法建议 199

结　论 .... / 207
参考文献 .... / 211
附录　国家侵权行为管辖豁免相关立法及立法草案、建议稿 .... / 226

导　论

一、研究目的

国家豁免是一个特殊的研究领域，国际法和国内法在此紧密交织。它是国际法上的重要原则，却又是由国内法院根据国内法加以适用的。① 即，当一国在外国法院成为被告时，能否援引国家豁免而免受管辖是国际法上的问题；而国家豁免原则所适用的范围和程度则是由国内法院依国内法决定的，所以又是国内法上的问题。

围绕国家豁免原则，有"绝对豁免论"和"限制豁免论"这两种理论主张和实践做法。其中，"绝对豁免论"的理论基点在于，认为国家豁免是国家主权平等原则②的衍生物，能够有力地维持国家间的平等和尊严，所以，国家所从事的任何行为都应在另一国法院享有豁免。也就是说，根据"绝对豁免论"，在诉讼中，被告是否享有国家豁免的权利，重点在其身份的性质。③"限制豁免论"则认为国家在与私人从事商业贸易活动时，已步下了"国家"的神坛，所以，在国家从事商业行为时，应该遵守法院地国法院的管辖权。④ 因此，"限制豁

---

① Hazel Fox, T*he Law of State Immunity*, Oxford University Press, 2005, p. 1.
② 主权平等原则也常被表示为"平等者之间无管辖权"（par in param non habet juridictionem）。
③ R. Higgins, *Problem and Process: International Law and How We Use It!*, Oxford University Press, 1996, p.79.
④ D.W. Greig, "Forum state jurisdiction and sovereign immunity under the International Law Commission's draft articles: Part 1", *International & Comparative Law Quarterly*, 38(2), 1989, p. 250.

免论"关注的不再是被告的身份性质，而是被告所从事的行为。英国、美国和法国在历史的较长时期内，都曾坚持"绝对豁免论"；① 而比利时、意大利等国则自19世纪末期便开始实践"限制豁免论"。② 不过，两次世界大战后，国家的职能重心发生了变化，为促进对外贸易的发展和国内经济的增长，国家越来越多地涉足私行为的领域。③ 在这样的情况下，"限制豁免论"获得了越来越多的支持，英国、美国和法国也纷纷改弦更张。

根据现有的有关国家豁免的国际公约和国内立法来看，一般的规定都是以国家享有国家豁免为原则，同时又明确列出若干项例外。值得注意的是，几乎所有的条约和国内立法都将国家侵权行为列入到国家豁免的例外之中，从而，由国家侵权行为引发的诉讼便成为国家不得援引豁免的诉讼。

从近期的国际和国内司法实践来看，随着跨国交往活动的频繁发生，有关国家豁免的案子层出不穷，而在这个充满了危险事故的时代，国家侵权行为不得享有豁免的理由在实践中被频繁援引。原因在于：一方面，国家侵权行为例外所能涵盖的范围愈来愈广。起初，侵权行为例外针对的只是交通事故造成侵权损害的案件，但在实际运作中，这一例外却将众多类型的侵权案件纳入麾下。比如，侵权行为例外常适用于侵犯人权的案件、恐怖主义侵权的案件以及政治谋杀的案件；另一方面，国家侵权行为例外本身代表着理论和实务上的巨大突破，它将原属于国家责任范畴的外国国家侵权行为造成的损害赔偿问题拉入到国内法院管辖，它还冲击了限制豁免论的理论框架，因为它不再严格依照主权行为和非主权行为的划分来确定是否赋予国家豁免。④

国家豁免的侵权行为例外所适用的范围很广，但却没有明确的界限，也没有统一的适用条件。这就可能造成某些国家在实践中利用侵

---

① 参见，龚刃韧：《国家豁免问题的比较研究——当代国际公法、国际私法和国际经济法的一个共同课题》，北京：北京大学出版社，2005年版，第28—33页。
② Gamal Moursi Badr, *State Immunity: An Analytical and Prognostic View*, p. 21, 24.
③ Max Sorensen, ed., *Manual of International Law*, St. Martin's Press, 1968, p. 425.
④ 陈纯一：《国家豁免问题之研究——兼论美国的立场与实践》，台北：三民书局，2000年版，第220页。

权行为例外无限制地扩张管辖权的情况，比如，美国于1996年通过了《反恐怖主义活动和有效死刑法》（the Anti-terrorism and Effective Death Penalty Act），以修正《外国主权豁免法》（the Foreign Sovereign Immunities Act, FSIA）中对非商业侵权行为例外的规定，完全取消了侵权行为例外对领土联系的要求。[①] 这一做法动摇了法院地国对外国国家侵权行为行使管辖权的法律基础，即领土管辖权和方便法院的原则。[②] 另外，侵权行为例外的问题又与国际法的其他领域息息相关，特别是外交保护、国家责任、国际人权法和强行法等，但却较少有梳理它们之间关系的研究。因而，对这个具有前沿性和挑战性的问题加以系统和全面地论证可以加深人们对国家豁免领域的认识。

所以，本书所研究的中心问题就是国家豁免的侵权行为例外，即外国国家侵权行为的管辖豁免问题。2004年《联合国国家及其财产管辖豁免公约》（the UN Convention on Jurisdictional Immunities of States and Their Property）又将其界定为不得援引国家豁免的诉讼之一。既然国家在侵权行为案件中不得援引豁免，那么，相应地，法院地国法院可对外国侵权行为进行管辖。因此，这一问题又是对外国国家侵权行为实施管辖权的问题。

具体说来，对外国国家侵权行为实施管辖的理论基础以及与其他理论的关系应该进行深入分析，以达到在理论上的周延和清晰，从而建立理论研究的基础。而对外国国家侵权行为实施管辖的前提条件、运作过程也应做深刻研究，以达到对实践问题的了解和熟悉，从而实现理论为实践服务。由于我国并没有对国家豁免进行立法，在实践中也长期坚持绝对豁免论，所以对国家侵权行为能否享有管辖豁免的问题关注不多。但是随着世界上绝大多数国家都转向限制豁免，在坚持绝对豁免不利于本国利益的情况下，我国已经有对国家豁免问题进行立法的准备。因而，在对他国法律文本和国际公约进行比较研究后，可结合我国实际情况，对立法中的相应条款做出建议；另外，我国在

---

① Pub. L. No. 104-133, 110 State 1214(1996).

② Sompong Sucharitkul, "Fifth Report on Jurisdictional Immunities of States and Their Properties," *Yearbook of International Law Commission*, Vol. II, Part 1, 1983, p. 39.

实践中面临着一些外国国家法院受理的涉及我国侵权行为的案件，在外国法院如何应诉是亟待解决的问题，所以在对主要国家的司法判例或案例进行研究后，可结合我国实际案情，对应对诉讼提出意见。

二、研究资料综述

至今，无论是国内还是国外，都尚没有对国家侵权行为的管辖豁免问题进行专门研究的著作，常见的是在有关国家豁免的一般性著述中对这个问题的专章或专节介绍。正因为如此，对于该问题深入且系统化的研究十分少见。

（一）国内的研究资料现状

就国内的文献状况来说，有一些专门研究国家豁免的著作具有启发意义，特别是龚刃韧的《国家豁免问题的比较研究——当代国际公法、国际私法和国际经济法的一个共同课题》，该书对国家豁免中的"外国国家侵权行为"问题有专节的介绍。台湾学者陈纯一的《国家豁免问题之研究——兼论美国的立场与实践》一书中用一章的篇幅介绍了国家从事侵权行为的管辖豁免方面的美国实践，为开展比较研究奠定了一定的基础。另外，以国家豁免为研究对象的博士论文超过十篇，其中，武汉大学夏林华的博士论文《不得援引国家豁免的诉讼若干问题研究》以《联合国国家及其财产管辖豁免公约》为基础，对《公约》中的"人身伤害和财产损害"问题进行了专章介绍，为国际公约的研究分析提供了一定的指引。期刊论文方面，可检索到两篇以外国国家侵权行为的管辖豁免为研究对象的论文，但这两篇论文以事实介绍为主，参考价值一般。

（二）国外的研究资料现状

就国外的资料来说，英国学者福克斯（Fox）的《国家豁免法》（The Law of State Immnunity）一书除对国家豁免的一般问题进行探讨外，还全面深入地分析了国家侵权行为的管辖豁免问题和国家责任制度之间的关系，这为深刻理解和把握研究课题的深层次理论奠定了基础。施瑞尔（schreuer）的《国家豁免：一些最新发展》（State Immunity: Some Recent Developments）、班卡斯（Bankas）的《国际法中的国家豁免争议》（The State Immunity Controversy in International Law）以及巴德尔（Badr）的《国家豁免：一种分析与预测的观点》（State Immunity: An Analytical and Prognostic View）对国家豁免中的争议问题和新趋势进行了分析，其中涉及到侵权行为例外问题。另外，目前国际社会对于国家违反人权行为的管辖豁免问题非常关注，所以，这样的著述和论文非常常见，比如，布罗姆（Brohmer）的《国家豁免和侵犯人权行为》（State Immunity and the Violation of Human Rights）一书较为全面地分析了这个问题的来龙去脉。在论文方面，专门针对该问题的论文数目有数十篇，其中，较为深刻的有福克斯的《国家责任与国内法院受理的针对外国国家的侵权诉讼》（State Responsibility and Tort Proceeding against a Foreign State in Municipal Courts）、怀特（Wright）的《惩罚却无补偿：对酷刑者享有民事诉讼豁免的批判》（Retribution but No Recompense: A Critique of the Torturer's Immunity from Civil Suit）以及麦克格雷格（Mcgergor）的《国家豁免和强行法》（State Immunity and Jus Cogens）等。以上论文对国家侵权行为例外能否适用于违反人权的案件进行了一定的讨论，对本书对案例的类型化分析有一定的帮助作用。

此外，国家豁免问题在很大程度上是通过国内立法和司法实践发展而来的。[①] 所以，美国、英国、澳大利亚、加拿大等国的国家豁免立法和司法实践就成了重要的研究资料，而一些区域性法院和国际法院也都曾受理此类的案件，如欧洲人权法院受理的阿德萨尼案（the Adasani Case）和国际法院受理的德国诉意大利管辖豁免案（Jurisdictional Immunities of the State）。这些案例和判决也是本书的参考资料。

另外，自1979年起，联合国国际法委员会开始了对国家豁免问题

---

① Gamal Moursi Badr, *State Immunity: An Analytical and Prognostic View*, p. 1.

的编纂，并最终形成了公约。①公约的约文及编纂过程中的报告都是研究国家豁免问题的重要资料，而且国际法委员会的历次报告中多有对国家侵权行为的管辖豁免问题的专门论述。联合国还出版了《国家及其财产管辖豁免的资料集》(Materials on State Immunities of States and Their Property)，其中不仅有各国的立法文件，还有重要的案例和报告，这也是值得参考的重要资料。

总之，国内的文献资料大多是综述国家豁免问题，所以分配到国家侵权行为的管辖豁免的论述便相对少了。国外的文献中有专门研究外国国家侵权行为的，但它们大多只是集中于国家侵权行为中的一点或几点，比如很多文章专门研究侵犯人权的行为的管辖豁免问题等。这样，系统研究侵权行为的管辖豁免问题的文献也是缺乏的。仅从一两点着手，无法全面系统地对待国家侵权行为的管辖豁免问题，也无法高瞻远瞩地解决理论问题。同样，如果研究的对象过于宽泛，以整个国家豁免制度为对象的话，可能又无法细致深入地探究国家侵权行为的专门问题。因此，本书将在参考国内外著述的基础上，专门对国家侵权行为的管辖豁免问题加以独立地研究。

三、研究方法

本书主要采取的是文本分析、案例分析、比较分析和历史分析的研究方法。

本书对有关的国内立法和国际公约进行了深入阐释，特别是联合国国际法委员会在编纂公约过程中的报告和对条约草案的评注，本书将阐述关键条文的结构及解释适用，并且在其中强调价值取向的论证及思考方法，致力于将抽象的概念和概括条款加以具体化、类型化。

不过，关于国家侵权行为管辖豁免的立法规定往往甚为简洁、抽象，很多情况下，是通过法院的判例来获得规范生命，从而促进法律

---

① 1979年12月19日，第32届联合国大会通过第32/151号决议，建议国际法委员会研究国家及其财产管辖豁免的法律。国际法委员会先后于1986年和1991年一读和二读通过条款草案，经过二十余年的努力，最终于2004年在联合国大会通过《联合国国家及其财产管辖豁免公约》。

进步，所以，这一领域也带有案例法的性质。在英美法系国家，判决先例本身就是法律渊源，为研究的重点。而在大陆法系国家，判决先例亦备受重视，而为分析评释的对象。[①] 国际司法机构受理的案件，更加具有重要性和影响力，所以，对这些案例更要做出深入的评释，以凸显其中所蕴涵的法律原则及对相关领域法律发展的意义。

另外，侵权行为法本身就是适于做比较法研究的法律领域。英美法长期的历史经验和德国法上的理论体系构成，足供认识侵权行为法在法律政策及法律技术的关系。[②] 就国家侵权行为问题来说，由于各国的规定不一致，又有国际公约的出现，分析这些不同之处，有助于对法律理论的解释和对法律发展趋势的分析。通过比较，一方面希望展现该领域的特点及争议点；另一方面希望借助比较法的规范模式，探寻改进和解决的方法。

本书对国家豁免问题的发展历程进行了重新梳理，在对历史资料和事件、案例进行分析总结后，对国家豁免问题研究中长期存在的一些误区进行了解释。而且，得益于对历史发展脉络的清晰处理，使本书得对国家侵权行为管辖豁免的理论来源做更深刻挖掘，对其发展趋向做更广阔的展望。

[①] 王泽鉴：《侵权行为法》第一册，北京：中国政法大学出版社，2001年版，第6页。
[②] 同上。

第1章
国家侵权行为的管辖豁免问题概述

第一节 国家豁免的一般理论

国家侵权行为的管辖豁免问题是国家豁免中的一个具体领域，它所指向的问题主要是外国国家在特定情况下从事的侵权行为在另一国法院内不享有管辖豁免，因而在实践中也被称为国家豁免的侵权行为例外。显然，国家豁免理论是其基础和前提，因此，在对其进行深入研究前，有必要先对国家豁免的一般理论加以介绍。

一、国家豁免的含义与意义

国家豁免（state immunity）[①] 的更加精确的表述方式是"国家及其

[①] 国家豁免（state immunity）和主权豁免（sovereign immunity）的意义是否相同是个有争议的问题。虽然在实践中有被混用的现象，但从严格意义上来说，二者含义不尽相同。前者侧重于以整个国家为豁免对象，而后者主要是指君主或国家元首在他国享有豁免。由于国家豁免常被采用为正式的法律文件的术语，所以本书坚持用国家豁免，并在此澄清这一问题。参见苏义雄：《论外国管辖豁免——英美两国之实践》，《中兴法学》，1990年第11期，第29页；Sompong Sucharitkul, "Development and Prospects of the Doctrine of State Immunity: Some Aspects of Codification and Progressive Development", *Netherlands International Law Review*, Vol. XXIX, 1982, p.252.

财产的管辖豁免",指的是一个国家及其财产免于另一国家管辖的权利。①从广义的角度出发,国家豁免的范围应该包括司法、行政和执法三方面,但在一般情况下,主要指的是司法管辖豁免和执行豁免。②本书亦是只涉及这两方面的豁免问题。因而,本书所探讨的国家豁免意指国家不受另一国法院审判,其财产在另一国法院也免于遭受扣押等强制执行措施。当然,国家豁免仅是从程序上使一国免于在另一国法院被起诉或者被采取执行措施,但是并不从实体上解除该国应承担的责任。

在国际法中,有关国家豁免的规则是国家得以援引并以此避免受另一国法院管辖的那些规则。不过,具体适用这些规则的却是国内法院。也就是说,国际法所调整的是国家所提出的国家豁免的诉求,国内法院却根据其国内法律确定国家豁免原则所适用的范围和方式。所以,国家豁免法的特殊之处在于,它是国际法和国内法的结合物。这当然会使得这一领域的法律变得更加复杂而且引发了相当大的矛盾。③

具体来说,目前并没有统一的有关国家豁免的国际法文件。2004年的《联合国国家及其财产管辖豁免公约》虽力图改变这样的现状,以使得在这一领域的国际法获得普遍遵守,但奈何其缔约国尚仅有20个,距其有30个缔约国才生效的要求还有一段距离。④

表1 《联合国国家及其财产管辖豁免公约》当事国一览图

当事国	签署日期	批准、接受（A）、核准（AA）、加入（a）日期
奥地利	2005.01.17	2006.09.14
比利时	2005.04.22	
中国	2005.09.14	

① 陈纯一:《国家豁免问题之研究——兼论美国的立场与实践》,第5页。
② Louis Henkin et al., *International Law: Cases and Materials*, West Publishing Co., 1993, p.1127.
③ Hazel Fox, *The Law of State Immunity*, p.1.
④ 目前,《联合国国家及其财产管辖豁免公约》有28个签署国和13个缔约国。我国是该公约的签署国,但尚未批准。13个缔约国分别为奥地利、法国、伊朗、日本、哈萨克斯坦、黎巴嫩、挪威、葡萄牙、罗马尼亚、沙特阿拉伯、西班牙、瑞典和瑞士。数据来源为联合国网站,http://treaties.un.org/Pages/ViewDetails.aspx?src=TREATY&mtdsg_no=III-13&chapter=3&lang=en,最后访问时间2015年5月31日。

续表

当事国	签署日期	批准、接受（A）、核准（AA）、加入（a）日期
捷克共和国	2006.10.13	2005.03.12
丹麦	2006.09.19	
爱沙尼亚	2006.03.30	
芬兰	2005.09.14	2014.04.23（A）
法国	2007.10.17	2011.08.12（AA）
冰岛	2005.09.16	
印度	2007.01.12	
伊朗	2007.01.17	2008.09.29
日本	2007.01.11	2010.05.11（A）
哈萨克斯坦		2010.02.17（a）
黎巴嫩	2005.11.11	2008.11.21
马达加斯加	2005.09.15	
墨西哥	2006.09.25	2015.09.29
摩洛哥	2005.01.17	
巴拉圭	2005.09.16	
葡萄牙	2005.02.25	2006.09.14
挪威	2005.07.08	2006.03.27
罗马尼亚	2005.09.14	2007.02.15
俄罗斯	2006.12.01	
沙特阿拉伯		2010.09.01（a）
塞内加尔	2005.09.21	
塞拉利昂	2006.09.21	
斯洛伐克	2005.09.15	
西班牙		2011.09.21（a）
瑞典	2005.09.14	2009.12.23
瑞士	2006.09.19	2010.04.16
东帝汶	2005.09.16	
大不列颠及北爱尔兰联合王国	2005.9.30	
意大利		2013.05.06（a）

续表

当事国	签署日期	批准、接受（A）、核准（AA）、加入（a）日期
伊拉克		2015.12.02（a）
拉脱维亚		2014.02.14（a）
列支敦士登		2015.04.22（a）

本表数据来源为联合国网站，http://treaties.un.org/Pages/ViewDetails.aspx?src=TREATY&mtdsg_no=III-13&chapter=3&lang=en，2015年12月16日登录。

所以，人们一般认为国家豁免的国际法基础在于国际习惯。那么，在适用国家豁免原则时，就需要对国际习惯的内容加以证明，在实践中，通常的做法是对各国法院的判例、案例加以分析和比较。

在理论界，有关国家豁免的理论争议方兴未艾。有坚决主张国家应享有绝对豁免的，这种见解在19世纪末之前居主流地位；[①] 有主张弃绝对国家豁免理论的，因为其使得国家得以恣意实施暴行，而不会受到司法调查，还会导致国家权力的滥用。[②] 不过，如今，大多数学者认为，如果以有限制的、谨慎的方式利用国家豁免的话，并不会招致以上的后果，反而会促进国际关系和国际共同体的发展。

国家豁免主要有以下几个功能：首先，国家豁免是分配国家间管辖权的法律工具，一旦法院面对私人对另一国国家提起的诉讼，国家豁免就是法院要考虑的是否可以受理案件的因素之一。[③] 通过对这一因素的考量，法院决定案件应由其受理还是应由另一国自行处理。同时，通过对国家豁免的考虑，也可以做出以何种方式解决相应案件的结论，如应该通过司法程序还是仲裁程序，抑或是外交程序；其次，国家豁免可以在一定程度上避免国家间发生争议。一国法院受理针对另一国国家的案件，可能会遭受到对方国家的抗议或外交压力，而国家豁免使得该国法院可以不受理这样的案件，从而使国家间的这种窘境得以

---

① 主张绝对豁免论的学者的代表有奥本海（Oppenheim）、韦斯特莱克（Westlake）、卡尔沃（Calvo）和安齐洛蒂（Anzilotti）等。

② "废除豁免论"(the doctrine of abolishing immunity) 主要由英国学者劳特派特（H. Lauterpacht）于1951年所提起。参见，Lauterpacht, "The Problem of Jurisdictional Immunities of Foreign States", *British Yearbook of International Law*, Vol. 28, 1951, pp. 220-272.

③ David Kennedy, *International Legal Structures*, Nomos, 1987, p. 114.

避免;①再次,国家豁免在实质上可以维系特定的公共利益以及国家相对于个人而言所拥有的特权。在实践中,国家为开展公共职能总是要享有一定的特权与豁免,在这样情况下,国家豁免能够保证国家的特权与豁免的维持。

二、国家豁免的理论根据

对于国家豁免的理论根据,国际社会上众说纷纭。主要可归纳为"治外法权论"[②]、"尊严论"[③]、"礼让论"[④]和"主权平等论"[⑤]。其中,得到最广泛支持的是"主权平等论"。[⑥]尽管如此,只是摆出以上名词并没有实践意义,对国家豁免的理论根据应进行结合实际的分析。既然国家豁免是一个国家及其财产免于另一国家管辖的权利,那么就要考证国家为什么享有这样的权利,追根溯源,需要考察的第一个问题就是国家的概念,国家具有何种特殊性而使其拥有特权呢?

1933年的《关于国家权利与义务的蒙特维的亚公约》(The Montevideo Convention on the Rights and Duties of States)对国家下了一个定义,第一条即规定,国家作为国际法的主体应该拥有永久的人口、确定的领土、政府以及与他国开展关系的能力。这个定义说明国家是国际法律秩序中的主体,也说明了构成国家的条件。不过,却未能说明国家的职能和任务,而只有国家的职能和任务才能直接解释为

---

① Hazel Fox, *The Law of State Immunity*, p. 1.
② "治外法权论"起初被作为外交特权与豁免的根据,指的是将使馆看作派遣国领土的延伸。后来,这一理论也被一些学者认为是国家豁免的根据。参见,龚刃韧:《国家豁免问题的比较研究——当代国际公法、国际私法和国际经济法的一个共同课题》,第20页。
③ 普通法系国家的判例中常将"尊严"作为给予对方国家豁免的理由。尊严最早来源于君主在国内的至高地位,后来被适用于外国君主或国家的地位上。但尊严一般不是被看作为国家豁免单独的理论根据,而是往往与其他概念一起被提出。参见,同上书,第22—23页。
④ "礼让论"注重的是非法律性质的政治因素,考虑的是国家利益和国家之间的关系。参见,倪征燠:《关于国家豁免的理论与实践》,《中国国际法年刊(1983年)》,北京:法律出版社,1983年版,第5页。
⑤ "主权平等论"到了19世纪以后被广泛援引,法律格言"平等者之间无管辖权"被看作是其同义词。参见,陈纯一:《国家豁免问题之研究——兼论美国的立场与实践》,第9页。
⑥ Sompong Sucharitkul, *State Immunities and Trading Activities in International Law,* Praeger, 1959, p. 262.

何国家应享有与普通公民不同的地位。

然而，国家的职能和任务并非固定不变的。事实上，在历史的演进过程中，国家职能就像钟摆一样左右晃动，有时倾向于集权，有时又倾向于分权。① 欧洲中世纪时，国家权力相对分散，君主与教皇之间一直有着权力的斗争，菲吉斯（Figgis）甚至评论道，"从严格的意义上讲，中世纪没有主权者（sovereign）"。② 而到了17世纪之后，这种权力分散的状况又变成了国家权力的集中，现代国家随即出现，国家拥有对内的统治权和对外的独立权。在21世纪的今天，后现代国家（post-modern state）的概念出现，国际社会间更为侧重的是国家间的相互依赖，为了实现这样的目的，国家就需要让渡一部分主权权利至国际组织处，国家在内部也往往会把权力下放至其组成部分。③

国际法形成为一个法律体系发展起来，并且与此相伴随，出现有系统的国际法学著作，确是近代欧洲的事。④ 近代欧洲国际法开始形成的一个重要标志是结束30年战争（1618—1648年）的威斯特伐利亚和约。和约所建立的威斯特伐利亚国家体系的特点是国家在国内享有完全的统治权，并与其他国家的地位平等，且享有独立的地位。博丹（Bodin）的《共和国》（Republic）一书为这种国家体系奠定了基础，博丹认为国家享有集中的政府权力，并且拥有独立法律人格。格劳修斯（Grotius）为这个国家概念增加了国际的层面，即各国独立平等，且不干涉他国内政。国家豁免恰恰是调和国家概念的国内层面和国际层面的设计，国家豁免使得国家既可在国家内部拥有完全的权力，又可避免因审判以其他国家为被告的案件而构成对他国内政的干涉。

早期有关国家豁免的案例都或多或少地反映了以上的观点，也就是说，它们都是建立在威斯特伐利亚国家模式之上的。比如，马歇尔大法官（Marshall CJ）在"交易号案"（The Schooner Exchange）中称，世界

---

① Hazel Fox, *The Law of State Immunity*, p. 24.
② John Nevill Figgis, *Studies of Political Thought, From Gerson to Grotius*, Cambridge University Press, 2011, p.11.
③ Hedly Bull, *The Anarchical Society: A Study of Order in World Politics*, Columbia University Press, 1977, p.254.
④ 周鲠生:《国际法》（上册），北京：商务印书馆，1976年版，第40—41页。

由独立主权的国家组成，国家拥有平等权和独立权，通过互相交往，可促进国家间共同利益的实现。为了互相传达善意，所有主权国家同意在特定案件中放松它们对领土的主权所赋予的绝对和完全管辖权。①

很多学者指出威斯特伐利亚国家体系已被后现代国家模式所替代。② 后现代国家是侧重于分权而非集权的国家，比如，以前集中于单一的英国议会的权力被分散至苏格兰、威尔士和北爱尔兰议会；在对外权力的层面上，欧盟的机构逐渐成为成员国共同利益的守卫者，并且可以直接对成员国公民行使权力。③ 不过，目前国家让渡权力给国际组织的程度还不够高，且一般是基于一些原则性的认识。

不过，后现代国家体系与威斯特伐利亚国家体系仍有一些共同之处。首先，国家都有权管理国内事务，并可在领土范围内制定并执行法律；其次，国家控制着国内的经济和自然资源；第三，国家的统治权实施目的是公共利益，而非个人利益。④ 国家不能像私人部门一样只为了满足个人利益，而是要实现宪法要求其实现的公共利益。⑤

既然威斯特伐利亚体系之下的国家和后现代国家体系之下的国家具有一些共同特征，那么国家豁免的理论根据应该建立在共同点之上，并体现为以下三个方面：

第一，国家拥有独立和平等的地位。这一理由也可用"平等者之间无管辖权"这一谚语来表示。在有关国家豁免理论基础的各种理论中，这一理论无疑得到最广泛的支持，而且在各国的判例中，也常被援引为国家豁免的主要理由。对于大陆法系国家来说，由于它们的法院仅有受理针对私人案件的权利，所以可以承认对另一国不具有管辖权的事实。⑥ 国家豁免对大陆法系国家来说就意味着管辖权属于另一国

---

① The Schooner Exchange v. McFaddon, 11 US 116 (1812).

② Schriver, "The Changing Nature of State Sovereignty", *British Yearbook of International Law*, 1999, pp. 71-79.

③ Hazel Fox, *The Law of State Immunity*, pp.25-26.

④ Hazel Fox, *The Law of State Immunity*, p. 27.

⑤ Oliver, "The Frontiers of the State: Public Authorities and Public Functions under the Human Rights Act", *Public Law*, 2000, p. 466.

⑥ Hazel Fox, *The Law of State Immunity*, p. 30.

法院或应用其他途径解决。1849年,法国最高法院的"西班牙政府诉兰博格和波捷特案"(Spanish Government v. Lambege et Pujol)涉及的是军靴的买卖问题,法院判决称由于被告是国家,所以该法院不具有管辖权。[1] 在普通法系国家,更侧重的是法院的管辖权,至于独立和平等则是限制管辖权的理由。[2] 结果,对普通法系国家而言,给予豁免的理由是要尊重他国的尊荣并为了互惠。比如,在"比利时国会号案"(The Parlement Belge)中,英国法官声称一国拒绝对另一国的君主、大使或用于公共目的的财产行使管辖权,是每一主权领土绝对独立和国际礼让的结果,从而使得每一主权国家尊重其他主权的独立和尊严。[3]

第二,类比国家在国内法中享有的豁免。国家豁免还可以从类比的方式得到存在的理由,即通过类比法院地国在其本国法中享有的豁免而获得豁免。这种理论其实是来源于采邑法[4](feudal law)。由于一国的中央政府在国内法院中享有豁免权,这样,就有必要给予外国以同样的地位和豁免,从而体现公平和平等的原则。不过,第二次世界大战之后,国家在本国法院中并不再享有绝对的豁免,比如,英国1947年的《王权诉讼法》(Crown Proceedings Act)就标志着政府的诉讼特权的瓦解。[5] 因此,随着法院地国本身在法院中享有的特权与豁免的减少,类比的方式反而成为要求限制国家豁免的理由。比如在兰西姆图拉案(Rahimtoola v. Nizam of Hyderabad)中,丹宁勋爵(Lord Denning)指出,"在所有的文明国家中,都出现了使主权者在本国法院接受诉讼的趋势,比较著名的就是英国的《主权诉讼法》。那么,外国主权也不应该获得不同的对待。我们没有理由赋予外国政府的部门或机构以我们本国政府所不享有的豁免。"[6]

第三,国内法院无法执行以另一国为被告的案件的判决。国家豁

---

[1] Spanish Government v. Lambege et Pujol, Dalloz 1849.
[2] Hazel Fox, *The Law of State Immunity*, pp. 30-31.
[3] The Parlement Belge, [1880] 5 Prob. Div. 197.
[4] 采邑法主要是指关于各封建主之间相互关系的法律规则。
[5] Hazel Fox, *The Law of State Immunity*, p. 32.
[6] Rahimtoola v. Nizam of Hyderabad, [1958] AC 379.

免包括管辖豁免和执行豁免两部分，一般来说，执行豁免所涵盖的范围更广，在很多情况下，即使国家在管辖问题上不享有豁免，在执行方面仍享有豁免。从法律的层面来说，在执行问题上的绝对豁免的理由来源于国际法上的对他国国内事务的不干涉原则，而从事实的层面来说，一国很难强迫他国从事某种行为。即使一国的财产位于另一国领土之上，在实践上可以执行该国财产，但是如果真正执行的话，很可能在政治上破坏两国间的友好关系，所以另一国往往不会采取这样的强制措施。劳特派特（Hersch Lauterpacht）教授曾指出，"在此类案件中，司法机构都无法去执行判决，因为一国的主权权力无法去报复另一国所为的错误行为，这样的错误行为造成的问题与其说是法律问题，还不如说是政策问题，应该通过外交谈判而不是司法来解决，并且值得最认真的思考和注意。"①

三、国家豁免的早期发展

国家豁免的发展并没有明确可界定的开端，也没有确定的发展历程。② 不过，国家豁免原则的形成受到了外交豁免和外国君主个人的管辖豁免的影响。③

（一）历史起源

国家豁免问题出现的现实背景就是国家之间交往的出现。然而，在18世纪以前，国家之间的交往限于外交使节的交换。随着常驻外交代表的出现，外交豁免制度也逐渐形成了。由于近代国际法体系主要是在欧洲社会形成的，而欧洲国家在18世纪以前多处于君主统治时期。当时的外交代表所享有的特权与豁免并不像如今一样，被认为是

---

① Lauterpacht, "The Problem of Jurisdictional Immunities of Foreign States," *British Yearbook of International Law*, Vol. 28, 1951, pp. 220-272.

② Gamal Moursi Badr, *State Immunity: An Analytical and Prognositc View*, p. 9.

③ 龚刃韧：《国家管辖豁免原则的历史起源》，《中国法学》，1991年第5期，第91页。

基于"职务需要说"①，而是被认为是基于"代表性说"，即外交代表被看作是君主的个人代表。外交代表既然是外国君主的代表，那么接受国法院对外交代表行使管辖权就等于对外国君主行使管辖权，从而侵犯外国君主的尊严。

"代表性说"也是君主个人的管辖豁免的根据。杰塞普（Jessup）曾指出，"历史上，一方面从君主的主权、尊严推导出外交代表的豁免；另一方面又从外交代表的豁免引出君主豁免的根据，所以两者间有一种互为因果的关系"。②

18世纪以后，欧洲国家君主专制体制处于兴盛期，君主的权力范围和程度在历史上无与伦比。"朕即国家"这句名言体现了当时欧洲国家君主与国家一体化的特征。而且此时，国家君主亲自赴外国的机会也增多。在这种形势下，国家君主的个人管辖豁免被提出。

进入19世纪以后，在工业革命的影响下，国际交通运输方式有了质的变化，从而促进了各国间政治经济交往的进行。法国大革命和美国的独立又促进了近代资本主义国家制度的建立。资本主义政府代替了以前的君主专制，而且政府的职能在不断扩张，政府开始直接参与各种经济活动。政府与他国公民和法人之间的交往关系也随之增多。国家豁免问题由此引起了关注。

可以说，外交豁免是国家豁免的最初表现形式，而外国君主个人豁免是国家豁免的概念基础。③ 因为，18世纪末前，外交代表几乎是唯一从事对外活动的机关，外交代表和使馆本质上是代表国家履行职能，外交豁免可看做是广义的国家豁免的一部分。而18世纪后，外交豁免又引出了君主个人豁免，君主个人豁免反映了当时国际关系的特征，奠定了国家豁免概念出现的基础。在专制君主年代，君主与国家是一体的，国家甚至被认为是君主所有的，所以君主个人豁免与国家

---

① "职务需要说"认为外交特权与豁免的根据在于外交代表机关及其人员在接受国执行职务有此需要。

② American Journal of International Law, Supplement, Vol. 26, 1932, p. 473.

③ 龚刃韧:《国家豁免问题的比较研究——当代国际公法、国际私法和国际经济法的一个共同课题》，第5—6页。

豁免有着内在联系。到19世纪后，随着国际关系和国家形式的变化，君主不再被认为是主权者，外国君主个人管辖豁免的内容开始发展为包括一般国家元首的个人管辖豁免。① 国家元首的管辖豁免取代了君主个人豁免的概念。这样，虽然国家君主个人豁免在历史上构成了国家豁免的概念基础，但是却一直保持着一部分独立的意义。

（二）初步形成

国家豁免的规则来源于19世纪的各个国家的司法实践。国内法院在创立国家豁免的规则方面居于带头的地位，而理论著述和国际公约是随之产生的。② 国内法院在处理有关国家豁免的案件时，形成了几个著名的判例，下文将详述之。

美国法院是最先对国家豁免问题进行论述的，马歇尔法官在"交易号案"中所做的判决是有关国家豁免原则的最早的司法判决之一，并且被其他法院频繁援引，常被看作是是绝对豁免的经典体现。

该案的案情是这样的：美国马里兰州的公民麦克法登（John M'Faddon）和他的朋友拥有一艘名为"交易号"（The Exchange）的双桅帆船。1809年10月27日，这艘船从巴尔的摩开始了跨大西洋的航程。但是，1810年12月30日，这艘船被法国海军强行拿捕，法国海军把这艘船变为军舰，并称其为"巴拉欧"（Balaou）号或者"第5号公用舰"（public vessel No. 5）。对这艘船舶的拿捕显然是根据《朗布依埃法令》（Rambouillet Decree）做出的，通过该法令，拿破仑（Napoleon）宣布要对英国实施封锁，去往欧洲大陆的船舶只要停靠在英国都会被拿捕。③ 1811年8月，"交易号"被开至美国的费城港口以躲避恶劣天气。麦克法登和他的朋友向费城地区法院提起诉讼。1811年10月4日，地区法院法官在美国政府代表的建议下驳回起诉。驳回的理由是与美国保持友好关系的外国君主所有的军舰不受美国的普通法院的管辖。麦克法登又上诉至巡回法庭，巡回法庭推翻了地区法院的判决。美国

---

① Sir Robert Phillimore, *Commentaries upon International Law*, Vol. 2, Books LLC, 2009, p. 94.
② Sompong Sucharitkul, *State Immunities and Trading Activities in International Law*, p. 3.
③ Gamal Moursi Badr, *State Immunity: An Analytical and Prognositc View*, p. 14.

政府检察官遂上诉至最高法院。最高法院的马歇尔大法官在判决的开始部分就强调了国家的领土管辖权，"一国在其领土内的管辖权是排他和绝对的，很难说存在着非由其本身所施加的限制。所有来自外部力量的对管辖权的限制都是对主权的减少……所以，对于国家在其领土内完全且完整的权力的所有例外都来源自国家本身的同意"。[1] 因而，对马歇尔来说，国家豁免的起点是法院地国绝对的领土管辖权的例外，而且该例外来自于法院地国本身的同意。马歇尔大法官还认为，"交易号"所享有的豁免应该与外国使节所享有的豁免类似，而外国君主或使节在步入另一国境内时，"应被认为是在另一国明确同意之下，或者通过默示的方式被赋予豁免。"而对外国军舰来说，"外国军舰停靠在一友好国家的港口时，前提是该国家默示同意放弃管辖权。"[2]

虽然本案的结果是认定法国军舰享有管辖豁免，但是判决将国家豁免当做领土管辖权的例外，而且判决中还对外国财产进行了"公"、"私"性质的区分，认为私人商船与公有军舰应有区别。所以，有些学者认为"交易号案"非但不是绝对豁免的先驱，反而是限制豁免的出发点。[3]

不过，"交易号案"也不能被彻底视为限制豁免的体现，因为限制豁免是将政府行为区分为统治权行为和管理权行为，但美国法院判决中却未述及这一点。另外，限制豁免论对财产的分类是对政府财产根据用途或性质所做的分类，而本案中对财产的分类是对政府所有的公共财产和私人所有的财产的分类，也就是说，本案只做了基于所有权的分类。所以，"交易号案"中，美国法院并没有表现出对国家豁免原则适用范围的基本倾向，它的意义在于明确阐述了国家豁免的一般原理。

1820年的"弗雷德里克王子号案"[4]（The Prins Frederik）案是英国法院第一次受理的关于国家豁免的案件。弗雷德里克王子号是隶属于

---

[1] U.S. Supreme Court Reports, vol. VII, 1812, pp. 287-297.
[2] U.S. Supreme Court Reports, pp.136-140.
[3] Gamal Moursi Badr, *State Immunity: An Analytical and Prognostic View*, p.13.
[4] The Prins Frederik, 2 Dod. 451.

荷兰海军的一艘军舰，在一次从东印度出发到荷兰特塞尔岛的航程中，这艘船承担了运送调味料和其他货物的任务。在锡利群岛附近，该船遇到了恶劣的天气并遭受了损失。一艘英国的双桅帆船豪尔号（The Howe）救助了弗雷德里克王子号，并将后者带到英国港口。豪尔号的船主和船员们要求获得海事救难金。海事法院受理该案后，首先考虑的是管辖权问题。英国海军部的律师强调弗雷德里克王子号有权免于强制措施，并指出用于公共用途的公共财产免于所有的私人诉讼和权利主张。海事法院没有对该案作出判决，而是指示双方当事人采取仲裁的方式解决争议。

1873年的"沙尔基耶号案"（The Charkieh）也是英国法院受理的国家豁免案件，该判决在一定程度上补充了弗雷德里克王子号案的判决，并体现了一定的限制豁免的倾向。沙尔基耶号是埃及总督所拥有的一艘公用船只，但却被用于进行商业性质的运送货物的工作。法官菲力莫爵士（Sir Robert Phillimore）根据埃及不具有国际法上的独立主权国家的地位以及船舶被租用给英国公民从而成为普通商船的理由拒绝赋予埃及豁免。该案的判决中的以下段落常被引用，"据我所知，没有任何国际法规则、已决的案例甚至是法官的附带意见授权外国君主去承担贸易者的身份。如果外国君主为本人利益而对私人主体承担义务，而造成了私人的损失的话——如果我可以这么说的话——那么他的作为君主的面纱就要被撕破。"[①] 所以，该案的判决已经区分了外国君主的公行为和私行为。

几年后，在"比利时国会号案"（The Parlement Belge）中，菲力莫爵士作为第一巡回法庭的法官直接拒绝了比利时国王拥有的邮船的豁免，理由是该船有时也参加贸易活动。但是，上诉法院撤销了菲力莫的判决，称"本案中的船舶主要用来运送邮件，只是附带性地从事贸易活动。"[②] 尽管如此，辛克莱尔（Sir Ian Sinclair）还是评论道，"国会号案的上诉判决仍然与限制豁免的理论相符合，因为判决中特别强

---

① The Charkieh, L.R. 4A and E59 ff.
② Sompong Sucharitkul, *State Immunities and Trading Activities in International Law*, pp. 59-60.

调外国国家的公共财产应该用于公共目的。如果假设船只主要是用作商业目的，而非附带地、部分地从事商业活动的话，很可能法院会拒绝赋予豁免。"①

从早期最具影响力的几个有关国家豁免的判例来看，国家豁免的早期发展具有如下特点：

第一，早期关于国家豁免原则的具体适用是经由一系列与船舶有关的诉讼发展而来。在这些海事诉讼中，外国军舰享有管辖豁免逐渐形成一条国际法上的规则。对于从事商业活动的公有船舶，法院一般没有明确表示绝对豁免或限制豁免的立场，不过"沙尔基耶号案"却体现了限制豁免的倾向。

第二，早期处理的有关船舶的案件与严格意义上的国家豁免案件是不同的。前者是外国君主或外国政府船舶在物理上位于他国的领土之上，但由于国际礼让或其他因素，他国给予其以豁免地位。但是现代意义的国家豁免却处理的不是物质存在问题，而是抽象的行为（如商业交易、侵权行为等）或法律资格问题（如财产所有权、专利权等）。这些行为和问题都将产生法律效果，这些效果应该从属于法院地国的法律体系。对于外国君主或政府船只来说，他们虽位于另一国的领土，但却不从属于他国的法律体系，他们仍然是本国国家机器的一部分，代表的是国家的主权和功能，根据本国的法律规定而行动。而现代意义的国家豁免法所处理的法律行为和资格与本国没有法律上的连接点，反而是与法院地国有连接因素。

第三，早期的国家豁免问题只存在于欧美国家之间。当时亚洲、非洲和拉丁美洲的大多数国家仍处于被侵略或殖民地的地位，还无法要求国家豁免的权利。② 而且即使做出要求，也得不到应有的尊重，就像"沙尔基耶号案"中对埃及的定位一样。所以，只有地位平等的欧美国家之间才能够互相主张国家豁免原则。

---

① Sir Ian Sinclair, "The Law of State Immunity: Recent Developments", in *167 Recueil des cours*, 1980 II, Académie internationale de droit constitutionnel, p.128.

② Sompong Sucharitkul, "Second Report of Jurisdictional Immunities of States and Their Property," in *Yearbook of International Law Commission*, Part 1, The United Nations, 1982, p. 216

第四，早期的国家豁免原则主要是通过欧美国家国内法院的判例逐渐形成起来，不过，对于国家豁免原则的具体适用范围，在各国间却没有统一的做法，而且从国家豁免原则出现伊始，各国的立场便出现了复杂的对立和分歧。①

第二节　国家豁免规则的形成与确立

19世纪中期起，跨国诉讼不再仅限于以君主和政府船舶为被告，同时也出现了以涉及贸易活动和合同义务的外国国家为被告的案件。法院在判决中不再只是对国家豁免原则进行说明，而是表现出了国家豁免规则化的趋势。不过，由于不同国家开展对外贸易和交往活动的程度不同，且有着各异的历史传统和法律状况，国家豁免的规则非但未呈现出统一化的趋势，而是出现了两种截然不同的趋势，即绝对豁免论和限制豁免论。

一、限制豁免论

限制豁免论（The Doctrine of Restrictive Immunity）主张把国家的行为划分为"主权行为"（acta jure imperii）和"非主权行为"（acta jure gestionis），或是统治权行为和管理权行为，或是商业行为和非商业行为，或是公法行为和私法行为。②依限制豁免论，国家的非主权行为和用于该行为的财产不享有豁免权，而国家从事主权行为则享有豁免。限制豁免论所关注的重点不再是被告国家的地位或资格，而是被告所从事的行为或交易。③至于如何区分主权行为和非主权行为，在司

---

① 龚刃韧：《国家豁免问题的比较研究——当代国际公法、国际私法和国际经济法的一个共同课题》，第42页。
② 陈纯一：《国家豁免问题之研究——兼论美国的立场与实践》，第17页。
③ Rosalyn Higgins, *Problems and Process: International Law and How We Use it!*, Oxford University Press, 1996, p.79.

法实践中，有三种判断标准，一为"目的说"；二为"性质说"；三为"混合标准说"。"目的说"主张如国家的行为具有公共目的，则可享有豁免；"性质说"主张国家从事的行为在性质上只能为国家所为，则可享有豁免；"混合标准说"主张在进行判断时，既要考虑到目的，又要考虑到性质。[1] 下文将从国家实践的角度加以解释。

比利时法院是最早处理纯粹的国家豁免案件（非关外国君主和政府船舶的案件）的国家法院。早在1840年时，总检察长就在布鲁塞尔上诉法院受理的案件中主张采取限制豁免，不过法院未采取这种主张。[2]

1857年，布鲁塞尔上诉法院支持了安特卫普商事法院的判决。在该案中，比利时公民与秘鲁政府所有的商业公司签订了购买鸟粪的合同，但是，秘鲁政府之后对鸟粪的自由处置进行了限制，合同便不能正常履行，因而比利时公民起诉秘鲁政府所拥有的公司，要求获得损害赔偿。安特卫普商事法院支持原告的请求，且认为合同行为不属于主权行为，不能享有豁免。[3]

1878年，又出现了一起类似的有关秘鲁鸟粪的案件。奥斯坦德商事法院驳回了秘鲁政府的豁免请求，指出一国政府开展商业活动和缔结商事合同的行为被视作商事交易行为，一国将这种行为提交商事法院审判，不会影响到其主权。[4]

1889年，布鲁塞尔民事法院受理了比利时弹药制造公司诉保加利亚政府的案件。法院认为保加利亚政府购买弹药的行为不是主权行为，而是双方自愿达成的相互约束对方的合意行为。在与弹药制造公司缔结合同时，政府扮演的是私主体的角色，因而要受合同的法律效果的影响。[5] 这一案件的重要之处在于证明比利时法院在实践中是以"目的说"而非"性质说"来判断政府是否为主权行为的。

---

[1] 黄进：《国家及其财产豁免问题研究》，北京：中国政法大学出版社，1987年版，第73—77页。
[2] Gamal Moursi Badr, *State Immunity: An Analytical and Prognostic View*, p.21.
[3] Pasicrisie 1857 II 348.
[4] Pasicrisie 1879 II 175.
[5] Pasicrisie 1889 III 62.

1903年，比利时最高法院受理了卢森堡列日铁路公司诉荷兰政府的案件。在该案中，前者与荷兰政府签订有关重新修建埃因霍温火车站的协议。最高法院拒绝授予荷兰政府以豁免，指出政府在与私人或者公司签订商事合同时，地位就如同普通法人一样。另外，签订合同行为本身也证明政府自愿放弃了豁免。最高法院的论述带有"同化理论"（The Assimilative Theory）的萌芽，即认为外国国家在法院地国法院享有的待遇和法院地国本国政府一样。另外，判决还说明国家既可扮演主权者的角色，也可像法人一样从事私行为。在从事私行为时，主权不受影响。

意大利和比利时一样，是较早在司法实践中主张限制豁免的国家。1882年，都灵法院在一起以丹麦政府为被告的案件中，判决称国家如果扮演法人的角色，则必须能够起诉和被起诉，即要和其他任何法人或自然人一样行为。[1]1886年，佛罗伦萨法院受理了以突尼斯大公为被告的案件，在判决中，法院首先指出，国家豁免是国家间平等的产物。但是，当国家的行政权未介入，而只是充当民事主体的角色时，国家便步入了商事合同和交易的领域，就像普通人一样。那么，就要由一般法律来决定这些非主权行为的义务和责任了。[2]

埃及的司法实践对限制豁免规则的形成有特别意义，原因是在1875年至1949年间，埃及曾设立混合法院（The Mixed Courts），专门处理埃及国民与外国人之间的诉讼以及外国人之间的诉讼。[3]混合法院设立的目的是以由来自多个国家的法官组成法庭的形式处理特定案件，以取消领事裁判权。当然，混合法院是殖民时代的产物。不过，混合法院因组成法官的来源各异，并且绝对不受行政干预，所以判决中反而可能带有国际化的色彩，一定程度上反映国际法的发展趋势。

1912年，混合上诉法院审理了最具代表性的有关国家豁免的案子。审理该案的外国法官分别来自葡萄牙、美国、意大利和瑞士。该

---

[1] Giuresprudenzia Italiana, 1883 I, p. 125. 转引自 Gamal Moursi Badr, *State Immunity: An Analytical and Prognostic View*, p.24。

[2] Foro Italiano, 1886 I, p. 913. 转引自 Ibid., p.25。

[3] Sompong Sucharitkul, *State Immunities and Trading Activities in International Law*, p.215.

案的起因是某人在遗嘱中将其所有的不动产遗赠给希腊政府。后来，该人的遗孀对遗嘱提出质疑，并在不动产所在地希腊起诉了希腊政府的财政部。在判决中，上诉法院拒绝赋予希腊政府以豁免，因为，当一国像私人一样行为时，便不会涉及主权问题。况且，即使主权行为和非主权行为的区分未被世界各地法院所普遍接受，关于不动产的继承的问题也绝对是非主权行为。最后，法院还说明了管辖豁免和执行豁免是有区别的。[①]

1920年，混合上诉法院审理了一起关于船舶碰撞的案件。一艘西班牙船舶和一艘英国船舶在埃及亚历山大港碰撞，西班牙船的船长起诉了英国船的船长和埃及港口和照明管理部。英国船舶属于英国政府，英国航运部提出国家豁免。在该案中，并没有扣押船只的行为。法院判决认为，英国船舶虽为政府所有，然其参加的航程完全是商业性质的，与政治利益无涉，且并未被扣押，从而不会造成将来的损失，如赋予其豁免，则将是对正义的违反。

二、绝对豁免论

英国、美国和法国的司法实践中长期坚持绝对豁免论。以英国为例，1920年的"亚历山大港号案"（The Porto Alexandre）代表着英国实践绝对豁免论的高峰。[②] 亚历山大港号是葡萄牙政府所拥有的船舶，该船完全从事商业活动，从而为政府挣取利润。上诉法院授予该船舶以豁免，但是法官们在意见中表达了对绝对豁免论的担忧，其中，斯卡顿（Scrutton L.J.）法官指出，"没有人能够对周围环境中的国有化气息视而不见，如果国有船舶在不承担责任的情况下四处游荡，那么贸易活动的进行将变得很困难。"[③] "亚历山大港号案"证明英国法院对"公共财产"概念的重视，通过该案最终确定了英国法院在对物诉讼方

[①] Brinton, "Suits against Foreign States", *American Journal of International Law*, Vol. 25, 1931, pp. 50-62.

[②] *Annual Digest of Interntional Law Cases*, Vol. 1 (1919-1922), p. 146.

[③] Gamal Moursi Badr, *State Immunity: An Analytical and Prognostic View*, p. 35.

面的绝对豁免主张。

1924年，英国上议院判决的"达弗发展有限公司诉吉兰丹政府及其他案"（Duff Development Company Ltd. V. Government of Kelantan and Others）确立了对人诉讼方面的绝对豁免主张。① 在本案中，吉兰丹政府与达弗发展公司缔结了赋予后者以采矿等特许权的协议。发生争议后，按照仲裁条款，争议被提交至伦敦仲裁法庭裁决，裁决结果有利于公司。吉兰丹政府请求英国高等法院宣布仲裁裁决无效，但未能如愿。吉兰丹政府遂上诉至上诉法院，并获得成功。达弗公司于是向上议院提起上诉。上议院的判决结果是，英国政府已经做出被告国是独立国家的结论，政府的结论是终局性的。协定中含有仲裁条款和吉兰丹政府请求判决仲裁无效的行为都不构成对英国法院的服从。因此，英国法院对该案没有管辖权。

美国联邦最高法院1926年对"佩萨罗号案"（The Pesaro）的判决成为美国法院关于国家豁免问题的重要里程碑。1921年，意大利政府所有并经营的商船佩萨罗号从意大利向美国运送人造丝，购买该批货物的是位于纽约的贝里兹兄弟公司。该公司以该船的部分货物未按合同交付为由，提起了对物诉讼。意大利驻美大使特别向美国政府提出国家豁免的请求，但被拒绝。美国政府认为政府商船不能与军舰一样获得国家豁免。② 然而，最高法院却与政府的意见不一致，最高法院指出，其对该船没有管辖权，因为该船属于外国政府所有和占有，并为公共利益服务。最高法院特别强调，"据我们所知，没有任何国际惯例承认，和平时期维持并增加人民经济利益比维持和训练海军更缺少公共目的。"③ 通过该案，美国法院将外国政府商船看做和军舰的地位无二，表明绝对豁免的立场在美国法院开始确立。④

不过，从"佩萨罗号案"以后，美国法院和美国政府的关系发生

---

① *Annual Digest of Interntional Law Cases*, Vol. 2 (1923-1924), p. 124.
② Green Haywood Hackworth eds. *Digest of International Law,* Vol. II, U.S. Department of State, 1941, p.423.
③ *Annual Digest of International Law Cases*, Vol. 3 (1925-1926), p.187.
④ 该案与"交易号案"的区别在于，"交易号"是军舰。

了微妙变化。1938年，最高法院在"纳维玛尔号案"（The Navemar）中，指出外国政府占有或使用的船舶是公共船舶，在美国法院享有豁免。同时，最高法院还指出，如果外国政府的豁免请求"为美国政府的行政机关所承认和许可，那么根据美国司法部长或受其指示的其他官员做出的建议，释放该船是法院的义务"。① 从此，美国政府在有关国家豁免的案件中有决定性的发言权。

在法国，更多出现的是有关外国的合同义务和其他义务的案件。1849年，最高法院在著名的"购买军靴案"中支持了绝对豁免的主张。在该案中，西班牙政府向法国公民采购军靴，供军队之用。最高法院拒绝区分主权行为和非主权行为。② 1886年，最高法院在以洪都拉斯政府为被告的债券案中，以同样的理由赋予洪都拉斯政府以豁免。法国法院一再坚持拒绝区分主权行为和非主权行为，以及外国国家作为政治主权者和法人的不同地位。1912年巴黎上诉法院在有关国家豁免的案件中曾指出，"所有国家的行为只有一个目的，归根结底都是政治性的。国家的统一性不能允许将其两重分化。"③

绝对豁免的主张在其他国家也有一定的影响，有的是受英国和美国的影响，特别是英国的前殖民地或英联邦成员国；也有的是独立形成了这种主张，如德国从1905年到1938年之间都主张绝对豁免理论。④ 澳大利亚和加拿大在进行国家豁免立法之前，都采取绝对豁免论。⑤ 菲律宾在美国判例法的影响下，也采取绝对豁免的主张。⑥

三、绝对豁免向限制豁免的转变

那些持绝对豁免主张的国家并非在一夕之间纷纷倒戈转向限制豁

---

① *Annual Digest of International Law Cases*, Vol. 9 (1938-1940), p. 149.
② Dalloz, 1941 I, p. 5.
③ Gamal Moursi Badr, *State Immunity: An Analytical and Prognostic View*, p.39.
④ Sompong Sucharitkul, *State Immunities and Trading Activities in International Law*, pp.218-222.
⑤ Ian Sinclair, The Law of Sovereign Immunity: Recent Developments, pp.190-193.
⑥ U.N. Legislative Series, *Materials on Jurisdictional Immunities of States and Their Property*, 1982, p.360.

免,而是通过一个渐进的过程实现的。英国和美国是长期坚持绝对豁免论的典型代表。而大陆法系的一些国家一直对国家豁免的立场较为微妙,比如,德国曾在19世纪时采取限制豁免的立场,却又于20世纪初转向绝对豁免立场,20世纪30年代后又确立了限制豁免立场。第一次世界大战后,外国政府商船的诉讼案件数量惊人,这是因为战争中的战时体制使得各国大量征用民用船舶从事国家运输,战后各国还组建了大规模的国营商船队从事航运业。绝对豁免向限制豁免转变的突破口就是在这些政府商船诉讼中出现的。下文将以英国、美国和法国这三国的实践为代表,说明绝对豁免向限制豁免转变的世界趋势。

(一)英国

英国海事法院的著名法官希尔爵士(Sir Maurice Hill)是要求废除给予外国政府商用船舶以豁免的先行者,在他的不断呼吁下,类似的声音逐渐高涨。终于,在1926年4月10日,由比利时、巴西、智利、丹麦、爱沙尼亚、法国、英国、匈牙利、俄国、拉脱维亚、墨西哥、意大利、挪威、日本、荷兰、波兰、西班牙、瑞典、葡萄牙以及塞尔维亚、克罗地亚和斯洛文尼亚王国参加的国际会议召开,会议的目的是通过《关于统一国有船舶豁免若干规则的公约》(Convention for the Unification of Certain Rules relating to the State-owned Vessels),即《布鲁塞尔公约》。《公约》的基本精神是将国有船舶区分为两类,即外国政府商船和其他国有船舶(如军舰、巡逻船舶、医院船、辅助舰以及供应舰等),并规定外国政府商船和私人船舶一样在国内法院不享有豁免。[①]《公约》的第1条即规定,国家所有或经营的船舶和私人所有或经营的船舶适用于同样的责任规则和承担同等的实体义务。第2条规定两者适用同样的法庭规则、同样的诉讼和程序。[②]《公约》的缔约

[①] 龚刃韧:《国家豁免问题的比较研究——当代国际公法、国际私法和国际经济法的一个共同课题》,第71页。

[②] 《国际条约集》(1923—1933),世界知识出版社1961年版,第236页。

国数目不多，在二战之前，只有13个国家批准。① 这似乎证明《公约》在当时的影响力不大，不过，《公约》在实质上成为众多双边条约的范本，非缔约国的法院在审理案件时也常援引《公约》的规定。

1958年的《日内瓦领海与毗连区公约》（Geneva Convention on the Territorial Sea and the Contiguous Zone）中对战舰之外的其他国有船舶进行了分类，分类的标准是所从事活动的性质。从而，用于商业活动的国有船舶不享有豁免。《公约》抛弃了单纯以所有权作为标准决定是否赋予豁免的做法，是继《布鲁塞尔公约》之后，对外国政府商船的豁免问题做出的再次表态。

在这一时期的司法实践中，英国仍严格地践行绝对豁免论。② 不过，在一些判决中，可以看到冰山消融的趋势。1952年的"柔佛苏丹诉阿布巴卡案"（Sultan of Johore v. Abubakar）中，枢密院（the Privy Council）拒绝赋予柔佛苏丹以豁免，因为柔佛苏丹自愿地将案件交给法院处理，那么，枢密院作为上诉机构，自然也可受理该案。在判决中，枢密院指出，"大人们（The Lords）不认为英国有这样的严格的规则，即外国君主在任何情况下都不得在我国法院被诉。"③ 丹宁勋爵（Lord Denning）是最著名的反对绝对豁免论的法官。在1957年的"兰西姆图拉诉海德拉巴尼扎姆案"（Rahimtoola v. Nizam of Hyderabad）中，上议院决定赋予海德拉巴尼扎姆以豁免。丹宁勋爵虽也做出这样的结论，但却希望打破以前的英国判例法对主权豁免所设的限制。他在意见中写道，"如今，主权豁免的赋予与否不应该再基于对象是否是国家君主，而是应该基于争议的性质。"④

1975年，"菲律宾海军上将号案"（The Philippine Admiral）是第一个确认了限制豁免论的案件。在该案中，枢密院做出了以下的论证：第一，"亚历山大港号案"并未覆盖本案，枢密院不需遵守前案的判决；

---

① Green Haywood Hackworth eds., *Digest of International Law*, Vol. II, U.S. Department of State, 1941, p. 465.
② Lauterpacht, *The Problem of Jurisdictional Immunities of Foreign States*, p. 270.
③ *International Law Reports*, 1951, p. 210.
④ *International Law Reports*, 1957, p. 160.

第二，审理"克里斯蒂娜号案"（The Cristina）的三名法官已经指出豁免是否能延伸至从事商业活动的国有船舶是可疑的；第三，英联邦国家之外的世界发展趋势是，越来越多的国家反对将国家豁免延伸至普通商事交易；第四，由于西方国家大多认为本国如从事交易活动的话，可在本国法院被诉，那么外国国家就不应该因从事同样的行为而享有豁免。①

不过，"菲律宾海军上将号案"是针对船舶的对物诉讼案件。真正在对人诉讼案件中确立限制豁免原则的是 1977 年的"特里德泰克斯贸易有限公司诉尼日利亚中央银行案"（Trendtex Trading Corporation Ltd. V. Central Bank of Nigeria）。这是当时的尼日利亚政府过度订购水泥造成的系列案件之一。尼日利亚政府大量订购水泥导致港口拥堵，出口商要求得到滞留金。新上台的尼日利亚政府要求被告银行不要承兑已发出的以原告为受益人的信用证。特里德泰克斯公司遂以信用证被拒绝承兑为由而提起诉讼，尼日利亚中央银行则以国家豁免为由要求法院驳回起诉。英国上诉法院以为虽然尼日利亚政府购买水泥的行为的目的是军事用途，但是性质是商业行为，而且法院认为尼日利亚中央银行是独立法人，因而，该银行无法主张豁免。②

有趣的是，在该案中，丹宁勋爵对英国法中的判例制度是否应追随国际法规则的变化的问题进行了讨论，他提出了转化论（Transformation）和纳入论（Incorporation），并说明自己倾向于后者。他说，"我相信纳入论是正确的，否则我就无法看到我国法院承认国际法规则变化的那天。国际法确实在变化。就像伽利略对地球所做的评论一样，'它就是在动'。"1981 年，上议院在"党代会一号案"（The I° Congreso del Partido）中明确以限制豁免的立场做出判决，并且在区分主权行为和非主权行为时，采取行为性质而非目的的标准。③

---

① *International Law Reports*, 1983, pp. 92-110.
② *International Law Reports*, 1983, p. 111.
③ *International Law Reports*, 1983, p. 154. 在本案中，当与古巴关系良好的智利总统阿兰德被推翻时，古巴国营公司的两艘船舶原定要运货给一家智利公司，但是古巴政府下令使一艘船舶在未卸货完毕的情况下即返回古巴，另一艘船将船上的蔗糖赠送给越南。智利公司遂将古巴国营公司推向法庭。

1978年，英国通过了《国家豁免法》（State Immunity Act）。立法的原因有如下三方面：第一，从国际形势看，世界大多数国家都采取了限制豁免的主张，就连一直坚持绝对豁免的美国都通过了《外国主权豁免法》（Foreign Sovereign Immunity Act），这可能会使很多外国投资人不选择英国而是与美国开展贸易，从而使得伦敦的全球经济中心的地位岌岌可危；第二，国家豁免问题以前都是由法院来决定，但从70年代末开始，法院里同时出现了绝对豁免和限制豁免这两种针锋相对的主张和先例，通过立法来解决这个问题是较为及时迅速的方式；第三，英国已经签署了《欧洲国家豁免公约》，通过立法能够有助于英国批准该公约。[①]《国家豁免法》通过后，英国法院完全按照该法来处理国家豁免的案件，并且尊重英国所批准的其他国际条约，如《布鲁塞尔公约》和《欧洲国家豁免公约》。[②]

（二）美国

在美国，由于司法实践中对于国家豁免的案件一般是要接受国务院的建议的，所以国家豁免立场的改变是从行政分支开始的。1952年，美国国务院代理法律顾问泰特（Tate）致函司法部长，声明此后美国国务院在考虑外国国家要求获得国家豁免的请求时，将采取限制豁免的立场。这就是著名的"泰特信函"（Tate Letter）。"泰特信函"中的要点主要有以下几点：第一，除了英国以及苏联以外，世界上已经很少有采取绝对豁免论的国家了。开展外贸活动的国家越来越严格地依限制豁免的主张行事；第二，美国政府在外国法院的涉及合同和侵权的案件中成为被告时，从不提出国家豁免的要求；第三，与国家从事贸易活动的人应该能够获得法院的救济。[③]

从"泰特信函"之后，法院在司法实践中仍然尊重国务院的见

[①] 龚刃韧：《战后欧美诸国关于国家豁免立场的新动向》，《中国国际法年刊（1989年）》，北京：法律出版社，1989年版，第152页。

[②] Michael Wallace Gordon, *Foreign State Immunity in Commercial Transactions*, Butterworth Legal Publishers, 1991, p.18.

[③] Barry E. Carter et al., *International Law (the Fifth Edition)*, Aspen Publishers, 2007, p. 563.

解。国务院内部甚至产生了一种准司法程序来判断是否请求法院赋予豁免。在这套程序中，当事各方必须提出书状说明，并且出席听证会，律师们对这次听证会格外重视，经过这种准司法程序做出的决定比以往所做的建议更加客观和有说服力。从"泰特信函"发出后，到1976年《外国主权豁免法》通过之前，美国国务院共接受了110个外交请求。很多请求中，完全是为了商业行为要求豁免。为了政治利益的考虑，国务院对一些这样的案件也提出了豁免建议，比如，在"化学自然资源公司诉委内瑞拉共和国案"（Chemical Natural Resources v. Republic of Venezuela）中，国务院建议给予委内瑞拉以豁免。1966年，宾夕法尼亚州最高法院支持了国务院的请求，而该案完全是因违反商业性质的合同而引发的案件。[①] 所以，由国务院逐案做出建议的方式，既消耗行政资源，又造成在是否给予豁免时标准不清的结果。

在国务院的大力游说下，《外国主权豁免法》（Foreign Sovereign Immunity Act）于1976年通过，并于1977年1月19日正式生效。这一法律得到了政府部门、学术界和律师界的普遍支持，唯一的反对声音也只是质疑把决定是否赋予豁免的权利从国务院移至法院是否合适，而对法案的内容没有异议。[②]《外国主权豁免法》从此成为是否给予外国国家以豁免的唯一根据，并且在定义"商业活动"时，完全以行为性质为标准。

（三）法国

大陆法系的国家法国在二战后逐渐由绝对豁免转向限制豁免。塞纳民事法院受理了以挪威抵押银行为被告的案件。1955年，塞纳民事法院判决认定，以获取利润为目的而进行的放款和进行担保的行为从目的上说不是主权行为。[③] 1969年，法国最高法院第一次确定了限制

[①] Gamal Moursi Badr, *State Immunity: An Analytical and Prognostic View*, p.55.

[②] Jurisdiction of U.S. Courts in Suits against Foreign States, Hearings on H.R. 11315 before the Subcommittee on Administrative Law and Governmental Relations of the House Committee on the Judiciary, 94th Congress, 2nd Sers. 1976, p.61.

[③] *International Law Reports*, 1955, p. 227.

豁免的原则。在这个以伊朗铁路管理部为被告的案件中，最高法院判决认为，"国家豁免的赋予是基于所从事活动的性质，而不是从事活动的主体的地位。伊朗铁路管理部是被一运输公司所起诉，该公司要求获取运输过程中造成的对商品损害的赔偿。即使是铁路运输活动，也是商业活动的一种，而不是主权行为的体现。"[①]

不过，法国的司法实践中对主权行为和非主权行为的区分标准没有明确。以"乔治五世酒店诉西班牙案"（Hotel George V v. Spanish State）为例，西班牙驻巴黎总领事馆与乔治五世酒店签订了租房合同，为西班牙旅游办公室租办公场所。租房合同的形式和条款与一般的商业租房合同无异。1968年，乔治五世酒店起诉西班牙旅游办公室，要求法院下令将其逐出酒店。西班牙国家介入案件，要求国家豁免。第一巡回法院依所涉行为的性质对争议问题进行分析，从而拒绝了豁免要求，称"西班牙旅游办公室与乔治五世酒店之间的合同关系而引发的相关行为是商业性质的，没有行使主权"。在上诉程序中，巴黎上诉法院采取了其他的观点，认为尽管租房合同中写明的一方当事人是西班牙旅游办公室，但是它没有法律人格，所以只不过是西班牙国家的代表。而且，租房合同是西班牙政府为了保证西班牙旅游办公室在法国的职能正常开展而缔结的，缔结合同的行为目的是保证公共利益的实现。[②] 最高法院推翻了上诉法院的判决，认为初审法院的观点正确。不过，这并不代表最高法院就认可了以行为性质为标准，而不再考虑行为目的。在该案的判决中，法院没有考虑行为目的标准的原因是本案中行为目的没有明显地显现出来。如果租房合同中写明了为公共目的这样的表达，那么，法院的判决结果可能就不一样。

1979年，最高法院在以阿尔及利亚国有公司为被告的案件中，拒绝赋予后者以国家豁免，认为其具有独立法人资格，也有独立的预算，而且在案件中没有从事公权力的行为，也不是为公共利益而行事。[③] 所以，法国在司法实践中，一般会综合考虑行为性质和行为目的，是双

---

① *International Law Reports*, 1969, p. 315.
② 18 Annuaire francais de droit international 977, 1972.
③ Annuaire francais de droit international 858, 1980.

重标准说的实践者。

综上所述，自二战后，一贯坚持绝对豁免的主要国家开始向限制豁免转变，一方面是为了融入世界发展趋势之中。二战后，随着世界经济的恢复和发展，国家对外经济交往的实践愈来愈普遍。如果长期坚持绝对豁免，可能会造成外国可在本国法院享有豁免，而本国在外国却无法主张豁免的情况出现，既不利于对本国公民利益的保护，也不能体现公平公正的原则；另一方面也是对本国经济地位的考虑，正如英国在美国通过《外国主权豁免法》后的第二年便急不可耐地推出《国家豁免法》一样，如果坚持绝对豁免理论，可能使外国投资者认为该国的投资环境不完善，从而转移资金。到了20世纪70年代之后，有关国家的国家豁免立法纷纷出现，再加上《联合国国家及其财产管辖豁免公约》的通过，使得世界上国家豁免的发展趋势清晰可见。

第三节　国家侵权行为的管辖豁免的提出和发展

传统国际法的观念是，外国的侵权行为所造成的私人损害赔偿问题是属于国家责任的范畴，应该通过本国政府行使外交保护的途径以获得救济。[①] 外交保护又指的是一国对于另一国国际不法行为给予本国自然人或法人造成损害，通过外交行动或其他和平解决手段援引另一国的责任，以期使该国责任得到履行。[②] 但是，外交保护的途径在实践中存在不足。首先，外交保护的对象一般是一国在国外的公民，是对海外公民利益的保护，也是国家属人优越权的重要表现。[③] 但是，当一国的公民在本国境内受到外国的侵权行为损害时，就不能用外交保护制度来解决了，而这种情况在跨国交往活动日益频繁的今天，是较为常见的。外交保护制度作为一项伴随国际法出现而出现的一项古老的

[①] [英]劳特派特修订：《奥本海国际法》（上卷，第一分册），王铁崖、陈体强译，北京：商务印书馆，1989年版，第251页。

[②] 参见2006年联合国国际法委员会《外交保护条款草案》第一部分第1条。

[③] 万霞：《外交保护制度研究》，外交学院2008级博士研究生学位论文，第1页。

制度，可能无法解决这种新的问题；其次，就权利性质来说，一般认为，外交保护是属于国家的专有权利。国际法院在"巴塞罗那电力公司案"的判决中，曾指出，"在外交保护上，国家保留裁量权，这种权力的行使可取决于特定案件无关的政治考虑或其他考虑"。[①] 由此可见，当外国国家对本国公民实施侵权行为时，国家可以自由裁量决定是否行使外交保护权，影响国家做出决定的因素可能与案件事实情况无关，反而是与国家的政治利益考虑有关。这样，公民个人的合法利益可能因国家的政治考虑而被舍弃；再次，启动外交保护的前提条件之一是请求保护的公民与行使外交保护的国家之间具有国籍联系，而且这种国籍联系还要满足有效国籍原则和持续国籍原则。[②] 这就证明，如果要行使外交保护，那么受到侵权行为影响的公民必须与做出侵权行为的国家不具有国籍联系。[③] 如今，存在这样的状况，即某国公民在另一国受到其本国国家侵权行为的损害，这样是超出了外交保护的覆盖范围。所以，针对外国的侵权行为所造成的私人损害赔偿问题，需要有更为有效的、专门性的机制加以处理。因而，由国内法院直接行使管辖权的方式，就应运而生了。

一、国家侵权行为的管辖豁免的提出

在20世纪70年代以前，国际社会对于国家侵权行为的管辖豁免问题没有一致的、系统的做法。坚持绝对豁免主张的国家基本上不会审理以国家造成人身伤害或财产损害为诉因的案件；而坚持限制豁免的国家则从另一角度看待这个问题，希望通过区分主权行为和非主权行

---

① Case concerning the Barcelona Traction, Light and Power Company, Limited, International Court of Justice, Judgement of 5 Feb. 1970.

② Guy Leigh, "Nationality and Diplomatic Protection", *International and Comparative Law Quarterly*, july, 1971, pp.453-455.

③ 就双重国籍的情况来说，传统国际法认为如果一个国家的公民同时具有另一个国家的国籍，则不能对后者主张外交保护。而当向第三国主张外交保护时，应该由与该公民保持较为密切联系的国家行使。但这一原则在当前国家实践中有所变化，也有观点认为，在双重国籍的情况下，与该公民有更为有效联系的国家可以针对另一国籍国主张外交保护。参见，[德]沃尔夫刚·格拉夫·魏智通主编：《国际法》，法律出版社2002年版，第253页。

为的方式限制普遍给予国家侵权行为以豁免的做法。如果侵权行为的做出与主权行为相关的话，则赋予豁免，反之，则不赋予。

1956年"水、气、电股份有限公司等诉互助办事处案"（Eau, Gaz, Electricity et Applications" v. Office d'Aide Mutuelle）是比利时的布鲁塞尔上诉法院所审理的一起有关外国国家侵权行为的案件。1945年3月，在比利时发生了一起交通事故，事故的肇事方是运送部队的英国军用卡车。车祸发生时，英国军队正在比利时介入交战状态。法院判决认为，交战行为是主权行为，应该享有豁免。① 比利时是自19世纪初便在司法实践中遵循"限制豁免论"的国家。该案的判决证明比利时法院在审判涉及外国国家侵权行为的案件时，通过区分主权行为和非主权行为的方式来确定是否赋予豁免。

联邦德国的石勒苏益格上诉法院在1957年的"英国管辖豁免案"（Immunity of United Kingdom from Jurisdiction）中，判决被告英国应该享有豁免。该案的原告是托运合同的当事人，曾被英国军官要求到苏联军队占领区去运回武器，因而遭到苏联军队的逮捕，后来向英国提起侵权损害赔偿诉讼。石勒苏益格上诉法院认为该案中缔结合同的行为属于行使主权的行为，应该享有豁免。② 该案体现了联邦德国法院在审理涉及外国国家侵权行为的案件时，同样采取区分主权行为和非主权行为的做法。

前文曾专门加以介绍的极具特色的埃及混合法院也受理过一系列以国家侵权行为的损害赔偿请求为诉因的案件。埃及混合法院在处理这类案件时，有着较为系统的做法。如果法院认为案件涉及的侵权行为是主权行为的话，就给予被告以豁免。比如，涉及外国政府官员为开展公务而驾驶车辆与本国普通公民发生交通事故的，埃及混合法院一般认为被告应该享有豁免，典型案例有1932年"嘉利娅·巴塞妮·阿梅因夫人诉约翰先生案"（Dame Galila Bassionni Amrane v. G. S. John Esq.）以及1948年"约瑟夫·阿卜杜拉诉希腊国家案"（Joseph

---

① *International Law Reports*, 1960, p. 205.
② *International Law Reports*, 1961, p. 207.

Abouteboul v. Etat Hellenique）。① 此外，如果案件所涉的侵权行为非为开展公务而从事的行为，那么被告便不享有豁免。1943年"索菲亚·盖巴里夫人诉梅上校案"（Dame Safia Guebali v. Colonel Mei）中法国军人在军事活动中从事的非职务行为被认定为不享有管辖豁免。②

1956年奥地利最高法院判决的的"赫鲁白克案"（Holubeck Case）是最早直接对外国国家侵权行为行使管辖权的案例。③ 在该案中，一位奥地利公民的汽车被美国驻奥地利大使馆的运送邮件的汽车撞坏，该公民遂提起了损害赔偿的诉讼。最高法院认为，损害赔偿的请求针对的是汽车司机的驾驶行为，而非运送邮件的过程，所以法院具有管辖权。最高法院做出如此判决的目的是为了协助交通事故中受到损害的公民，避免保险公司借国家豁免为掩盖，逃避损害赔偿责任。

奥地利法院的判决也没有跳出区分主权行为和非主权行为的窠臼。虽然，法院最终认定美国大使馆不享有豁免，但对这个案件的定性却可以从很多角度出发，如果着眼点是汽车司机的驾驶行为，那么当然是非主权行为；如果着眼点在于运送邮件的过程（当然不能否定汽车司机驾驶汽车，就是为了运送邮件），那么，就一定会把这样的行为看做主权行为。由此可见，在实践中，国家侵权行为加以定性的难度是很高的，主权行为和非主权行为的区分在这种案件中难以操作。

二、国家侵权行为的管辖豁免的发展

20世纪70年代之后，随着有关国家的国家豁免立法相继出现，国际上对国家豁免的国际法的编纂和发展也方兴未艾，一批以前坚持绝对豁免主张的国家加入了限制豁免的阵营。国家侵权行为的管辖豁免问题在理论和司法实践中发生了转向。这一转向的主要特征是由以前

---

① Journal du droit international, vol. 62, 1935, p. 195; *The American Journal of International Law*, vol. 44, 1950, p. 420.

② Sompong Sucharitkul, *Fifth report on jurisdictional immunities of States and their property*, A/CN.4/363 & Corr.1 and Add.1 & Corr.1, p.18.

③ *International Law Reports*, 1970, p. 43.

的在外国侵权行为诉讼中区分主权行为和非主权行为的做法转为不再做如此区分。下文将从国内立法、国际条约和司法实践三个角度对这一转向加以介绍。

（一）立法

目前，世界上总共有十个国家有对国家豁免的专门立法。这十个国家是美国、英国、新加坡、南非、澳大利亚、加拿大、阿根廷、以色列、日本和巴基斯坦。对于外国国家侵权行为的豁免问题，除了巴基斯坦之外的九个国家都有专门的规定。九个国家对于这个问题的立法规定的内容本质上并无大的差异，当然其中有一定的区别。下文将以立法颁布时间为序列举有关国家侵权行为的规定。

美国1976年《外国主权豁免法》的第1605节第1条规定，"在下列任一情况下，外国国家在美国联邦法院或州法院都不享有管辖豁免……"。以下便列举了七种具体情形。其中，第5款规定，"第2款[①]未涵盖的其他情形，如因外国国家或其官员、雇员在其职权或雇佣范围内的侵权行为或不行为在美国造成的人身伤害、死亡或者财产在美国境内的损失或丧失，为此而向外国国家索赔"。[②]

英国1978年《国家豁免法》（State Immunity Act）的第5条规定，"外国国家对由在英国的作为或不作为而引起的有关下列诉讼不得享有豁免：

（a）死亡，或人身伤害；或

（b）有形财产之损害或灭失。"[③]

新加坡1979年《国家豁免法》（State Immunity Act）的第7条规定，"外国国家对由在新加坡的作为或不作为而引起的有关下列诉讼不得享有豁免：

---

① 第2款规定，诉讼是基于外国国家在美国进行的商业活动提起的；或基于外国国家在美国的行为提起，而该行为与外国国家在美国境外的商业活动相关；或行为虽发生在美国领土外，但与外国国家在美国境外的商业活动相关，且对美国产生直接影响。

② 参见《美国法典》第28编 "司法制度和审判制度"，第4部分第85章第1603节。

③ State Immunity Act 1978 of the United Kindom, Art. 4.

（a）死亡，或人身伤害；或

（b）有形财产之损害或灭失。"①

南非1981年的《外国国家豁免法》（Foreign States Immunities Act）的第6条规定，"外国国家不应在本共和国法院受理的与下列问题有关的诉讼中享有豁免：

（a）死亡，或人身伤害；或

（b）有形财产之损害或灭失。

以上问题由发生在本共和国内的作为或不作为引起。"②

澳大利亚1985年的《外国国家豁免法》（Foreign States Immunities Act）的第13条规定，"外国国家不得在与下列问题有关的诉讼中享有豁免：

（a）死亡，或人身伤害；或

（b）有形财产之损害或灭失。

以上问题由发生在澳大利亚的作为或不作为引起。"③

加拿大1985年的《国家豁免法》（State Immunity Act）的第6条规定，"外国国家在发生在加拿大的有关下列诉讼不得享有豁免：

（a）死亡，或人身伤害；或

（b）财产之损害或灭失。"④

阿根廷《有关外国国家豁免的第24488法令》（Law No. 24488 on Jurisdictional Immunity of Foreign States）的第2条规定，"外国国家不得在下列案件中援引管辖豁免……（e）当外国国家成为在阿根廷实施的犯罪或违法活动造成的损失或损害赔偿诉讼的被告时。"⑤

以色列2008年的《外国国家豁免法》（Foreign States Immunities Law）的第5条规定，"外国国家不应在于以色列境内从事的侵权行为所引发的人身伤害或有形财产损害诉讼中享有管辖豁免。"⑥

---

① State Immunity Act 1979 of Singapore, Art. 7.
② Foreign States Immunities Act of the South Africa, Art. 6.
③ Foreign States Immunities Act of Australia, Art. 13.
④ State Immunity Act of Canada, Art. 6.
⑤ Law No. 24488 on Jurisdictional Immunity of Foreign States of Argentina, Art. 2.
⑥ Foreign States Immunities Law 5769-2008 of Israel, Art. 5.

日本2009年的《有关外国国家的日本民事管辖法》(Act on the Civil Jurisdiction of Japan with respect to a Foreign State)的第10条规定，"在被指为外国国家所从事的行为造成的人身伤亡或动产损害或灭失案件中，如果所指的行为发生在日本，且从事行为之人在当时位于日本，外国国家不应在与上述行为造成的损害或损失的金钱赔偿诉讼相关的司法程序中享有豁免。"①

对这九个国家立法进行文义分析后，会发现这样的特点，即新加坡、南非、澳大利亚、阿根廷和以色列基本上是效仿英国的立法，只是在文义上有或多或少的差别，比如新加坡的立法中只是将"英国"二字改成"新加坡"而已。这样的效仿当然不是巧合，而是来自于英联邦国家内部的安排，还有的是来自于英国对英美法系国家的影响。日本的立法条款则与《联合国国家及其财产管辖豁免公约》中的规定十分类似，这是因为日本刚刚批准了该公约，立法是对公约在国内实施的安排。所以，在本部分将重点分析的是具有开创性的美国和英国的立法。

从形成立法的历史文件来看，美国众议院司法委员会在讨论《外国主权豁免法》时，认为第1605节第1条第5款主要是针对交通事故问题，但安排了作为适用于所有为金钱赔偿的侵权行为诉讼的一般性词语，该条款的目的是允许交通事故或其他非商业侵权行为的受害人对外国进行诉讼。②

由此可见，第1605节第1条第5款所针对的是"非商业侵权行为"。虽然没有具体列明非商业侵权行为的种类，但是"非商业"的性质证明此类侵权行为大多都是国家在开展政府或行政职能时所实施的。因为，《外国主权豁免法》第1603节"用语"的第4条规定，"商业活动"指通常的连续的商业行为或特定的商业交易或行为。排除了商业活动所造成的侵权行为，那么还有什么样的侵权行为能落入"非商业侵权行为"的范畴呢？显然是国家的统治权行为或者主权行为。

---

① Act on the Civil Jurisdiction of Japan with respect to a Foreign State, Art. 10.
② *International Law Reports*, 1976, p. 1409.

所以，美国《外国主权豁免法》说明在国家侵权行为的管辖豁免方面，非商业侵权行为是唯一的内容，而且对其不再进行主权行为和非主权行为的区分。

英国的《国家豁免法》第3条规定的是商业交易行为不再享有豁免。所以，第5条对侵权行为限制豁免的规定也是以非商业侵权行为为主要内容的，且也未对主权行为和非主权行为再加以区分。①

由此可见，对国家豁免的国内立法的新动向是，国家侵权行为的管辖豁免主要针对的是非商业侵权行为，而且不论侵权行为是否与主权行为相关，这就突破了限制豁免将国家行为加以区分的理论框架。

（二）国际条约

有关国家豁免的两个最重要的国际公约就是1972年《关于国家豁免的欧洲公约》(European Convention on State Immunity)和2005年《联合国国家及其财产管辖豁免公约》。其中，《关于国家豁免的欧洲公约》第11条规定，缔约国不得主张免于另一缔约国法院的管辖，如诉讼涉及因人身伤害或毁损有形财物而请求损害赔偿，而造成伤害或毁损的事实又发生于法庭地国的领域内，其伤害和毁损的肇事者在发生此项事实时，亦在该领域内。②

《联合国国家及其财产管辖豁免公约》第12条"人身伤害和财产损害"规定，除有关国家间另有协议外，一国在对主张由可归因于该国的作为或不作为引起的死亡或人身伤害、或有形财产的损害或灭失要求金钱赔偿的诉讼中，如果该作为或不作为全部或部分发生在法院地国领土内，而且作为或不作为的行为人在作为或不作为发生时处于法院地国领土内，则不得向另一国原应管辖的法院援引管辖豁免。③

作为国际公约，《关于国家豁免的欧洲公约》和《联合国国家及其财产管辖豁免公约》显示出了与国内立法所不同的特色。国内立法

---

① 龚刃韧：《国家豁免问题的比较研究——当代国际公法、国际私法和国际经济法的一个共同课题》，第256页。

② European Convention on State Immunity, 1972, Art. 11.

③ U.N. Convention on the Jurisdictional Immunities of States and Their Property, 2004, Art. 12.

对于侵权行为与本国的连接因素的规定并不如国际公约那样准确明了，所以其管辖的外国侵权行为的范围会较大。两个公约则对连接因素进行了限制，以顾及不同国家的利益。两个公约的措辞不同，欧洲公约要求"造成伤害或毁损的事实发生于法庭地国的领域内"，同时"其伤害和毁损的肇事者在发生此项事实时，亦在该领域内"。联合国公约要求"该作为或不作为全部或部分发生在法院地国领土内，而且作为或不作为的行为人在作为或不作为发生时处于法院地国领土内"，这样规定的本质含义是为了避免国内法院受理跨国侵权行为引发的诉讼，如跨境环境污染案件等。

最重要的是，两个公约都将侵权行为用"人身伤害和财产损害"来表示，并没有说明造成这样的伤害和损害的行为有哪些，更没有区分主权行为和非主权行为。

（三）司法实践

1980年美国哥伦比亚地区法院的"莱特利尔诉智利共和国案"（Letelier v. Republic of Chile）[①] 是国家侵权行为的管辖豁免领域的具有里程碑意义的案例。奥兰多·莱特利尔（Orlando Letelier）曾担任智利阿连德政府的驻美国大使和外交部长，在发生军事政变后流亡至美国。1976年，莱特利尔和他的助手罗尼·墨菲特（Ronni Moffitt）在华盛顿乘车行驶中，被爆炸物所炸死。这是政治暗杀造成的结果。两年后，他们的继承人和代表对智利政府提起民事诉讼，要求智利政府对侵权行为进行赔偿。他们的诉因（cause of action）有五项：第一，阴谋剥夺死者的宪法权利，违反了《美国法典》（1976）第42章第1985节；第二，造成死亡的人身攻击行为；第三，在爆炸物运输和引爆方面的过失；第四，以违反国际法的方式暗杀死者；第五，莱特利尔根据《美国法典》（1976）第18章第112节属于"国际上受保护的人"，智利政府却对其进行攻击。[②] 原告称，使莱特利尔的汽车爆炸的人是智

[①] United States of America, Federal Supplement, vol. 488, 1980, p. 665.

[②] Ibid., p. 666.

利中央情报机构（Centro Nacional de Inteligencia）的人员，并且受智利政府的指挥和帮助。法院在初步判决中，认定其具有管辖权，并且认为根据《外国主权豁免法》，虽然外国国家对某些基于"自由裁量权"的侵权行为享有豁免，但却不允许外国国家在命令其代表于美国从事政治谋杀或恐怖主义活动后主张豁免。① 在1980年11月5日的最终判决中，法院判决被告智利政府向原告赔偿约490万美元。在智利政府指挥下进行的政治谋杀从任何意义上来说，都不能被定义为非主权行为或者管理权行为，而是纯粹的具有政治目的的主权行为。判决的做出意味着，显而易见的主权行为也可能不享有豁免。这一判决构成了外国国家在美国从事与政治暴力有关的行为要赔偿损失的明确先例。② 此后，美国法院在判决此类案件时，把《外国主权豁免法》当做"唯一的、排他的"标准，而不再依赖那种习惯上的按照主权行为和非主权行为的划分来赋予豁免的做法。

不过，一些未对国家豁免问题进行立法的国家在外国国家的侵权行为引发的案件中，仍然坚持将侵权行为区分为主权行为和非主权行为的做法。欧洲大陆法系国家的法院一般采取这种立场。

比如，荷兰1987年的"诉联邦德国案"中，原告荷兰公民曾经在阿姆斯特丹与联邦德国刑事调查局签订协定，当原告按照协定要求，前往德国交付麻醉品时，遭到了德国警察的逮捕，并被判处9年有期徒刑。原告在狱中向荷兰法院提起诉讼，要求荷兰法院对德国发出禁令，使其出狱回国，并赔偿损失。荷兰法院认为该案涉及的是外国主权行为，因而法院没有管辖权。③ 这是将国家侵权行为加以区别对待的典型做法。

联邦德国法院判决的"射击范围扩张案"（Shooting Range Extention Case）也体现了区分行为性质的做法。1983年，原告联邦德国公民向行政法院提起诉讼，要求法院禁止被告美国驻联邦德国军事基地扩张射击范围。联邦德国最高行政法院判决认为，美国驻联邦德

---

① United States of America, Federal Supplement, vol. 488, 1980, p. 673.
② Sompong Sucharitkul, *Fifth report on jurisdictional immunities of States and their property*, p.19.
③ *Netherlands Yearbook of International Law*, Vol. 20, 1989, p. 289.

国军事基地是美国政府的分支,它扩张涉及范围的行为是政府公共行为,虽然这种行为对德国公民造成了侵害,但德国对这样的行为没有管辖权。[①] 该案件体现德国与荷兰一样,仍在国家侵权行为的管辖豁免问题,坚持区分主权行为和非主权行为的做法。

由此可见,关于外国国家侵权行为的管辖豁免,在各国的司法实践中,对是否区分主权行为和非主权行为的问题并没有一致的做法。已经对国家豁免问题进行立法的国家大多都不对侵权行为的性质加以区分,而大陆法系那些没有立法的国家,则还有一部分仍秉持传统限制豁免论的做法。

三、结论

回顾国家侵权行为的管辖豁免问题的起源和发展历程,并从国内立法、国际条约和司法实践的角度加以分析论证,可以明确地发现这一问题的发展动向。那就是从起初的主要针对交通事故,从而防止保险公司借国家豁免逃避保险责任,到涵盖了多种类型的侵权行为,甚至出现了抛弃之前流传了百年的以区分主权行为和非主权行为作为是否给予豁免的标准的习惯做法的现象,所以,国家侵权行为的豁免问题的发展从真正意义上冲击了盛行已久的限制豁免论。

从理论层面上来看,关于不区分侵权行为性质的理论基础,有一些学者提供了参考。施勒尔认为,根据国际法,一个国家在未经另一国的许可下,在另一国领土内从事公法职能或统治权职能,一般都是违法的。[②] 克劳福德(Crawford)认为,国内法院侵权行为的管辖并不是基于主权行为和非主权行为的区别,而是基于为国际法所承认的当地管辖原则。[③] 依据这样的理论,一国在另一国领域内从事的侵权行为,不管性质如何,都应受当地法院管辖。所以,下文将对国家侵权

---

① *International Law Reports*, 1991, pp. 532-536.
② Schreuer, *State Immunity: Some Recent Developments*, Grotius Publishers, 1988, p.54.
③ 龚刃韧:《国家豁免问题的比较研究——当代国际公法、国际私法和国际经济法的一个共同课题》,第255页。

第四节　国家侵权行为的管辖豁免的理论基础

从早期的案例来看，限制国家侵权行为的管辖豁免的最初理由和目的应当是保护法院地国公民的私人合法利益，使受到侵权行为影响的个人能够独立地通过诉讼的途径获得救济。[①] 不过，它的发展却造成了理论上的两大问题。

第一，国家责任制度受到了挑战。在传统国际法上，如果国家做出了不法行为，一般要通过国家与国家之间特有的方式解决，比如，外交谈判、国际仲裁或者国际诉讼。根据传统国际法，个人即使受到了外国国家不法行为的影响，也不可以直接向其提起诉讼。这反映了传统国际法中个人的地位。个人并不被视为独立的主体，个人一定要附属于国家，因而个人没有与其他国家直接进行对话或诉讼的资格或能力。这样，当然会造成实践中个人利益的减损。因为即使是个人的国籍国，也可能出于种种因素的考虑而选择不对其加以保护，最终牺牲了个人的利益。限制国家侵权行为的管辖豁免可以解决以上的问题，但同时也可能造成与传统的国际责任制度的冲突，甚或是对传统的国际法主体的认定的又一挑战。

第二，限制豁免论的理论框架终被突破。限制豁免论要求将国家行为加以区分，主权行为得以享有豁免，而非主权行为则不享有。对国家侵权行为豁免的限制却恰恰并不遵循这样的两分法。相反，根据对新近各国立法、国际条约和司法实践的检视，证明许多国家在限制国家侵权行为的豁免时，往往不再考虑主权行为和非主权行为。反而，由于国家侵权行为的豁免问题主要指向的是"非商业侵权行为"，所以几乎绝大多数的案件涉及的行为都是主权行为。所以，对国家侵权行为的豁免的限制一直处于扩张的趋势，从起初的交通事故案件到政

---

① 陈纯一：《国家豁免问题之研究——兼论美国的立场与实践》，第220页。

治谋杀案件，从政治谋杀案件又到侵犯人权案件，以至于美国法院已经受理并审判了以梵蒂冈为被告的神父对儿童的性虐待案。

这样的发展让人们开始反思，究竟限制豁免论在现代国际法中是一种什么样的地位，它是一种理论学说，还是一种过渡做法，抑或是一种国际习惯？而对国家侵权行为的管辖豁免又该怎样认识？它的理论来源和支撑是什么？为什么它能够突破限制豁免论，并得到众多国家的支持？下文将对其理论基础加以分析。

一、法院地国领土管辖权

从各国的立法、司法实践和国际条约来看，法院地国能够管辖外国国家侵权行为案件的条件是侵权行为发生在法院地国，[①]或者损害发生在法院地国，[②]抑或是既要求侵权行为发生在法院地国，又要求损害发生在法院地国，还要求做出侵权行为的人在当时位于法院地国内。[③]

国家的管辖权是一国主权的体现，是国家的基本权力。1949年《国家权利义务宣言草案》明确规定，各国对其领土以及境内之一切人与物，除国际法公认豁免者外，有行使管辖之权。[④]这说明国家在其领土内行使管辖权是国家的应有权力。各国在遵守国际法基本原则的基础上，可以自愿选择最合适的管辖原则，并自主行使管辖权。在国际实践中，常见的几种管辖权原则有，第一，领域原则，或称属地管辖权原则；第二，国籍原则，或称属人管辖权原则；第三，保护原则；第四，普遍管辖原则。[⑤]

其中，属地管辖权原则居于首要地位。因为，属地性是管辖权的首要依据，由于国家领土内一切人和物都属于国家的属地权威的支配，

[①] 英国、新加坡、南非、澳大利亚等国的国家豁免立法中如此规定。
[②] 美国和加拿大采用这样的规定。
[③] 《关于国家豁免的欧洲公约》、《联合国国家及其财产管辖豁免公约》和日本立法是这样规定的。
[④] Draft Declarations on Rights and Duties of States, 1949, Art. 2.
[⑤] 邵沙平：《国际法》（第二版），北京：中国人民大学出版社，2010年版，第135—138页。

因而每个国家对它们都有管辖权——立法、司法和行政。① 即使其他国家可依照其他管辖权原则进行管辖,但如果它的权利是与具有属地管辖原则的国家的权利相冲突的,那么它的权利就受到了限制。正如国际常设法院(Permanent Court of International Justice)在"荷花号案"(the Lotus Case)中指出的,"一个国家不得以任何方式在另一国的领土上行使它的权力"。②

不过,属地管辖权原则并不是一直按照明确一致的标准加以适用的。比如,在针对人的民事或刑事诉讼中,一般说来,被告在国家领土内便构成了属地管辖权的根据。但很多国家还认为如果能够推定被告存在在国家领土内,也可以构成对被告行使属地管辖权的理由。③ 在针对行为或事件的民事或刑事诉讼中,同样也面临着认定属地性的争议。常被提起的案例是,在国界一边的人,开枪射杀了在国界另一边的人,谋杀者的行为应该归哪国管辖?属地性该如何确定?为了解决这样的情况,属地管辖权原则也同样允许推定解释的存在。也就是说,属地管辖权原则有主观属地原则和客观属地原则之分。其中,主观属地原则是指只要相关行为发生在一国领土内,就可以构成行使属地管辖权的根据;客观属地原则是指只要相关行为的结果发生在一国领土内,或者行为效果及于一国领土,就构成了属地管辖权行使的理由。

各国有关国家豁免的立法和国际公约中一般规定,法院地国能够管辖外国国家侵权行为案件的条件是法院地国是侵权行为地或者侵权结果发生地,前者符合的是主观属地原则,而后者则与客观属地原则相契合。因而,由侵权行为地或侵权结果发生地法院管辖外国国家侵权行为案件在管辖权方面是符合国际法的。所以,合法管辖权是限制外国国家侵权行为的管辖豁免的前提,或说是法律基础。国际法委员会关于国家豁免问题的特别报告员在其第五次报告中指出,"我们将正

---

① [英]詹宁斯、瓦茨修订,《奥本海国际法》(第一卷第一分册),王铁崖等译,北京:中国大百科全书出版社,1995年版,第328页。

② S.S. Lotus, 1927 P.C.I.J. (ser. A) No. 10 (Sept. 7).

③ 比如,美国最高法院在1977年的"海弗诉海特纳案"中指出,被告在美国拥有财产是准对物管辖权的充分根据。

确且合理地发现，包含这一例外（侵权行为）的国内立法和区域性公约都规定了基于侵权行为地（locus delicti commissi）的合法管辖权的先一步存在。"①

国家管辖权和国家管辖豁免是一对有着密切关系的概念。究竟两者之间是有什么样的关系？究竟国家管辖权是不是国家管辖豁免的前提呢？这是值得探讨的问题。

1980年，美国哥伦比亚地区法院曾在一起案件中表明管辖权和豁免之间的关系，法院认为管辖权和豁免之间有前后顺序关系，应该先确定管辖权，再考虑豁免问题。法院指出，《外国主权豁免法》的立法历史已经证明，如果美国法院要对一个外国国家行使管辖权，必须满足有关管辖权的传统要求，《外国主权豁免法》的条文中包含了最低管辖联系的要素。该法律中的每个例外条款都规定了法院能够行使管辖权的必要连接因素。②

同年，在"佩利兹等诉巴哈马案"（Perez et al. v. The Bahams）中，哥伦比亚地区法院做出的判决具有与上述案件同样的含义。本案中，巴哈马警用船只向渔船开枪，造成船上儿童受伤，儿童的父母起诉巴哈马，要求获得金钱赔偿。以国家为被告的案件，一般都会提及国家豁免问题。但在该案中，巴哈马根本没有提及国家豁免的问题，尽管所涉事件是代表公权力的警察行动。巴哈马直接抗辩法院对该案没有管辖权，因为行为没有发生在美国。最终，法院以无管辖权为由驳回了诉讼。③

在"德克萨斯贸易与制造公司诉尼日利亚联邦共和国案"（Texas Trading and Milling Corp. v. Federal Republic of Nigeria）中，被告尼日利亚抗辩称，首先，法院对于该案没有管辖权，因为被告的相关行为对美国没有"直接影响"；其次，本案涉及的行为是禁运和单方修改信用证，这是国家的公行为，而非商业性质的行为，所以应享有国家豁免。因而，被告是同时提出了无管辖权和享有豁免的问题。法院在

---

① Sompong Sucharitkul, *Fifth report on jurisdictional immunities of States and their property*, p.16.
② Lybia American Oil Co. v. Socialist People's Libyan Arab Jamahiriya, 482 F. Supp. 1175 (1980).
③ Perez et al. v. The Bahams, 482 F. Supp. 1208(1980).

判决中指出，应该先解决管辖权问题。并指出，管辖权必须先于豁免问题确定，如无管辖权，则无豁免问题。①

英国法院所判决的"泰欧木薯粉公司案"（the Thai-Europe Tapioca case）是非常著名的有关国家豁免的案件。丹宁勋爵在他的附带意见（dicta）中指出了管辖权和豁免的关系。他指出，"案件中的所有交易行为都没有发生在法院的领土管辖范围内，它们简直像月亮一样遥远……法院没有任何理由审判该案。相关行为发生在卡拉奇，卡拉奇的法院是合适的法院。"②

瑞士联邦法院在"意大利共和国、意大利交通部和意大利国家铁路公司案"（Republic of Italy, the Italian Minister of Transport and the Italian State Railways v. Beta Holding S.A.）中，做出了无管辖权的判决。该案所涉及的是有关贷款协议的佣金问题。意大利主张国家豁免，称案中的行为是主权行为，法院则认为，"即使意大利在行使公共职能，也可能会从事私法上的业务，特别是在与私人中间商签订协议时。所以，意大利和中间商之间的合同代表的是私法上的关系。"不过，法院却认为合同与瑞士领土没有密切联系，不应该由其加以审判。③

由此可见，确定领土管辖权不仅仅是外国国家侵权行为案件的要求，而是一般以外国国家为被告的国家豁免案件的要求。管辖权是审理国家豁免案件的前提，只有先确定了管辖权，才能进一步讨论豁免问题。在侵权行为案件中，与侵权行为联系最密切的地点是侵权行为发生地或侵权结果发生地。所以，如果法院地国是侵权行为发生地或侵权结果发生地，则其具有管辖权基础，才能进一步进入到豁免问题的讨论中。这就是国内立法和国际公约纷纷在侵权行为条款中设定侵权行为发生地或结果发生地的原因，也是法院地国得以受理此类案件的基础，还是国家侵权行为的管辖豁免的案件的第一步。

---

① Texas Trading and Milling Corp. v. Federal Republic of Nigeria, 500 F. Supp. 320 (1980).
② The Thai-Europe Tapioca case, [1975]3All E. R. 961.
③ *Netherlands Yearbook of International Law*, 1979, p.169.

二、方便法院原则

如果说法院地国领土管辖权原则是有关外国国家侵权的案件得以受理的前提的话，当案件受理后，那么，在行使管辖权时，能否不顾及外国国家的国家豁免的主张，就又是进一步的考虑了。

从各国立法和国际条约来看，一般是把国家享有管辖豁免作为基本原则，在这一原则基础上，提出有几种形式的诉讼是不得援引国家豁免的诉讼，主要有商业交易、侵权行为、雇佣合同和知识产权等等。其中，侵权行为一般是指因故意或过失不法侵害他人权利的行为，是债的发生原因之一。[①] 由于侵权行为是违反法定义务的行为，所以侵权行为之债属于法定之债的范畴。在不同法系国家的法律体系中，对侵权行为的调整都是比较特殊的领域，因为侵权行为本身就有着纷繁复杂的种类和形式，从而产生的法律关系也十分复杂。从它的成立要件，到它的归责原则，甚至它的法律后果，都是非常复杂的。

上文曾列举了各国国家豁免立法和国际条约中的侵权行为例外条款，其中对侵权行为的用语都不尽相同，这基本上来源于英美法系国家和大陆法系国家对侵权行为法的不同规定。比如，英美法系一般把侵权行为在专门的侵权责任法中讨论，豁免立法中的条款就可能会在非商事侵权的领域探讨；大陆法系则会将上述条款看做人身伤害或财产毁损造成的民事责任问题。[②]

不像商业交易和雇佣合同等基于合意的行为，侵权行为是基于法律的规定。除此之外，侵权行为是对他人合法权利的损害，会对侵权行为地的公共秩序造成影响。而且为判定侵权行为之债成立，往往要在侵权行为地查明事实和确定法律责任。所以，基于侵权行为的特性和侵权行为法律体系的特征，在侵权行为地审判有关侵权行为的案件是最方便的一种选择，也是最可能获得合理及时判决的方式，这就是

---

① 韩德培主编：《国际私法》，北京：高等教育出版社、北京大学出版社，2005年版，第205页。
② Sompong Sucharitkul, *Fifth report on jurisdictional immunities of States and their property*, p.15.

"方便法院"的原则。国际法委员会国家豁免专题特别报告员素差伊库就明确指出，法院地国有保护在其领域内个人的生命和财产不受侵害的义务，而且侵权行为地法院在查明责任证据、确认因果关系和确定赔偿金额方面，能够提供最合理、最方便和最迅速的司法救济场所。[1] 国际法委员会在二读草案中的评注中也提到，既然造成损害的作为或不作为是在法院地国发生的，应适用的法律当然是侵权行为地法，而且最方便的法院应该是侵权行为所在地国家的法院。[2]

从反面来看，如果侵权行为所在地国的法院不受理外国国家侵权行为的案件，那就意味着与此侵权行为联系最密切的国家将对这一侵权行为不予置喙。既然是外国国家本身做出的侵权行为，在外国国家的司法机构或其他机构求得合理救济的可能性相对较低。一是外国国家的司法机构可能不受理这一案件；二是即使受理了案件，也可能因各种因素考虑而做出不公的判决。此外，非常重要的一点是，在国际私法中，有涉外因素的侵权行为所使用的准据法一般是侵权行为地法。侵权行为地法自13世纪的"法则区别说"以来，就一直为欧洲各国所采用，随之又盛行于其他国家。法国的巴迪福（Batiffol）曾指出，"侵权行为地法乃国际私法最早确立的原则之一。"[3] 所以，侵权行为地法院在审理外国国家侵权的案件时，适用侵权行为地法，也就是本国法加以审判，这样就是比较合理方便的。而如果由外国国家法院审理的话，则可能涉及外国法查明等一系列步骤，反不如前者简洁明了。

无论如何，如果不是由最方便法院加以审判的话，受害人很可能获得不到任何救济，除非是做出侵权行为的外国国家自愿给予其补偿。但是，既然外国国家已经做出侵权的行为，它很可能不认为自己有补偿或赔偿的义务。

所以，从一方面来说，侵权行为地法院是最方便法院，从诉讼效率和结果上都更适合审判外国国家侵权的案件；从另一方面来说，不由侵权行为地法院加以审理外国国家侵权的案件，可能导致公民的合

---

[1] U.N. Doc. A/CN.4/363/Add.1, pp. 6-8.
[2] U.N. Doc. A/46/10, p.114.
[3] [法]巴迪福：《国际私法各论》，曾陈明汝译，台北：正中书局，1979年版，第255页。

法权益得不到有效保护。

同时，由国家为其所侵害的个人承担责任并不会损及其主权或尊严。一国在另一国领土上开展活动时，本来就应该遵守所有的当地的法律和规章。如果违反了当地的法律，不管是有意的还是无意的，都应该为其所造成的损害负赔偿责任。这也是侵权行为例外和商业活动例外以及知识产权例外等等的不同之处，即侵权行为所直接引发的是对法定义务的违反。在交通事故案件中，本来外国国家应该负第一位的责任，但是根据世界各国的法律规定，一般的交通事故都受法定保险的覆盖，所以，便应该由保险公司代替外国国家来直接进行赔付。以前，这种方式被认为是对外国国家的一种不尊重，因为当时的观念是国家不应该被保险公司所代表。但从实践的角度出发，这并不会造成任何主权方面的影响。惟有排斥这种观点，才能保证受害人在交通事故后获得赔偿。

正义不仅应该得到实现，还应该通过看得见的方式被实现。通过法院地国司法的方式解决侵权行为的损害赔偿问题是用看得见的方式实现正义。外国国家的主权不会因为赔偿或补偿受害人而受影响。素差伊库（Sucharitkul）曾说，人道和仁慈不与国家资格和主权相冲突，国际法也应该保护人道。保护个人及其财产的完整和安全也是每个国家的责任。[①] 社会的福祉要求每个人都处于安全的状态，如果受到伤害的话，可以获得必要的救济。个人有形财产的损失也应该得到救济。

另外，只有让国家真正对跨国侵权行为负起责任来，才能避免将来的侵权行为再次发生。不管是英美法系国家的侵权责任法，还是大陆法系国家的民事责任法律体系，虽然都规定侵权责任是一种民事责任，但也不排除侵权责任也可能具有一定的惩罚性。侵权责任法的主要功能在于填补损害，预防和惩戒不法行为。惩罚性赔偿能够有力地实现侵权责任法的功能。当然，在当前的国际实践中，即使是让外国国家承担起补偿性的赔偿责任，也可以发挥出预防的功能。因为，以前很多国家对于外国国家从事侵权行为的状况，大多是置之不管的。

---

① Sompong Sucharitkul, *Fifth report on jurisdictional immunities of States and their property*, p.17.

如果一个国家可以恣意从事侵权行为而不需承担责任的话,当然不能不担心此类行为频繁发生的可能性。此外,在国内法体系中,国家如果在本国领土内实施了侵权行为,侵害了本国公民的合法利益的,也要承担责任,反而在国际层面上,可能有不承担责任的机会。这当然一种不合理的现象。

三、结论

总之,提出国家侵权行为的管辖豁免问题主要是为了保护位于法院地国的私人或法人的合法利益。在联合国国际法委员会的审议中,西方国家的一些委员就曾指出,外交保护比通过当地法院的司法解决的效力要低,因为个人的命运将完全取决于本国政府的政策考虑。同时,在受害人是外国国民的情况下,也根本不能通过外交保护来解决问题。如果国际法委员会仍希望坚持权利受到侵犯的个人应当获得有效补偿的基本思想,那就必须承认当地法院的管辖权。[①] 因此,当地法院的司法管辖是一种更有效和方便的获得救济的途径。当然,这种途径也在一定程度上突破了传统的国家责任制度,且因为其常不区分主权行为和非主权行为,又打破了限制豁免论的理论框架。

在法律层面上,国家侵权行为的管辖豁免的基础是承认法院地国领土管辖权和"方便法院"的原则。侵权行为既然发生在法院地国领土内,那么基于领土管辖权原则,由法院地国行使管辖权是有法律基础的。且由于法院地国法院能够最为及时有效地查明案情、确定责任,所以可以说是最方便的法院,那么由侵权行为发生地法院来审理这样的案件便可以理解了。不过,针对以上的问题,实务界和理论界也还存在着一些分歧和争议,比如,有些国家认为联合国国际法委员会的条款草案中有关侵权行为的规定主要是反映了西方国家的实践,尚不能证明为国际习惯法的规则。[②] 毕竟,国家侵权行为的管辖豁免是国家

---

① U.N. Doc. A/CN. 4/SR. 2119, p.21.
② U.N. Doc. A/CN. 4/415, pp. 80-84.

豁免领域中较晚出现的主张，而且自其出现后，其发展得便极为迅速，扩张趋势也越来越明显，当然会有很多争议。具体的问题还要在实践的发展中一一得到澄清。

总之，国家豁免的发展历程并非沿着一条统一的轨道顺利前行，而是充满了波折、反复和不一致。事实上，很难指出国家豁免这一原则的确切出现时间和令所有人信服的理论根据。不过，随着二战后国际局势的稳定以及交通运输方式的飞速发展，国家间及国家与他国国民、法人间的交往日益频繁，国家豁免原则在被普遍承认为一项重要的国际法原则的同时，又出现了一些新变化，其中，在国家豁免适用范围方面的限制尤为突出。20世纪70年代后，对于日益突出的外国国家侵权行为的管辖豁免问题，许多国家承认，当一国公民在法院地国境内受到外国国家的侵权行为损害时，该外国国家不能在相应的诉讼中援引国家豁免。一般认为，国家侵权行为的管辖豁免的理论基础是领土管辖权原则和方便法院的原则。在实践中，国内法院对国家侵权行为加以管辖能够有力地补充外交保护制度所不能涵盖的那些求偿问题，对于保护公民的合法权益有重要的作用。不过，值得注意的是，英美法系的主要国家的法院在审理有关外国国家侵权行为的损害赔偿诉讼案件时，不再沿循限制豁免论对国家行为进行区分的作法，而是不论是由主权行为和非主权行为造成的侵权结果的案件，都不赋予被告国家以豁免。这样的做法无疑标志着对限制豁免论的理论框架的极大冲击。然而，还有一些大陆国家在此类案件的司法实践中，仍坚持对国家行为进行区分的做法。所以，对国家侵权行为的管辖豁免问题，不同国家仍有着不同的处理方法，这明确体现了国家豁免原则是在国内法院根据国内法进行具体适用的特点。《联合国国家及其财产管辖豁免公约》于2004年获得通过，公约对外国国家侵权行为引发的损害赔偿诉讼也不再要求进行主权行为和非主权行为的区分。所以，对于这一问题，国际社会已出现一定的统一趋势，而至于其具体发展轨迹，仍需进一步跟踪观察。

第2章
限制管辖豁免的国家侵权行为的认定

国际公约和各国家的国家豁免立法中均没有列明限制管辖豁免的国家侵权行为的种类,也没有直接说明这样的侵权行为的认定方法,导致在司法实践中对某种国家侵权行为是否享有豁免的认定存在争议。从发展趋势来看,限制管辖豁免的国家侵权行为的认定条款出现适用上的泛化趋势,从一开始的意图适用于交通事故案件和保险风险(insurable risks),到现在的甚至将武装冲突中的侵权行为也纳入其中的做法。如果不对限制管辖豁免的国家侵权行为进行认定,以上的争议会愈演愈烈。作者试图根据国际条约、各国立法和司法实践,在本章中对不享有国家豁免的侵权行为做出一般性认定,并对认定中出现的争议问题进行说明。

侵权行为本身是国内法中的规定。一般来说,侵权行为指因不法侵害他人的利益,依法律规定,应对所生损害负赔偿责任的行为。[1] 侵权行为的本质在于违反法定义务而侵害他人的权益。从定义来看,侵权行为的成立不以故意或过失为要件。也就是说,侵权行为实际分为两类,一类是过错原则下的侵权行为;另一类是无过错责任原则下的

---

[1] 王泽鉴:《侵权行为法(第一册)》,北京:中国政法大学出版社,2001年版,第59页。

侵权行为。① 侵权行为不是犯罪行为，侵权行为承担的是民事责任，以填补损害为主要目的；犯罪行为承担的是刑事责任，以制裁和预防犯罪为主要目的。

国家豁免法中的国家侵权行为和国内民法中的侵权行为的显要区别在于：第一，主体问题更加复杂。前者的行为人是国家，后者的行为人是自然人。国家与自然人之间有着天壤地别的差别，国家是拟制的主体，并不像人一样具有独立意志或行为能力，国家必须借助代表人或机构才能从事行为，所以，国家侵权行为的主体问题比较复杂。究竟是何人或何种机构的行为才能称得上是国家行为？这是需要深入探讨的问题。第二，行为性质相对特殊。国家所从事的侵权行为并非在任何情况下都不享有国家豁免。在限制豁免论的框架下，一般把国家侵权行为也做"统治权行为"和"管理权行为"的区分，有些国家只承认前一类侵权行为的豁免，而国内的侵权行为则一般不做此种区分。第三，领土联系要求严格。国内法中的侵权行为一般是在一国范围内自然人或法人所从事的行为，而国家豁免法中的侵权行为则是外国国家在另一国境内从事的行为，这就涉及到了管辖权分配的问题。鉴于国家主权平等和不干涉内政原则是国际法中的基本原则，一国法院管辖此类案件当然要慎之又慎，必须要有充分的领土联系才可进行管辖，所以，国家豁免法中的侵权行为条款对领土联系的要求特别严格。下文即将从以上三个特殊而重要的问题入手进一步探讨对不享有豁免的国家侵权行为的认定问题。

第一节 行为性质

自1972年《关于国家豁免的欧洲公约》第11条的规定出现，国家豁免法中的国家侵权行为条款出现了一种新趋势，从而也导致了分

---

① 魏振瀛主编：《民法》（第三版），北京：北京大学出版社、高等教育出版社，2007年版，第670页。

化。该条规定，缔约国不得主张免于另一缔约国法院的管辖，如诉讼涉及因人身伤害或毁损有形财物而请求损害赔偿，而造成伤害或毁损的事实又发生于法庭地国的领域内，其伤害和毁损的肇事者在发生此项事实时，亦在该领域内。①这样的规定忽略了对行为性质的确认，即不享有国家豁免的侵权行为究竟是只限于"管理权行为"，还是也包括"统治权行为"。规定使得国家不管是像自然人一样从事普通行为，还是以国家的公权力行事，都不得享有豁免。②美国和英国的国家豁免立法都效仿了《关于国家豁免的欧洲公约》的第11条的规定。有国家豁免立法的其他国家，除了巴基斯坦未对国家侵权行为加以规定外，都规定外国"非商业侵权行为"不享有管辖豁免。③这就意味着，这些国家也将不享有国家豁免的侵权行为的范围扩大至包括"统治权行为"。欧洲大陆法系国家一般没有对国家豁免进行专门立法，它们在实践中一般要区分国家侵权行为的性质，通常对涉及"统治权行为"的国家侵权行为赋予管辖豁免。下文将对这两种不同的立场加以深入分析。

一、区分侵权行为性质的立场

对于区分侵权行为性质的立场，以爱尔兰法院的判决为例。爱尔兰法院对"麦克爱尔希尼诉威廉姆斯案"（McElhinney v. Williams）的判决是，尽管威廉姆斯这名英国军人在爱尔兰境内伤害了爱尔兰平民，但因这种行为是"统治权行为"而享有管辖豁免。④爱尔兰并没有制定有关国家豁免的立法，也非《关于国家豁免的欧洲公约》的缔约国。原告后来向欧洲人权法院提起针对爱尔兰的诉讼，法院称爱尔兰绝不是唯一的在涉及"统治权行为"的侵权案件中坚持赋予国家豁免的国

---

① European Convention on State Immunity, Art. 11.
② Hazel Fox, *The Law of State Immunity*, p.312.
③ 龚刃韧:《国家豁免问题的比较研究——当代国际公法、国际私法和国际经济法的一个共同课题》，第256页。
④ *International Law Reports*, 1997, p.703.

家,爱尔兰并没有自外于任何现存的国际法标准。①

值得注意的是,欧洲人权法院要处理的问题并不是爱尔兰是否有义务赋予英国以管辖豁免,而是爱尔兰是否因拒绝给予麦克爱尔希尼以司法救济而违反了《欧洲人权公约》第6条。欧洲人权法院称,考虑到国际法发展的状态,爱尔兰的行为没有违反国际法。所以,欧洲人权法院只是承认侵权行为例外是一种国际法的发展趋势,但却并没有发展到一种统一的国际标准。

总而言之,持区分国家侵权行为的性质的立场的国家一般没有对国家豁免进行专门立法,实践中对国家豁免的态度也较为保守和谨慎,它们对于侵权行为例外这样一个专门的、特殊的国家豁免的例外并没有给予特殊的对待。它们认为尽管存在对国家侵权行为的性质不加区别的立场,也承认这是一种新的趋势,但却仍认为这种趋势尚不构成标准。当然,这种立场并非固定不变。比如法国最高法院在2003年和2006年的两起有关法国公民起诉德国对其实施强迫劳动行为的案件中,赋予了德国以国家豁免,理由便是案件所涉的行为是统治权行为。② 而同为欧洲大陆法系国家的意大利的最高法院则在案情类似的"费拉尼案"中拒绝赋予德国以国家豁免,认为统治权行为和非统治权行为的划分在对人身完整性的攻击或对人体损害的案件中不能适用。③ 希腊法院在涉及德国在迪斯多摩地区实施的大屠杀案件中,称根据国家豁免的例外,国内法院能够对外国国家的机构实施的发生在本国领土之上的对个人或其财产的侵权行为实施管辖权,即使这样的行为是主权权力的实施行为(统治权行为)。④ 但是,两年后,希腊最高特别法院又在"马格拉斯案"(Margellos)中指出,根据现有的国际法状态,没有统一的规则规定法院地国可对发生于其领土之上的外国国家武装部队实施的侵权行为实施管辖权。⑤

---

① *International Law Reports*, 2003, p.85.
② Bucheron, 16 December 2003, case 02-45961; Grosz, 3 January 2006, case 04-47504.
③ *International Law Reports*, 2006, p.672.
④ *International Law Reports*, 2006, p.519.
⑤ Ibid., p.532.

二、不区分侵权行为性质的立场

与之相对应的是，加拿大法院在"施瑞布尔诉德国联邦共和国和加拿大总检察长案"（Schreiber v. The Federal Republic of Germany and the Attorney General of Canada）中，指出"侵权行为例外也包含统治权行为，因为如果不这样理解的话，那么基本人权受到最恶劣对待的人们便无法在国内法院得到救济。"[①]

这样的观点其实是建立于对侵权行为例外的存在基础的理解之上的。侵权行为例外能得以存在的最根本原因就是法院地国的领土管辖权。侵权行为发生地原则为管辖权的实施提供了实质的领土联系，这样，不论是故意还是过失，不论是偶然还是必然，不论是统治权行为还是管理权行为，法院地国皆可对其加以管辖。

持不区分国家侵权行为性质立场的国家一般对国家豁免有专门立法，其相应的司法实践也较为统一。它们对于国家豁免中的国家侵权行为进行特殊的对待。因为，外国国家侵权行为是发生在法院地国领土之上的，根据领土管辖权的原则，法院地国有权管辖案件，并且不必考虑侵权行为的性质。另外，由法院地国对外国国家侵权行为加以管辖的另一个重要原因是为受到不法侵害的公民提供救济，这些公民很可能除了在法院地国以外，没办法得到任何救济。所以，不能再对法院地国的管辖权加以限制。

值得注意的是，《联合国国家及其财产管辖豁免公约》采取的是不区分国家侵权行为性质的立场。在《公约》的拟定过程中，围绕这一问题也不乏争议。比如，虽然国际法委员会在一读通过的草案中删除了外国侵权行为仅限于交通事故这样的管理权行为的规定。[②] 但是，在二读草案酝酿过程中，特别报告员提出了这样的条款过于宽泛，应该将其限制于交通事故行为，以使草案得到世界各国的认可。[③] 尽管如

[①] Supreme Court Report of Canada (2002), Vol. 3, p. 269.

[②] U.N. Doc. No. A/39/10, 1984, pp. 157-158.

[③] U.N. Doc. No. A/CN.4/422, 1989, p. 13.

此,最终通过的二读草案还是沿袭了一读草案的文本,而公约的文本也不只是将外国侵权行为限于交通事故,国际法委员会的评注中称,"不论所涉的行为是统治权行为还是管理权行为"。①

三、对两种立场的评析

国内法实践中之所以存在侵权行为性质上的争议,其实是多方面原因造成的:

第一,限制豁免论的影响。限制豁免论的要义便是将国家行为加以区分,统治权行为得享有豁免,管理权行为则不享有。在限制豁免论的理论框架下,商业行为、雇佣合同、知识产权等专门例外调整各自的范围。国家侵权行为例外如果不区分统治权行为和管理权行为,则是对限制豁免论的传统思路和方法的突破。而限制豁免论在许多国家盛行已久,对国家豁免有专门立法的国家在司法实践中依法断案,如果法律规定不区分侵权行为性质,则法院便不作区分。而那些对国家豁免没有专门立法的国家的法院则往往仍受限制豁免论的影响,于是依照传统思路,仍然要将国家侵权行为这类特殊的行为做性质区分。

第二,法律文化的差异。英美法系的国家较欧洲大陆法系国家来说,更多地倾向于不区分侵权行为的性质。在英美法系国家,特别是美国,诉讼不仅仅具有确认私权的作用,还是促进社会改革的工具。②而在大陆法系国家,一般是由政府政策而非诉讼来推进社会改革。所以,英美国家的诉讼形式和内容发展都较为迅猛,在判案时较可能采取较为先进的理念;而大陆法系国家在这一方面就相对谨慎一些了。

第三,国际关系的考虑。相对于国家豁免的其他例外来说,外国国家侵权行为显得更加敏感,对国际关系的影响更为显著。侵权行为属于不法行为,而涉及统治权行为的国家侵权行为就更引人注目了。国家从事统治权行为意味着其并没有像普通自然人一样行为,那就代

---

① U.N. Doc. No. A/46/10, 1991, p. 117.
② 李庆明:《美国〈外国人侵权请求法〉研究》,武汉:武汉大学出版社,2010年版,第247页。

表着国家并不一定愿意接受另一国家法院对其公行为的裁断。所以，考虑到这一点，一些国家仍然坚守着对侵权行为加以区分的立场便不难理解了。

不过，这样的争议会否长期存在？哪一种立场可能会取得优势地位？争议是否会向统一化的趋势发展？这些问题都值得我们加以思考并解决。就当前的国际法发展趋势来看，我们有理由期待国家豁免法中的外国国家侵权行为将向着对行为不加以区分的方向发展。主要原因有以下几点：

首先，侵权行为本身属性决定。侵权行为一般指的是行为人出于过错而实施的侵害他人人身或财产，从而违反法定义务，因而应当承担责任的行为，还包括没有过错而侵害他人人身或财产，依法应当承担责任的行为。[①] 在国内法实践中，侵权责任常与违约责任竞合，因为这两种责任都以赔偿损失为主要内容和目的。在责任竞合的情况下，究竟如何处理请求权之间的关系，是国内民事法律中的重大课题。[②] 在国家豁免领域，国家的侵权行为和违约行为可能都会导致损害赔偿请求权的出现，使这二者的边界显得不够清晰。为解决这样的问题，一般来说，国家豁免法一般将违约行为归于国家商业活动例外中处理，而将非商业的侵权行为专属侵权行为例外解决。而所谓的非商业侵权行为就是与国家所从事的与商业活动无关的侵权行为，既然如此，那么再对外国侵权行为进行统治权行为和管理权行为的区分，就会产生逻辑上的困局。因为统治权行为一般被看作是非商业行为，那么非商业侵权行为就不能够划分出管理权行为的部分。这显然一方面是统治权行为和管理权行为的划分方法本身存在的不科学性有关，另一方面则代表了限制豁免论的理论不周延性。

其次，划分方法不尽科学。从国家豁免的发展历史来看，统治权行为和管理权行为的划分有着非常重大的意义。绝对豁免和限制豁免的争论焦点也在于此。但是尽管如此，这种划分方法从来没有达到协

[①] 魏振瀛主编：《民法》（第三版），第670页。
[②] 参见，崔建远：《合同法》，北京：法律出版社，1998年版，第238—239页。

调一致、清楚无误的程度。同样一个行为，既可能被看作是统治权行为，也可以被看作是管理权行为。这样又引发了在二者区分上"目的说"和"性质说"的争论。① 这种划分方法的不科学性在于，第一，对公法和私法的区分主要存在于大陆法系国家，而且区分方法并不一致。但是，国家豁免所处理的是跨国争议，至少会涉及两个国内法体系，那么，在一国被认为是公法行为的，在另一国就可能被认为是私法行为，反之亦然。这样就会造成司法判决的不一致，影响司法公正的实现；第二，这种划分方法是机械的、形而上学的，它并没有触及案件所涉行为的实体和本质。一般来说，人们认为国家从事的行为是自然人也能从事的，那么这种行为便被认为是管理权行为，反之则为统治权行为。② 但是，国家对于经济活动的管控程度不同，各国的自然人所能从事的行为也不尽相同，所以，划分的结果是机械而不科学的。

最后，成文立法的冲击。从限制豁免论的发展来看，实践中出现的许多新问题已经对其造成了足够的挑战，它的框架一次次有被打破之虞。从《联合国国家及其管辖豁免公约》来看，《公约》的文本中只字未提限制豁免论，反而是采用"不得援引国家豁免的诉讼"的表达方式。③ 这样的做法自然是一方面考虑到希望得到各国的普遍认可，弥合两个阵营间的鸿沟，不用一种传统的表达方式约束自身，另一方面就是由于限制豁免论已经走上了衰落的阶段。从国际公约和各国立法来看，直接提起限制豁免的极为少见，一般的处理方法是把国家豁免当做原则，同时设定多种不得援引豁免的情况，而非采取限制豁免论的区分统治权行为和管理权行为的方式。因而，限制豁免论可谓是国家豁免发展史上的一种过渡状态，在没有成文立法的情况下，它成为国家考虑是否赋予他国豁免的一种较为简便但同时又极其主观的方式。随着国家豁免成文化的趋势，限制豁免论的存在空间急剧缩小。因此，外国国家侵权行为再采取限制豁免论中的划分方法是不符合国际法发展潮流的。

---

① 参见，俞宽赐：《新世纪国际法》，台北：三民书局，1994年版，第307—310页。
② Gamal Moursi Badr, *State Immunity: An Analytical and Prognositc View*, p. 64.
③ U.N. Doc. No. A/59/49, 1994.

四、结论

限制管辖豁免的国家侵权行为在认定上存在一个有争议的问题，即是否要对侵权行为的性质加以区分，对统治权行为赋予豁免，而对管理权行为则实施管辖。目前，各国在实践中也分为两种立场，其中，英美法系国家大多采不区分的立场，而欧洲大陆法系国家则大多采区分的立场。经过本书的分析，对侵权行为的性质加以区分的做法不符合国际法的发展潮流，从侵权行为的本身属性、区分方法的科学性再到理论构架的周延性，都可以分析出限制豁免论本身便处于岌岌可危的状态，更无法用它的老套路来应对新问题。因而，在外国国家侵权行为的认定上，对侵权行为的性质再加区分的做法可能不会长久。

第二节 领土联系

领土联系指的是外国国家的某一行为与法院地国领土之间的关系问题。[①] 领土（territory）通常是指处于国家主权支配下的地球表面的特定部分，包括陆地、水域以及陆地和水域的上空和底土。[②] 领土联系究竟是不是对外国国家的某些行为行使管辖权的前提条件，是一个存在争议的问题。一些国家在相关案件中对领土联系的要求十分严格，而一些国家在特定案件中（如美国在国家恐怖主义侵权案件中）则不考虑这一问题。

《联合国国家及其财产管辖豁免公约》第10条第1款规定，一国如与外国一自然人或法人进行一项商业交易，而根据国际私法适用的规则，有关该商业交易的争议应由另一国法院管辖，则该国不得在该商业交易引起的诉讼中援引管辖豁免。对于"国际私法适用的规则"这

[①] 龚刃韧:《国家豁免问题的比较研究——当代国际公法、国际私法和国际经济法的一个共同课题》，第237页。

[②] 邵沙平主编:《国际法》（第二版），北京：中国人民大学出版社，2010年版，第167页。

一表述的含义，国际法委员会在二读草案的评注中说明，"另一国法院可以根据多种理由行使管辖，如合同订立地、合同义务履行地、缔约方国籍国或营业地等。一般来说，重要的领土联系构成行使管辖权的基础，但是根据国际私法的适用规则，可能还有其他行使管辖的正当理由。"[①] 评注说明领土联系并不是国内法院对于外国国家商业交易行为行使管辖权的必然前提，还可能存在根据其他理由行使管辖权的可能。

不过，国内法院对外国国家的侵权行为行使管辖权的必要前提是存在领土联系。因为，限制外国国家侵权行为的管辖豁免的主要法律基础就是属地管辖权原则，而且国内法院对外国国家的侵权行为行使管辖权也常常不以主权行为和非主权行为的划分为前提，自然会涉及到以外国主权行为造成的侵权损害为起诉理由的案件，为了尊重他国的主权，避免外交关系的恶化，那么存在领土联系一定是国内法院对外国国家行使管辖权的必要条件。

从法律文本的角度考虑，目前共有十个国家有专门的国家豁免立法，其中，除巴基斯坦外，其他国家的立法中皆包含侵权行为例外的条款。在这些条款中，都有对领土联系的要求。《联合国国家及其财产管辖豁免公约》和《关于国家豁免的欧洲公约》中的有关外国国家侵权行为的条款有着相对于国内立法而言，更为严格的领土联系要求。不过，尽管各法律文件都强调了领土联系的重要性，却在具体规定上适用不同的原则。

一、损害发生地原则

美国和加拿大在其立法中采取的是损害发生地原则。美国《外国主权豁免法》第1605节第1条规定，"在下列任一情况下，因外国国家或其官员、雇员在其职权或雇佣范围内的侵权行为或不行为在美国造成的人身伤害、死亡或者财产在美国境内的损失或丧失，为此而向外

---

① U.N. Doc. A/46/10, p. 76.

国国家索赔。"从文义解释的角度出发,《外国主权豁免法》确实适用的是损害发生地原则。不过，在实践中却存在一定的争议。

众议院司法委员会对该条款的解释是，"侵权行为或过失必须发生在美国管辖范围内"。① 这便是侵权行为发生地原则而非损害发生地原则的表述。美国法学会却在《对外关系法第三次重述》中称，"无论引起损害的行为或不行为发生在何地，只要损害在美国发生，美国法院便对针对该外国的侵权诉讼请求有管辖权。"②

在司法实践中，美国法院做出的一些判决表明要对外国国家的侵权行为行使管辖权，不仅侵权结果要发生在美国，侵权行为也应该发生在美国。比如，在"弗罗洛娃诉苏联案"（Frolova v. Union of Soviet Socialist Republics）中，弗罗洛娃夫人（本名是露易丝·贝克尔）本是美国的一名研究生，在苏联从事研究期间与弗罗洛夫先生结婚，弗罗洛娃夫人在签证到期后返回美国，但弗罗洛夫先生多次申请前往美国的签证却被苏联拒绝。弗罗洛娃夫人以苏联的拒签行为对自己造成了精神和肉体痛苦为由起诉了苏联。美国法院驳回了诉讼请求，认为"《外国主权豁免法》第1605节第1条第5款的规定要求侵权行为和损害都必须发生在美国境内"。③

在"波辛格诉伊朗伊斯兰共和国案"（Persinger v. Islamic Republic of Iran）中，伊朗的伊斯兰激进分子将美国驻德黑兰大使馆的工作人员扣做人质，受害者在美国的亲人起诉了伊朗，声称受到了精神和肉体上的痛苦。原告称，侵权行为虽发生在伊朗，但带给人质亲人们的痛苦却发生在美国。法院却称对案件行使管辖权的前提是"侵权行为和结果都发生在美国"。④

在"达德尔诉苏联案"（Von Dardel v. Union of Soviet Socialist Republics）中，一瑞典外交官协助犹太人免于被纳粹逮捕并送往集中营，但他于1945年在匈牙利被苏联错误逮捕和监禁。美国国务院对本

---

① *International Law Reports*, Vol. 15, p. 1409.
② Restatement of Foreign Relations Law of the United States, Third, 1987, p. 409.
③ *International Law Reports*, Vol. 85, p. 236.
④ *International Law Reports*, Vol. 90, p. 586.

案的意见中,最重要的观点是如果要符合《外国主权豁免法》第1605节第1条第5款,外国国家的侵权行为必须发生在美国境内。①

对于美国公民较常遭遇的外国国家支持的恐怖主义活动,美国法院的一贯看法是,非商业侵权行为例外条款可以适用于发生在美国境内的恐怖主义活动。不过,恐怖主义活动除了针对美国本土进行以外,还常发生在美国域外。这样,如果受害人想要获得赔偿的话,便不能援引非商业侵权行为例外了。鉴于此,美国总统克林顿于1996年签署了《反恐怖主义活动和有效死刑法》(The Antiterrorism and Effective Death Penalty Act),该法的主要目的是修正《外国主权豁免法》,使得美国法院可以受理以从事恐怖主义活动的外国政府为被告的案件。②《反恐怖主义活动和有效死刑法》规定,列在"支持恐怖活动的国家"名单中的国家如从事酷刑、非法谋杀、破坏航空器、劫持人质、或是提供物质或资源支持上述活动,则在相关诉讼中不得援引豁免。③这样的规定完全取消了对领土联系的要求,大大扩展了美国法院对外国国家侵权行为的管辖范围。

《反恐怖主义活动和有效死刑法》出台后,美国法院受理了很多有关外国国家恐怖主义活动造成的公民死伤案件。在"亚历山德拉诉古巴共和国案"(Alejandre v. Repubic of Cuba)中,美国公民驾驶飞机在美国与古巴之间的公海海域中飞行,结果被古巴空军击落,造成四人死亡。其继承人在美国佛罗里达州南区联邦地方法院起诉古巴政府和空军。法院认为,古巴政府的行为严重违反了人权和国际法,古巴空军击落民用航空器的行为符合《外国主权豁免法》中的"非法谋杀"的定义,而古巴空军是受古巴政府指示行事的,四位死者中有三位是美国公民。最后,法院认定古巴应赔偿的数目总计一亿八千七百万美元。④

因而,虽然美国的《外国主权豁免法》中的规定是以侵权结果发生地为原则的,但却在实践中有不同的解释。很多法院都采用侵权行

---

① Von Dardel v. Union of Soviet Socialist Republics, 623 F. Supp. 246 (D. D. C. 1986).
② Pub. L. No. 104-133, 110 State 1214(1996).
③ 28 U.S.C. §§ 1330, 1605(a)(7).
④ Alejandre v. Repubic of Cuba, 996 F. Supp. 1239(S. D. Fla. 1997).

为发生地与结果发生地相结合的观点。而新的修正案的出台大大扩张了美国法院对相关行为的管辖权，但却只是针对恐怖主义活动，且带有惩罚性。

二、侵权行为发生地原则

相较于上一原则，采取侵权行为发生地原则的国家更多。英国、澳大利亚、南非、新加坡等国的豁免立法都作此明确规定。比如，英国《国家豁免法》第5条规定，"外国国家对由在英国的作为或不作为而引起的有关下列诉讼不得享有豁免……"。英联邦成员国家一般都是效仿这一规定，除了词语上的调整，并没有大的区别。

从英国的司法实践来看，英国法院一直是践行这一原则的。英国法律委员会在报告中称，"在涉及人身伤害和财产损害的案件中，应适用侵权或违法行为发生地的法律"。[1] 不过，英国法院一般认为，只要是发生在英国的外国国家的侵权行为引发了侵权结果，即使发生在英国的侵权行为不是导致侵权结果的主要原因，英国法院也可行使管辖权。[2] "洛克比空难案"即为例证，恐怖主义分子是在英国之外在飞机上放置炸弹的，尽管损害结果（飞机爆炸）发生在苏格兰，但也不符合侵权行为发生地的原则。不过，英国法院认为，还有一种过失行为发生在英国，那就是机组人员没能及时排除炸弹，虽然这种过失不是造成空难的直接原因，但仍构成法院管辖的基础。[3]

欧洲大陆法系国家的法院判例，一般也以侵权行为发生地作为管辖的前提条件。[4] 法国蒙彼利埃上诉法院拒绝对"西班牙国营铁路交通部门诉卡瓦利夫人案"行使管辖权，因为在该案中，被上诉人卡瓦

---

[1] Working Paper of Law Commission, Choice of Law in Tort and Delict, 1984.
[2] Hazel Fox, "State Responsibility and Tort Proceedings against a Foreign State in Municipal Court", *Netherlands Yearbook of International Law*, Vol. 20, 1989, p.3.
[3] Hock, "The State Immunity Act 1978 and its Interpretation by the English Court", *Austrian Journal of Public International Law*, Vol. 48, 1995, p.121.
[4] 龚刃韧：《国家豁免问题的比较研究——当代国际公法、国际私法和国际经济法的一个共同课题》，第237页。

利夫人是在西班牙旅行时因火车事故受伤的,侵权行为不是发生在法国。① 联邦德国法院拒绝对"果菜园污染案"行使管辖权,该案由苏联切尔诺贝利核电站事故而引发,法院认为管辖该案缺乏条约或国际法律基础,同时也考虑到了侵权行为发生地不在德国的因素。② 同样,奥地利法院拒绝对"放射性污染索赔案"行使管辖权,因为侵权行为发生地不在奥地利。③

比较适用侵权行为发生地原则和损害结果发生地原则产生的结果,可发现,在一般情况下,适用后者所能达到的管辖权范围更大。比如,在跨境人身伤害的案件中,如果奥地利法院适用损害结果发生地原则,"放射性污染索赔案"就完全得到另外的结果。另外,在跨国产品责任问题上,如适用侵权行为发生地原则,则国内法院通常无法行使管辖权。而如果适用损害发生地原则,则国内法院便有了行使管辖权的基础。所以,损害发生地原则势必会扩大国内法院对外国国家侵权行为管辖权的范围,将跨境人身损害、跨境污染和跨国产品责任问题纳入麾下。

三、双重限制原则

国际公约对领土联系有更严格的要求,《关于国家豁免的欧洲公约》就设定了领土联系的两个要件,即造成人身伤害或财物毁损的事实发生于法庭地国的领域内和伤害和毁损的肇事者在发生此项事实时在法庭地国的领域内。④ 这是兼采损害发生地原则和侵权行为人在侵权时所在地的原则。如上文所论述的那样,损害发生地原则可能会使国内法院的管辖权范围大大扩张,如果加入侵权行为人在侵权时所在地,就足以防止跨境人身伤害和跨境污染等事件受国内法院的管辖。

《联合国国家及其财产管辖豁免公约》对于领土联系提出了另一种

---

① Annual Digest of Public International Law Cases, Vol. 65, p. 268.
② Annual Digest of Public International Law Cases, Vol. 80, p. 378.
③ Annual Digest of Public International Law Cases, Vol. 86, p. 571.
④ European Convention on State Immunity, Art. 5.

要求，即侵权行为全部或部分发生在法院地国领土内和侵权行为人在从事侵权行为时位于法院地国领土内。这就是侵权行为发生地原则和侵权行为人在侵权时所在地的原则的综合。不过，侵权行为"全部或部分发生在法院地国领土内"的表述证明，《公约》认为国内法院不一定是全部侵权行为的发生地，如果只是部分的侵权行为也可以成为管辖权的基础。这样的做法可能导致管辖权冲突的出现。在国际法委员会的讨论中，科洛玛（Koroma）就指出，"目前，原告们常常会质疑侵权行为地作为行使管辖权的基础，这诚然是令人烦恼的问题，特别是在存在法律冲突的案例中，如侵权行为发生地国家的法律与同当事人或损害结果有更密切联系的国家的法律之间存在冲突的时候，这时问题会更为突出"。①

至于侵权行为人在侵权时所在地的原则，更引起了很大的争议。这一条件是在国际法委员会的条款草案的一读过程中受《关于国家豁免的欧洲公约》的影响而规定的。在二读时，特别报告员小木曾本雄认为同时规定两个条件有一定的重合性，建议删除这一条件。② 然而，这一主张未得到委员们的赞同。在《联合国国家及其财产管辖豁免公约》通过后，这一条件仍备受争议，很多人认为这一规定过于机械。有时虽侵权行为人在行为时不在某国境内，但该某国确实与案件有着更密切的联系，所以这一条件没有存在的必要。不过，规定这一条件的主要目的是为了确保将跨境伤害或跨境侵权行为或损害的情况排除在适用范围之外。③ 所以，要求侵权行为人在行为时位于法院地国领土内的条件起到了限制管辖的作用。

四、结论

领土联系是国内法院管辖外国国家侵权行为的必要条件。不过，各国在具体规定上却不相同。美国和加拿大在立法中规定损害发生地

---

① U.N. Docs. A/C.6/59/SR. 13, 2004.
② U.N. Docs. A/CN.4/415, 1988, p. 81.
③ U.N. Docs. A/46/10, 1991, p. 116.

原则，而且在《外国主权豁免法》得到修正后，美国法院得以受理以支持恐怖主义活动的国家为被告的案件，而不必考虑任何领土联系的要素。英国和其他英联邦成员国以及欧洲大陆国家大多都采取侵权行为发生地原则，该原则与损害发生地原则相比，可能更有利于限制国内法院的管辖权，况且损害发生地有一定的偶然性和不可预见性，侵权行为发生地原则可以避免法院地国其实与案件没有密切联系的结果。但是，侵权行为发生地可能有多个国家，在这种情况下，可能造成管辖权冲突的情况。国际公约中一般对领土联系做双重条件的要求，《关于国家豁免的欧洲公约》要求损害结果发生地原则和侵权行为人在侵权时位于法院地国的原则。《联合国国家及其财产管辖豁免公约》要求侵权行为发生地原则和侵权行为人在侵权时位于法院地国的原则。要求侵权行为人位于法院地国，是为了避免国内法院对跨境伤害和跨境污染等案件行使管辖权，可以起到限制管辖权的作用。虽然在实践中不无争议，但《联合国国家及其财产管辖豁免公约》的双重限制原则可防止对外国国家滥诉的事实却无可争辩。

第三节　主体要件

一、概述

顾名思义，国家豁免的主体应该是国家。各国的国家豁免立法所针对的对象就是"外国国家"了。不过，国内的豁免立法并未有明确地界定什么是"外国国家"，比如，美国《外国主权豁免法》只是规定道，"外国国家……包括一外国国家的政治区分单位或机构或部门……"[①] 英国《国家豁免法》规定，"国家包括——（a）行使公权力的君主或元首；（b）国家的政府；和（c）政府的任何部门……"。[②] 从

---

① 28 U. S. C. § 1603(a).
② State Immunity Act, Art.14(1).

以上规定可见，国内豁免立法一般没有区别什么是外国国家本身和外国国家的政治单位等。当时的人们也没有对这一问题多加考虑，大约是因为一般在确定什么是国家本身和什么是国家的政治单位时并未遇到困难。不过，在国家的性质变动时，这一问题就需要引起重视。①

《联合国国家及其财产管辖豁免公约》第2条"用语"中规定，"……'国家'是指：(一) 国家及其政府的各种机关；(二) 有权行使主权权力并以该身份行事的联邦国家的组成单位或国家政治区分单位；(三) 国家机构、部门或其他实体，但须它们有权行使并且实际在行使国家的主权权力；(四) 以国家代表身份行事的国家代表。"②

其中，"国家及其政府的各种机关"指的是以自己名义或通过政府各机构行事的国家本身以及政府的任何部门；③"国家政治区分单位"（political subdivision）的概念主要是指联邦国家中的各邦或组成单位以及某些所谓的部分主权国家；④"国家机构、部门或其他实体"被认为"从理论上说可能包括国家企业或国家设立的从事商业交易的其他实体"。⑤国际法委员会还解释道，"实际上，在国家的机构或部门与政府主管部门间是没有严格划分的界限的"。⑥不过结合美国《外国主权豁免法》中关于"机构或部门"⑦和英国《国家豁免法》中"单独实体"⑧的概念，"国家机构、部门或其他实体"一般是由国家设立、所有或控制，同时又具有独立法人资格并与中央政府机关相区别的其他国家实体或单独实体。⑨"国家机构、部门或其他实体"须在有权行使

---

① 比如，从非独立领土转向独立的过程中的实体，或者尚未得到承认的实体是否可以成为享有国家豁免的外国国家。在"摩根担保信托公司诉帕劳案"中，这一问题就凸显无疑。Morgan Guaranty Trust Co. v. Palau, 639 F. Supp. 706(S. D. N. Y. 1986).

② United Nations Convention on Jurisdictional Immunities of States and Their Property, 2004, Art. 2(b).

③ Draft Articles on Jurisdictional Immunities of States and their Property, with commentaries, 1991, p. 14.

④ 《国际法委员会年鉴》，1982年第2卷第2部分，第100—107页。

⑤ Draft Articles on Jurisdictional Immunities of States and their Property, with commentaries, 1991, p. 16.

⑥ Ibid., p. 17.

⑦ 28 U. S. C. § 1603(b).

⑧ State Immunity Act, Art.14(2).

⑨ 龚刃韧：《国家豁免问题的比较研究——当代国际公法、国际私法和国际经济法的一个共同课题》，第148页。

且实际行使国家主权时才能被认定为"国家",这是其他款所未要求的;"以国家代表身份行事的国家代表"指的是以各种方式代表国家行事的自然人(natural persons),既包括君主、元首,还包括政府首脑、部长、大使和其他外交代表等。

《联合国国家及其财产管辖豁免公约》较为全面地总结了国家豁免的主体的范围,并将其分为四类,可作为进一步研究的基础。上文已论及,国内法院所能管辖的外国国家侵权行为必得与法院地国领土有联系,各国或是采侵权行为发生地原则,或是采侵权结果发生地原则,其中侵权行为发生地原则的适用更为普遍。国际公约中常采取双重限制的原则,《联合国国家及其财产管辖豁免公约》就既要求法院地国是侵权行为发生地,又要求侵权行为人在实施侵权行为时位于法院地国。这就是说,外国国家必须是在另一国领土内实施侵权行为,且须位于另一国领土内。国家是抽象实体,当然不能像自然人一样出现在其他国家。所以,侵权行为人一定是代表国家行事的设于法院地国的机构或个人,包括使领馆、其他代表机构、代表国家实施侵权行为的个人和国有公司的子公司或分公司。在实践中,一国设立在另一国的行使公权力的机构主要是使馆和领馆,如果设立其他的行使公权力的机构,自然会有不尊重他国主权之虞。所以在代表机构方面,本书将以使馆和领馆为研究对象。至于代表国家实施侵权行为的个人,一般来说,只要受国家的指挥,在国家授权下行事,便认为其代表国家,而不论公职的有无。《联合国国家及其财产管辖豁免公约》中所规定的"以国家代表身份行事的国家代表"包括以所有形式代表国家开展活动的个人,也囊括了其他几款的内容。所以,国家元首被视为是"国家",既可以是根据第一款的"国家及其政府的各种机关",也可以是根据"以国家代表身份行事的国家代表"。[①] 那么,使馆和领馆中能够代表国家行事的就是大使、领事和其他外交官员,他们当然也可以因为作为"以国家代表身份行事的国家代表",那就是代表国家实施侵

---

① Draft Articles on Jurisdictional Immunities of States and their Property, with commentaries, 1991, p. 18.

权行为的个人的范畴之内了。所以，这两个问题可以合并研究。另外，国有公司设于法院地国的分支机构也可能实施侵权行为，这也是值得深入分析的问题。

二、国家代表人的侵权行为

（一）外交代表的侵权行为

在国家代表人的侵权行为中，最特别的一类便是外交代表的侵权行为了。在传统国际法上，国家豁免和外交豁免是有明显区别的。随着1961年的《维也纳外交关系公约》的推出，外交豁免有单独的国际法制度和规则体系。不过，广义来说，国家豁免与外交豁免之间存在着密切的联系，甚至可以说，国家豁免中包含着外交豁免的内容。因为使馆和领馆本身就是国家的驻外机构，使领馆及外交代表的行为在本质上是代表国家履行职能。美国最高法院曾在"交易号案"中判决称，外国主权豁免的主体包括外国君主、使节和军队三类。这是从主体的角度出发，将外交豁免视为国家豁免的一部分。[①] 所以，国家豁免和外交豁免之间并不是泾渭分明的。

国家豁免和外交豁免不仅在历史发展的过程中有密切联系，到了现代之后，又出现了相互作用的现象。限制外国国家侵权行为的管辖豁免中这一点就尤为突出。使馆和外交代表所享有的传统意义上的外交豁免也受到了影响。比如，外交代表如果在法院地国交通肇事，造成他人的人身伤害的话，虽然在法院地国的法院中，外交代表本人不得被诉，但其所代表的国家政府却允许被诉。这种"代位诉讼"的现象不仅是国家豁免法中值得深入研究的问题，也是外交关系法中应重视的问题。

事实上，被认为是最早的一起直接对外国国家的侵权行为行使管辖权的案件奥地利的"赫鲁白克案"[②] 便与外交豁免有密切联系。奥地

[①] 龚刃韧：《国家豁免问题的比较研究——当代国际公法、国际私法和国际经济法的一个共同课题》，北京大学出版社2005年版，第5页。

[②] *International Law Reports*, vol. 40, p. 73.

利公民的汽车被美国驻维也纳大使馆运送邮件的汽车所撞坏,美国大使馆作为美国的外交机构当然是应享有外交豁免的,大使馆运送邮件的汽车也应该由此享有豁免。但是,该案件却以美国政府为被告,把美国大使馆作为美国政府的代表。所以,本案的切入口是国家豁免而非外交豁免。

美国法院判决的"思科因诉巴西联邦共和国案"(Skeen v. Federative Republic of Brazil)亦与外交特权与豁免有密切关系。在该案中,巴西驻美国大使的孙子在美国一夜总会外用枪击伤原告。由于按照《维也纳外交关系公约》,大使及其家人应该享有国家豁免权。所以原告以《外国主权豁免法》中的"非商业侵权行为例外"为由,要求巴西国家对这一侵权行为负责。所以,本案中原告亦是主张将外交豁免问题转化为国家豁免问题。不过,由于该案中真正从事侵权行为的是大使的孙子,他并没有担任巴西的国家职务。因此,法院认为,巴西驻美大使孙子的行为不是巴西国家的雇用人执行职务的行为,所以巴西不用负责。[①] 因而,本案原告败诉的原因在于侵权行为人并未代表国家从事活动,而非由于外交豁免的妨碍。所以,该案从反面印证外交代表从事侵权行为可构成不享有国家豁免的侵权行为。

美国法院判决的"奥尔森诉新加坡案"(Olson v. Republic of Singapore)也再次体现了上述论点。在该案中,原告奥尔森在参加新加坡驻美国大使馆的酒会时,在使馆内跌倒致伤。原告称他的受伤完全是由于大使馆的过失而导致的,所以大使馆所代表的新加坡国家应对这一过失导致的侵权行为负责。法院认可了原告的观点,拒绝给予国家豁免,认定该案完全符合非商业侵权行为例外的规定,新加坡国家应该为大使馆的行为负责。

以上三例从不同角度说明,使领馆所有的交通工具、外交使节和外交馆舍皆可从国家豁免的角度被诉,他们可被视为国家豁免的侵权行为例外中的国家代表。

---

① 566 F. Supp. 1414 (D. D. C. 1983).

(二)其他国家代表人的侵权行为

除外交代表外,国家还可能派遣其他专门从事某项业务的人员前往外国执行任务。这些人既可能拥有国家的行政职务,如特工等;也可能完全无任何职务,只是在国家授权下,为国家从事某些特定行动。行政职务的有无,不妨碍对国家代表人资格的认定。相反,如果从事侵权行为的人拥有政府职务,但却不是从事政府指挥的行为,而是完全从事私人活动,则不被视为国家代表人。在"卡斯特罗诉沙特阿拉伯案"(Castro v. Saudi Arabia)[①]中,沙特阿拉伯的一名学生军人在美国因过失导致车祸,案件的重点就是沙特阿拉伯是否要对学生军人的与职务无关的侵权行为负责。法院最终认定沙特阿拉伯不必为此负责,因为学生军人所从事的完全是私人事务,而不是职务行为。

出现这样的情况并不令人惊讶,因为在外国国家代表人于法院地国进行侵权行为时,往往难以确定其政府职务,比如对国家所培养的特工可能由于保密性而无法确定其身份。另外,外国国家也往往为了逃脱国家责任和国际舆论的批评,而选择令原与政府无涉的人员赴法院地国从事侵权行为,甚至可能派遣黑社会分子,在这种情况下,用有无国家职务来确定是否是国家代表就显得过于机械化。

三、国有企业的侵权行为

由于各国的经济体制和发展状况不同,各国国有企业的组织结构也不同。在有关国家豁免的立法中,国有企业就常被包括在不同的概念之中。比如,在英国《国家豁免法》中,国有企业属于"单独实体",在《联合国国家及其财产管辖豁免公约》中,国有企业则属于"国家机构、部门或其他实体"。

从各国的司法实践来看,国有企业一般不是国家豁免的主体。比如,英国上议院在"党代会一号案"中称,由国家所控制的,具有法

[①] 510 F. Supp. 309 (W. D. Tex. 1980).

人资格的企业,如果有能力从事贸易并订立民商事合同,虽受制于国家,但其与国家间的区别却是在各国法律中被一般接受的。①

国际法委员会的一读草案中,只有"国家机构或部门",而在二读中,则新增加了"其他实体"。根据国际法委员会的评注,增加这一概念是因为一些国家将某些政府权力授予民间组织,使其代表国家行使主权权力。②

一般来说,在国内公司法中,国有企业一般是独立于政府的实体,具有独立的行为能力和责任能力。在国际法上,跨国公司虽可以从事一些跨国性质的活动,但其尚不具备国际法的人格。所以,国有企业本身并不享有国家豁免。不过,在特定情况下,国有企业可以成为国家的代表,可以为国家的某些行为负责,而国家也可能为国有企业的某些行为而负责。具体说来,对于国有企业的行为、责任和债务,国家本不应当承担连带责任,除非国有企业在特定活动中与国家间存在代理关系或者被授权从事国家主权行为。③

联邦德国法院审理的"果菜园污染案"④中,原告的位于柏林的果菜园受到1986年切尔诺贝利核电站事故的放射性污染。原告遂向波恩地方法院提起诉讼,要求苏联国家赔偿损害。法院认为,造成放射性污染损害的是切尔诺贝利核电站,而要确定该核电站属于何种性质,则要依据苏联的法律。判定结果是切尔诺贝利核电站具有独立法人资格,所以区别于苏联国家。苏联并不直接对核电站的运营负责,所以苏联不应该承担责任。"果菜园污染案"证明国家与具有独立资格的国有企业之间不是必然承担连带责任的。

加拿大法院审理的"沃克尔诉纽约银行案"⑤(Walker v. Bank of New York Inc.)中,美国海关人员假扮买主,向加拿大公民沃克尔购买军火,并要求其用轮船将武器运至美国某地。纽约银行在海关人员

---

① Annual Digest of Public International Law Cases, Vol. 65, p. 83.
② U.N. Doc. A/46/10, 1991, pp.26-28.
③ 龚刃韧:《国家豁免问题的比较研究——当代国际公法、国际私法和国际经济法的一个共同课题》,北京大学出版社2005年版,第162页。
④ Annual Digest of Public International Law Cases, Vol. 80, p. 378.
⑤ International Law Reports, Vol. 104, p. 227-284.

要求下为这一虚假交易进行了真实担保。后来，沃克尔在乘飞机至纽约中转时遭美国警方逮捕，称其违反了美国武器进出口的法律。沃克尔在加拿大法院起诉纽约银行及其雇员，要求其为欺诈行为承担责任。被告主张国家豁免，原告遂指出《国家豁免法》关于侵权行为的例外在本案中得以适用。上诉法院认定纽约银行得以援引国家豁免，因为，根据《国家豁免法》，"政府机构"应作广义解释，纽约银行及其雇员为了协助某一刑事案件的调查，属于美国的机构和代表。而本案中的侵权损害结果并不发生在加拿大，不符合侵权行为例外的要求。本案所体现的是如果国有企业在某一侵权行为中与国家间存在代表或协助关系，则国家要对国有企业的行为负责。

四、结论

外国国家从事侵权行为作为非豁免事由，在主体要件方面自有其特色。在符合国家豁免立法和公约对主体要件的一般要求的前提下，外国国家如从事侵权行为而不享有国家豁免，则须侵权行为或损害结果发生在法院地国，由于国家是抽象实体，所以国家往往是派遣人员或由设于国外的机构代表国家从事侵权行为，其中较为常见的是外交机构和人员以及其他国家代表人。另外，国有企业也有可能涉及这种跨国侵权行为。外交机构和人员在传统国际法上享有外交特权与豁免，但在国家侵权行为的管辖豁免案件中，原告一般不直接以外交机构或人员为被告，而是将其视为国家的代表，通过国家豁免立法中的侵权例外进行起诉。这就构成了外交豁免和国家豁免制度的相互作用。除外交人员外，一些不具有国家职务的人员也可能成为国家从事侵权行为的代表，这取决于其是否受国家授权和指挥。国有企业的豁免地位在理论和实践中都有争议，一般认为国有企业不是国家豁免的主体。不过，当国有企业在某项特定侵权活动中，与国家间存在代表或协助关系，则国有企业得被视为国家的代表，从而在国家豁免领域展开进一步的分析。

第四节 美国立法中规定的特殊条件

与其他国家的立法和国际条约中有关国家侵权行为的管辖豁免的条款不同，美国《外国主权豁免法》中还额外设有两个限制条件。《外国主权豁免法》1605节第1条第5款的后半段规定，"本段不适用于下列情况：（a）基于行使和履行或者不行使和不履行自由裁量职能而提起的任何权利请求，不管此项自由裁量职能是否被滥用；（b）由于恶意起诉、滥用程序、书面和口头诽谤、歪曲、欺诈、或者干涉合同权利而引起的任何权利请求。"

一、基于自由裁量职能的行为

以自由裁量职能（Discretionary Functions）的行使和不行使作为国内法院管辖外国国家的侵权行为案件的条件，是其他国家都没有的规定。[1] 这一条规定其实来自于《联邦侵权索赔法》（The Federal Tort Claims Act）。[2] 在该法中，自由裁量职能标准常被作为判断美国的政府和官员的豁免以及州主权豁免的依据。所以，在解释适用《外国主权豁免法》中的这一标准时，很多法院往往参照根据《联邦侵权索赔法》所作出的判例。[3] 不过，也有法院在判案时，认为《外国主权豁免法》中的自由裁量职能的范围应该大于《联邦侵权索赔法》中的范围，因为法院"必须考虑对外交关系的干扰这样的附加风险"。[4]

---

[1] Sienho Yee, "The Discretionary Function under the Foreign Sovereign Immunities Act: When in America, Do the Romans Do as the Romans Wish?", *Columbia Law Review*, p. 744.

[2] Bruce Harris & Robert Schnepper, "Federal Tort Claims Act: The Discretionary Function Exception Revised", *University of Miami Law Review*, 1976, p. 221.

[3] Joseph W. Dellapenna, *Suing Foreign Governments and Their Corporations*, Transnational Publishers, 2003, p.427.

[4] Fagot Rodriguez v. Costa Rica, 139 F. Supp. 2d 173, 188(D. R. R. 2001); Risk v. Norway, 707 F. Supp. 1159, 1166 n. 10(N. D. Cal. 1989).

自由裁量行为这一概念可能与政府管理行为（ministerial act）产生混淆，因而有待澄清。自由裁量行为一般包含判断，有时会被称为"准司法"（quasi-judicial）行为；[1] 而政府管理行为则往往是对某个已经做出的决定的执行——做出决定的主体既可能是执行者本身，也可能是其他主体。[2] 目前，法院对于《外国主权豁免法》上的自由裁量行为所包含的种类达成的共识有以下几类，这些行为或是司法性质的，或是准司法性质的，即检察官根据法院的要求而采取的诉讼程序措施、行政机关所做的驱逐出境的决定和税收机关所做出的收税通知。[3]

不过，也有质疑以上的区别方法是无意义的，因为每一行为在本质上都包含着判断和执行的过程。[4] 法院还曾在区分自由裁量行为和政府管理行为时，把前者看作是"政策或拟定决策"，把后者看作是"对决策的运作"。[5] 不过，这种区分方法也有内在的含糊性，所以可能造成法院在判断自由裁量行为时的不可预测性。

"奥森诉墨西哥案"（Olsen v. Mexico）涉及墨西哥国家所拥有的飞机的空难事故，当时飞机已飞越美墨边界，到达了美国境内，但不幸坠毁。该飞机根据美国和墨西哥之间的囚犯交换计划运送囚犯到美国。原告称事故的发生是由于墨西哥对于空中交通和飞机操作的疏于维护。法院的判决中承认案件所涉的每一行为都包含自由裁量的成分，不过所有行为并不是自由裁量行为，原因有三：第一，问题中的行为或疏忽是运作层面上的，而非政策拟定层面上的；第二，问题中的行为或疏忽并非超越美国法院得以评价的范畴；第三，否决豁免主张不会影响墨西哥航空当局的能力。

在真正遇到政府决策方面的案件时，判断自由裁量行为变得非常复杂。在"莱特利尔诉智利案"中，智利断然否决与刺杀莱特利尔的行为有关，而且声称应享有豁免，因为所涉行为是主权行为。格林

---

[1] Beck v. Kansas Univ. Psych. Fndtn., 580 F. Supp. 527, 534-35(D. Kan. 1984).

[2] Robinson v. Bartlesville Bd. of Educ., 700 P. 2d 1013(Okla. 1985).

[3] Sienho Yee, *The Discretionary Function under the Foreign Sovereign Immunities Act: When in America, Do the Romans Do as the Romans Wish?"*, pp. 759-761.

[4] Second Restatement of Tort §895D comment f, 1977.

[5] Joseph W. Dellapenna, *Suing Foreign Governments and Their Corporations*, p.428.

（Joyce Green）法官认为主权行为的主张与案情无关，因为非商业侵权例外不区分主权行为和非主权行为。① 格林法官认为刺杀行为不是自由裁量行为，她虽然指出决定刺杀的过程包含了政策决议，但却认定在从事一项根据美国法律或国际法为违法的行为时，没有自由裁量的余地。② 在涉及美国驻伊朗大使馆人质事件的"波辛格诉伊朗伊斯兰共和国案"中，波克（Robert Bork）法官称，扣押人质的行为不是自由裁量行为，因为这种行为完全不属于正常范畴内的决策拟定。③

另一方面，法院也不全部将违法行为当做非自由裁量行为。"阿里考格诉沙特阿拉伯案"④（Alicog v. Saudi Arabia）中，休斯（Lynn Hughes）法官称，阻止服务员离开酒店，并扣押他们的旅行证件，还扇耳光的行为不是那种"严重的犯罪行为"，不足以克服非商业侵权例外条款中的自由裁量行为例外。

这是否说明一旦构成严重犯罪行为，外国国家的行为就不被视为自由裁量行为了呢？似乎并非如此。"多伊诉教廷案"的两级审判判决中对自由裁量行为的界定便不一致，地区法院认为，教廷的行为不属于自由裁量职权下的行为，因为教廷疏于监管以及未能向世人揭示性丑闻事件的行为并不是代表着利益之间平衡的政策决策行为。⑤ 而第九巡回法庭则采取了宽泛的解释方法，指出教廷的行为本身就涉及了判断和选择，即具有自由裁量的本质。⑥

由此可见，美国法院在判定案件所涉行为是否为外国国家的自由裁量行为时存在不一致的做法，美国法院在做出判定时，往往大量参照根据《联邦侵权索赔法》做出的判例，这是值得商榷的，因为该法律中处理的自由裁量行为是不可与《外国主权豁免法》语境下的自由裁量行为完全等同视之的。

另外，美国法院的判例中，往往将外国国家所从事的"严重的犯

---

① 488 F. Supp.665, at 670-672.
② Ibid., at 673.
③ See, 729 F.2d 835(D. C. Cir).
④ 860 F. Supp. 379, at 382-384(S. D. Tex. 1994), aff'd, mem. 79 F. 3d 1145(5th Cir. 1996).
⑤ 434 F. Supp.2d, at 959.(2006).
⑥ 557 F.3d, at 1080.

罪行为"视为非自由裁量行为，认为如果外国国家从事这样"罪大恶极"之行为，便完全不能以自由裁量行为视之。《对外关系法第三次重述》中，为避免让美国法院卷入他国内政之中，并为严重违反美国法或国际法的行为造成的损害提供救济途径，称以前的那些判例规定"严重犯罪行为"不属于得享有豁免的自由裁量职权的范畴。① 这种做法也并没有理论依据。而且这样的做法在国外获得了效仿，甚至引领了一定的趋势。这一趋势将带来的影响将在后文中提及。

二、其他被排除的行为

除"基于行使和履行或者不行使和履行自由裁量职能而提起的任何权利请求"外，"由于恶意起诉、滥用程序、书面和口头诽谤、歪曲、欺诈、或者干涉合同权利而引起的任何权利请求"也是非商业侵权例外条款中的例外。这样的规定是美国国会按照《联邦侵权索赔法》中的规定制定的，不过，《联邦侵权索赔法》中却允许人们提起对美国的以法律执行人员滥用程序和恶意起诉为由的索赔请求。② 因为外国法律执行人员在美国从事这样的行为是不可能的，且《外国主权豁免法》要求侵权行为的损害结果发生在美国，外国国家基本不可能在美国境内滥用程序或恶意起诉。所以，这一区别是理论层面的，而非具有实践意义的。美国法院在确定什么行为是以上所列的范畴时，往往是参照对《联邦侵权索赔法》的解释。

在实践中，关于对以上的权利请求的排除的问题在于是否其也覆盖了《外国主权豁免法》中的其他例外有着极大的争议。从法律条文上来看，这样的排除是专门在非商业侵权行为例外之下做出的，应该与其他例外无关。不过，还是有人认为，以上的排除也适用于其他例外。③ 一些法院也做出含有以上考虑的判决。"布瑞克斯诉加拿大广播

---

① Restatement of Foreign Relations Law of the United States, Third, §454 rep. Note 3.
② 28 U. S. C. §2680(h).
③ Beverly May Carl, "Suing Foreign Governments in American Courts: The United States Foreign Sovereign Immunities Act in Practice", *Southwestern University Law Review*, 1991, p. 1019.

公司案"（Bryks v. Canadian Broadcasting Corporation）中，加拿大广播公司播放的节目中，两次指责原告（一位传统犹太学者）与他执掌的位于温尼伯的学校中的若干学生发生不当性行为。[①] 穆卡西（Michael Mukasey）法官首先指出广播活动是商业行为。之后，他指出，绝大多数的法院判决都认为非商业侵权例外条款的例外不适用于《外国主权豁免法》第1605节的其他部分，不过他却不以这些判决为意，认为原告以商业活动例外作为主张的理由显然是为了躲避非商业侵权行为例外条款的例外之适用。他的结论是非商业侵权行为例外所排除的那些权利请求应该适用于所有其他例外。他认为不允许在非商业侵权行为例外条款之下以诽谤为权利请求根据，却允许通过商业活动例外这样做是不恰当的，特别是非商业侵权行为例外条款所排除的那几种行为——如欺骗和干扰合同权利等——势必将会在商业活动例外条款下出现。穆卡西法官还认为允许以上的那些侵权行为在商业活动例外条款之下作为权利请求的根据会造成不协调的情况，即美国国家本身根据《联邦侵权索赔法》不得以上述侵权行为为由而成为被告，但外国国家却可能根据《外国主权豁免法》而因这些行为被诉。所以，穆卡西法官称，《外国主权豁免法》中的立法语言不明确，最符合国会意图的做法是将非商业侵权行为例外条款中的例外也适用于其他例外条款之中。[②] 除该案外，"坎贝尔诉澳大利亚案"、"格里高利诉消息报案"、"旅行全世界诉沙特阿拉伯案"、"西米诺诉雷马科工业公司案"和"吉尔森诉爱尔兰案"等的判决中都或多或少的体现了上述观点。[③]

不过，上述观点并非美国法院的主流意见。绝大多数法院的判决中认定非商业侵权行为例外条款所排除的行为并不延伸至其他例外条款。"艾尔－哈达德诉阿联酋案"、"索思维诉尼日利亚中央银行案"、"优西克有限公司诉斯洛文尼亚共和国案"、"麦开森公司诉伊朗案"、"蒂法公司诉加纳案"、"凯利诉国有石油公司案"、"安派克集团公司诉洪都拉斯案"以及"多米尼加能源公司诉多米尼加案"等等案件都

[①] 906 F. Supp. 204(S. D. N. Y. 1995).
[②] 906 F. Supp. at 207-210.
[③] Joseph W. Dellapenna, *Suing Foreign Governments and Their Corporations*, p.435, note 681.

做如此见解。[①]

认为非商业侵权行为例外条款中所排除的行为得延伸至其他例外条款的观点是值得商榷的。首先，从文本分析的角度出发，"由于恶意起诉、滥用程序、书面和口头诽谤、歪曲、欺诈、或者干涉合同权利而引起的任何权利请求"这样的规定仅存在于非商业侵权例外条款之中，而非统领所有例外条款。每一例外条款都有自己特有的要求和限制，不能互相延伸；其次，从立法目的的角度来看，持上述观点的法官们常认为国会制定《外国主权豁免法》的目的是要将外国国家的地位与美国的地位等同视之。所以，《外国主权豁免法》中的条款应根据同样调整政府责任与豁免的《联邦侵权索赔法》进行解释。不过，实际情况却并不如此。《联邦侵权索赔法》要求原告在起诉前必须履行正式通知的义务，并使得行政机关有机会做行政上的调整，而《外国主权豁免法》则无类似规定。同样，《联邦侵权索赔法》中根本没有关于商业活动的规定，更没有其他例外，当然无法与《外国主权豁免法》画等号。所以，完全依靠《联邦侵权索赔法》来解释《外国主权豁免法》的做法是劳而无功的；再次，在商业活动例外条款之下，如果以诽谤、欺诈或干涉合同权利等理由来作为诉讼请求的根据，并不会对外交关系造成大的影响，因为毕竟是在商业活动的范畴内。而侵权行为是违法行为，所以引发的后果与之不同；最后，将诽谤、欺诈或干涉合同权利等等作为商业活动并不与商业活动的定义相违背，也不有悖于限制豁免的理论框架。综上所述，非商业侵权行为例外条款所排除的"由于恶意起诉、滥用程序、书面和口头诽谤、歪曲、欺诈、或者干涉合同权利而引起的任何权利请求"并不延伸至其他例外条款。

三、结论

美国的《外国主权豁免法》中非商业侵权行为例外条款有两条特殊的限制条件，这区别于其他国家立法和国际公约的规定。作者认为，

[①] Joseph W. Dellapenna, *Suing Foreign Governments and Their Corporations*, p. 434.

《外国主权豁免法》中做此种规定的原因主要是：第一，出于案件对外交关系影响的考虑。美国法院一向是世界各国当事人进行诉讼活动的场所，受理众多以外国国家为被告的案件，其中不乏有诬告或涉有国家政策决议行为的案件。且美国历史上一直有行政机构根据外交关系的考量建议法院是否给予豁免的传统做法。所以，《外国主权豁免法》需要有弹性的限制条件，自由裁量行为作为标准即可达到这样的目的；第二，参照《联邦侵权索赔法》的结果。在美国，有一种观点是是否给予外国国家以豁免要根据本国是否在同样的诉讼中享有豁免。这样的观点促使国会在制定《外国主权豁免法》的侵权行为例外条款时，参照在国内处理类似问题的《联邦侵权索赔法》，而该法中就设定了以上的限制条件。

不过，在自由裁量职能的确定方面，美国法院的判例中存在不统一。自由裁量职能本身便是一个较为含糊的概念，一般来说，自由裁量职权下的行为包括了执行者和管理者做出的那些建立政策判断和制定之上的行为，最高法院在一案件中指出，如果存在政策判断和决策的空间，就存在自由裁量。[①] 由于对于什么是自由裁量行为无法达成共识，目前出现的一种趋势是有些法院将"严重的犯罪行为"视为非自由裁量行为，这也引发了世界上其他国家的追随，并因而产生了一些问题。

在"由于恶意起诉、滥用程序、书面和口头诽谤、歪曲、欺诈、或者干涉合同权利而引起的任何权利请求"方面，美国法院在断定一项行为是否为以上所列行为时，一般参考《联邦侵权索赔法》，并未发生重大歧义。实践中的问题在于是否以上的规定会延伸至《外国主权豁免法》中的其他例外条款，根据文本分析和立法目的分析等，得出结论为以上规定不应做延伸，《外国主权豁免法》中的每一条款都有自己独特的条件限制。

回顾本章的内容，我们可以发现，虽然在几乎所有的有关国家豁免的国际条约和国内立法中，都将外国国家侵权行为作为一种例外，

---

① Dalehite, 346 U.S. at 35-36.

但是所有立法都没有说明这样的行为的认定方法，导致在司法实践中，对于某种外国国家侵权行为是否构成不得享有豁免的行为存在争议。所以，有必要对国家豁免中的外国国家侵权行为进行认定。限制豁免的外国国家侵权行为的特殊之处在于：第一，主体特殊；第二，对领土联系的要求严格；第三，性质区分方面有争议。就主体要件来说，各国国家的豁免立法都明确规定，外国国家是国家豁免的主体，但是，由于国家是抽象实体，在具体认定时，还是会遇到一些困难。就外国国家侵权行为而言，由于外国国家必须在另一国领土内实施侵权行为，所以侵权行为人一般是代表国家行事的设于另一国境内的机构或个人，包括外交机构、国家公务人员、国有企业的分支机构和其他国家代表。就领土联系来说，各国国家豁免立法和国际公约在这一问题上存在一些争议。比如，美国和加拿大在立法中采取损害发生地原则，而英国、澳大利亚和南非等国家在立法中采侵权行为发生地原则，国际公约一般采双重限制原则。总体来说，双重限制原则可以防止法院地国过分扩大管辖权或对外国国家滥诉的情况出现。就性质区分来说，目前世界各国还存在着两种立场，一种是把外国国家侵权行为区分为统治权行为和管理权行为，然后对前者赋予豁免，对后者实施管辖；另一种立场是不作区分。从侵权行为本身性质、区分方法的科学性和理论周延性来看，后一种做法极可能成为主流的做法，因为其符合国际法的发展趋势。此外，美国的《外国主权豁免法》还对非商业侵权行为例外条款设立了两个限制条件，即基于自由裁量职能的行为和恶意起诉、滥用程序等情况下不适用该例外。由于我国时常面对在美国法院的诉讼，对美国立法的特殊规定应作深入理解。

第3章
国家侵权行为的管辖豁免的争议问题

第一节 概述

外国国家可能在一国境内从事违反该国国内法的行为,并由此造成损害结果,如作为国家代表的外交使节违反该国交通法规,其交通肇事的行为给他人造成人身和财产损害;又如该外国的外交馆舍因疏于管理,过于湿滑的地面造成造访的公民遭受人身伤害;再如该外国派遣代表前往某国,不顾公共秩序法律规定,而肆意殴打某国公民,致其受到严重的人身伤害。这些行为一般得到各国法院的采纳,认定构成不享有管辖豁免的国家侵权行为。值得注意的是,国家豁免法中所指的侵权行为也包括违反刑事法律的侵权行为,只要侵犯了人身或财产权利即可,而不仅限于民事法律中的侵权行为。这与国内法中对侵权行为的界定不同,侵权行为在国内法中一般指的是民事法律上的侵权行为,违反刑事法律的行为被视为犯罪行为,所造成的侵权结果则由刑事法律加以调整。在国际法的层面,国家本身能否承担刑事责任一直存有争议,即便答案是肯定的,由一国法院对另一国家行使刑事管辖权也是难以实现的。所以国家豁免法中提到侵权行为时,不论侵权行为的民事性或刑事性,而只谈侵权行为的损害结果。因而,在各国的案例中，常能看到一国国家代表因在另一国殴打或谋杀某公民的原因而被起诉，不过这样的案例只会处理损害赔偿问题，而不会对刑事责任加以追究。

以上的论述得到普遍接受，在实践中很少遇到争议。围绕着国家侵权行为的管辖豁免问题，最新出现且最富有争议的部分就是违反国际法的国家侵权行为的豁免问题。不过，对于究竟什么是违反国际法的侵权行为以及哪些是违反国际法的侵权行为的问题，并没有达成共识。一般在司法实践和理论论述中出现是以下几类：摧残人的肢体与健康的酷刑行为，在武装冲突中侵犯人权的行为，恐怖主义活动中侵犯人权的行为等。①

一、国内法院对违反国际法的侵权行为行使管辖权的理论基础

对违反国际法的侵权行为行使管辖权是各国国内法院所面临的新问题。在传统国际法中，国家侵犯个人权利的问题应通过国家责任的方式解决。但是，由于国际责任制度的发展在国际法中远远落后于其他部分，对以违反国际法的方式侵犯他国公民权利的国家责任的追究仍显不足。所以，国内法院已经开始受理类似案件，并作出不具有一致性的判决。在国内法院对违反国际法的侵权行为行使管辖权的理论基础方面，目前主要有三种观点。

（一）默示弃权论

默示弃权（implied waiver）指的是一国如从事了违反国际法的侵权行为，就被视为默示放弃了国家豁免权，并承认法院地国法院的管辖权。② 美国法院曾在处理此类案件时，适用这样的理论。因为美国的《外国主权豁免法》是在遵守国际协定的前提下制定的，如果外国国家

---

① Hazel Fox, *The Law of State Immunity*, pp. 518-21.
② Ibid., p. 268.

违反了国际条约中设定的国际义务，外国国家的管辖豁免也被视为自动放弃。在"达德尔案"中，法院认为苏联拘禁瑞典外交官沃伦伯格（Raoul Wallenberg）违反了1961年的《维也纳外交关系公约》和1973年的《国际受保护人员公约》（Convention on Internationally Protected Persons），由于苏联是这两个公约的缔约国，所以苏联违反两公约的行为构成了国家豁免权的默示放弃。①

不过，美国法院的实践并不统一。此后，在"弗罗洛娃案"中，虽然原告称苏联不颁发离境证件的行为违反了《联合国宪章》和《赫尔辛基协定》（Helsinki Accords），但法院并不认为缔结条约就意味着默示弃权，法院指出从条约的文本、结构和缔约历史文件来看，都没有苏联默示放弃了国家豁免的证据。②

（二）规范等级论

规范等级论指的是国家一旦侵犯了构成强行法③（jus cogens）的基本人权，如免受酷刑的权利，就不能享有国家豁免权，因为国家豁免原则并非强行法规则，所以其地位相对于后者较低，当其与强行法冲突时，则强行法优先。

规范等级论起源于对"阿美拉达赫斯公司案"④（Amerada Hess Shipping Co. v. Argentina Republic）的判决的评论。在该案中，美国最高法院认定，美国法院只能受理根据《外国主权豁免法》所明示规定的例外而以外国国家为被告的案件，因而，有关在公海上船舶爆炸的案件并不是法院可以受理的案件，所以法院驳回了原告的请求。法院对《外国主权豁免法》的例外的狭义解释引发了一篇掀起波澜评论的发表，该评论题为《〈外国主权豁免法〉下的推定弃权：设定违反国际强行法例外的建议》（Implied Waiver Under the FSIA: A Proposed

---

① Von Dardel v. USSR, 623 F Supp. 246 (D. D. C. 1985).
② Frolova v. USSR, 761 F 2d 370 (7th Cir. 1985).
③ 国际法中的强行法指的是国际社会全体接受并公认为不能违背须绝对遵守、且仅仅由以后具有同等性质的一般国际法规律使得变更的规则。参见，Mark w. Janis, An Introduction to International Law, Aspen publishers, 2003, pp. 62-63.
④ Amerada Hess Shipping Co. v. Argentina Republic, 488 U.S. 428 (1989).

Exception to Immunity for Violations of Peremptory Norms of International Law）。① 评论中提出的理论的假定前提是，在纽伦堡审判之后，国际法的格局发生了变化，国家的行为要受制于国际强行法的约束。当国家因为违反了强行法而侵害了个人人权时，该国家就不能提出管辖豁免，因为其行为已被视为放弃了豁免。虽然该理论从未成为美国法院的判决理由，但是却事实上影响了许多法官。比如，在"普莱兹诉德意志联邦共和国案"②（Princz v. Federal Republic of Germany）中，就体现了法官对规范等级论的考虑。本案的原告普莱兹起诉德国纳粹将其拘禁在集中营中强迫劳动并施加酷刑的行为，要求德国对其所承受的损失进行赔偿。上诉法院驳回了原告的起诉，拒绝适用规范等级论，但两位法官在反对意见中写道，德国因为从事违反了强行法的行为而被推定放弃了国家豁免权，德国不能借由国家豁免而免除其违反强行法应负的责任。此外，两位法官还敦促进一步修改《外国主权豁免法》中的弃权条款，从而使得被害人能够以违反强行法为理由提起诉讼。除了法官和学者对这一学说感兴趣外，人权诉讼中的原告几乎都会要求在判决中采纳这一学说。

（三）普遍管辖说

普遍管辖说的观点是国家从事违反国际法的侵权行为应受到普遍管辖，而不得主张管辖豁免。普遍管辖原则是指如果某种行为违反了国际强行法规则，那么国家就有对一切的义务（erga omnes obligation）去对这种行为行使管辖权，而不论行为发生地何在，也不论行为人国籍为何。普遍管辖原则不要求任何管辖方面的连接因素，是一种具有争议的管辖原则，所以很难解释为何可以用于在国内法院程序中击溃豁免主张。③ 普遍管辖原则最早适用于海盗行为，后来它逐渐延伸至战

---

① Adam C. Belsky et al., "Implied Waiver Under the FSIA: A Proposed Exception to Immunity for Violations of Peremptory Norms of International Law", *California Law Review*, 77(2), 1989, pp. 365-415.

② Prinz v. Federal Republic of Germany, 26 F.3d 1166 (D.C. Cir. 1994)

③ Randall, "Universal Jurisdiction under International Law", *Texas International Law Review*, 785, 1988, pp. 839-842.

争罪和种族灭绝罪，在这过程中也一直质疑声不断。至于延伸至违反国际法的侵权行为，在目前还处于设想阶段。

（四）评析

就以上的观点来说，都有其自身的问题存在。第一种"默示弃权论"没有法律的支撑，国际条约和其它法律文件中都没有"默示弃权"的表述，做这种推断似乎过于主观，而且在司法实践中并没有得到一贯的实施。因此"默示弃权论"并不能成为一种独立的理论基础。就第二种"规范等级论"来说，相比于"默示弃权论"，这种观点建立在更为巧妙的国际法律规范分类和等级比较的基础上，"规范等级论"把国家豁免看做是来源于国家主权平等的一种权利，而这种权利与人权保护的强行法规则相冲突，不过这是一种概念上的假定，这两个规则在现实中如何发生冲突和怎样发生冲突却无法论证。另外，虽然国际法对强行法的存在达成了共识，其范围和内容仍是一个开放的问题。究竟哪些规则是强行法都不确定的情况下，如何谈及规则冲突问题。对于第三种"普遍管辖说"，普遍管辖原则本身便存在争议，除适用于海盗行为外，还没有哪种行为被普遍认定可适用普遍管辖原则。综上所述，国内法院对于侵犯人权的行为行使管辖权的基础尚不稳固。

二、国内法院对违反国际法的侵权行为行使管辖权的特点

虽然对于国内法院是否能够对违反国际法的侵权行为行使管辖权是存在很多争议的，但实践中仍有一些国家的法院受理并审判了这种案件，从而无形中突破了国家豁免的侵权行为例外的理论基础。在对此类案件行使管辖权时，有以下几个特点值得注意。

（一）无视连接因素

在认定侵权行为是否构成国家豁免的例外时，很关键的一点是地

理连接因素的存在。这也是因为限制国家侵权行为的管辖豁免的法律基础在于领土管辖原则,而且存在地理连接因素,也可以使法院地国法院更适合行使管辖权,从而成为方便法院。所以,虽然各国和国际公约中的规定各有不同,有倾向于侵权损害发生地的,也有倾向于侵权行为发生地的,还有附带侵权行为人在侵权时所在地的,但要求有一定的地理连接因素却是得到公认的。

在早前的涉及违反国际法的侵权行为的案件中,法院一般认为适用侵权行为例外条款存在困难,因为这样的案件一般缺乏地理连接因素。如果一外国对一国公民实施酷刑或其它的非人道折磨,在外国本土进行的比较多,很难在其它国家进行。比如,在美国的"史密斯诉利比亚案"(Smith v. The Socialist People's Libyan)中,飞机在恐怖主义爆炸中坠毁,不过,爆炸的地点是在英国的苏格兰,而非在美国,所以法院认定其对本案不具有管辖权。[①] 美国的另一起案件——"内尔森案"(Saudi Arabia v. Nelson)也反映了同样的审判逻辑。[②] 内尔森在沙特阿拉伯遭到酷刑折磨,虽然这样的事实获得法院的认定,但是酷刑地点不在美国,所以法院认为"非商业侵权行为例外"不能适用,从而不具有管辖权。这样的判决在美国国内引起了很大的波澜,因为人们认为案件中外国侵犯人权和支持恐怖主义活动的事实如此明显,法院却做出有利于外国的判决,这根本是违反了司法正义。[③] 正是在这样的背景下,1996年《反恐怖主义活动和有效死刑法》通过,美国对国家恐怖主义活动造成的侵权行为的管辖权有了突破,在特定案件中,不必对连接因素加以考虑。

在《反恐怖主义活动和有效死刑法》通过后,"史密斯诉利比亚案"中的原告再次提起诉讼,结果法院在判决中称,国会通过对《外国主权豁免法》的修正案,赋予法院对外国国家从事恐怖主义活动的管辖权并给予溯及既往的效力是符合宪法的,而且利比亚被指定为支持恐怖主义活动的国家不违反其"正当程序权利"(Due Process),所以,

---

① Smith v. The Socialist People's Libyan, 866 F. Supp. 306(E. D. N. Y. 1995).
② Saudi Arabia v. Nelson, 507 U.S. 349(1995).
③ 陈纯一:《国家豁免问题之研究》,第237页。

法院认为对该案具有管辖权。

除了美国以外，其它国家的法院也处理过这样的案件。1998年9月23日，一位名为路基·费拉尼（Luigi Ferrini）的意大利公民向本国的阿雷佐法院提起对德国的诉讼，理由是其于1944年8月被德国部队逮捕，并被遣至德国的一弹药工厂，被迫进行劳动，直至战争结束。2000年11月3日，阿雷佐法院做出判决，认为其无权受理以德国为被告的案件，因为德国作为主权国家，享有国家管辖豁免。费拉尼上诉至佛罗伦萨上诉法院，该法院以同样的理由驳回上诉。费拉尼遂又上诉至最高法院，最高法院于2004年3月11日做出判决，认为意大利法院具有对该案的管辖权，因为如果一国的行为构成国际罪行，则其不享有国家豁免。[①] 这样，案件又被发还至阿雷佐法院，该法院判决，尽管法院具有该案的管辖权，然而赔偿请求却已超过了诉讼时效。佛罗伦萨法院在上诉程序中推翻了阿雷佐法院的判决，在其做出的最终判决中称，德国应对费拉尼先生进行赔偿。还指出，国家豁免不是绝对的。如果一国所为的行为构成了国际罪行的话，则不得享有豁免。[②] 受"费拉尼案"的鼓舞，此后，意大利的都灵、斯齐亚卡等地方法院又受理了一些要求德国为二战中的暴行造成的损害加以赔偿的案件。

在东亚地区，这一判决也掀起了对日诉讼的波澜。二战期间，日本从朝鲜半岛强掳了很多劳工，并强迫其在日本进行劳动。被强掳的9名劳工日前在韩国向三菱重工和新日本制铁提起损害赔偿诉讼，韩国最高法院于2012年5月24日判决，认为损害赔偿请求权未消失，推翻了二审以消亡时效为理由的驳回请求权判决，并将案件退回原审法院判决。

对以上案件加以审视，可发现国家豁免法中对地域联系的要求都未得到满足，这是对理论的一次新突破。

[①] International Law Reports, Vol. 128, p. 658.
[②] Jurisdictional Immunities of the State, I.C.J. Judgment, p. 16.

（二）概念不清晰

什么是违反国际法的侵权行为？什么是违反人权的侵权行为？什么是恐怖主义行为？这些不论在法律上，还是在理论中，都没有明确的概念。在实践中，可能会引发认定上的问题。除了酷刑、恐怖袭击等获得较普遍接受的行为种类外，有些行为种类在认定是否构成违反国际法的侵权行为时，存在相当大的模糊性。

2007年，欧洲人权法院（European Court of Human Rights）审理了拜拉米案（Behrami and Behrami v. France），该案的被告是法国，且事关维和行动的责任归属问题。案件的主要情况是法国派出的维和部队于1999年承担了清理北约投于科索沃某地区的炸弹的工作。然而，2000年3月11日，当地一群孩童在玩耍时被未排除的炸弹炸伤，还使得一名姓氏为拜拉米的儿童身亡，并使该儿童之兄弟受到重伤。儿童的父亲阿齐姆·拜拉米向欧洲人权法院提起诉讼，要求法院判决法国对其派遣的维和部队的不作为负责。① 在本案中，侵权行为发生在科索沃，具体负责排除炸弹任务的是法国，但总体指挥所有行动的是联合国安理会。案件中的不作为行为是否是违反国际法的侵权行为？行为由哪一主体负责？这都成了欧洲人权法院所面临的问题。

所以，在实际案件中，实施情况往往异常复杂，并交织多个领域的问题，如本案中的国家豁免、国际组织豁免、国际组织责任、国家责任等多个领域相互密切联系，如果在认定行为方面没有原则性指导，可能会造成判案结果的任意性和结果的不可预测性。

（三）对理论的突破

用尽当地救济（Exhaustion of Local Remedies）原则是一条得到广泛接受的国际习惯法规则。国际法委员会的《外交保护条款草案》第14条对这一习惯法规则编纂如下，"1. 除非有第15条规定的情形，一

---

① Behrami and Behrami v. France; Saramati v. France (dec.), nos. 71412/01 and 78166/01, Eur. Ct. H.R. 2007 (joint admissibility decision), available at http://cmiskp.echr.coe.int/tkp197/search.asp.

国对于其国民或第8条所指的其他人所受的损害，在该受损害的个人用尽一切当地救济之前，不得提出国际求偿。2.'当地救济'是指受损害的个人可以在所指应对损害负责的国家，通过普通的或特别的司法或行政法院或机构获得的法律救济。"① 用尽当地救济原则的法律基础在于主权原则，其本质体现了属地国主权管辖权的优越性。②

一般的不享有管辖豁免的侵权行为案件与法院地国联系更为密切，侵权行为或结果一般都发生在法院地国，而非加害国。所以，与用尽当地救济原则的适用范围并不冲突。但违反国际法的侵权案件一般与法院地国联系不够密切，往往发生在加害国。这就与用尽当地救济原则发生了冲突。

支持国家对违反国际法的侵权行为行使管辖权的学者认为，"违反基本人权的案件与人的安全有关，在非法杀害、监禁和酷刑的情况下，当地救济很可能明显无效。这种无效表现为缺乏足够的救济手段、无理延长的诉讼程序和事实上的原因，比如在追求当地救济时的人身安全。"③ 不过，由国内法院受理另一国家违反国际法的侵权案件确实将用尽当地救济原则这一习惯法原则的适用范围缩小了，对传统理论构成了较大突破。

三、结论

国内法院对外国国家侵权行为行使管辖权的基础是领土管辖原则，即外国国家侵权行为或结果发生在法院地国。当外国国家在其本国或法院地国外的第三国实施违反国际法的侵权行为时，法院地国行使管辖权的依据便不存在了。不过，自美国1996年《反恐怖主义活动和有效死刑法》通过后，美国便对不发生在美国本土的某些恐怖主义活动行使管辖权。其他国家也开始效仿这样的做法，已经出现了多起直接对外国国家违反国际法的侵权行为行使管辖权的案例。出现这种现象

---

① The Draft Article on Diplomatic Protection, 2006, Art. 14.
② 万霞：《外交保护制度研究》，第69页。
③ Hazel Fox, *The Law of State Immunity*, p.522.

的原因与国际人权法的发展息息相关,个人在国际法中的地位变得越来越微妙,同时也越来越受到重视。国家开始重视个人获得司法救济(access to justice)权利的实现。既然当事人受到国家的一般侵权行为的侵害,都有可能获得救济,为何受到违反国际法的行为的侵害,反而不能得到救济?在对违反国际法的侵权行为行使管辖权时,可能会发生与用尽当地救济原则的冲突,不过,许多学者认为,在这种案件下,当地救济明显是无效的,而且用尽当地救济不是没有例外的。所以,国内法院对违反国际法的侵权行为行使管辖权是当事人获得司法救济的唯一途径。

尽管如此,为对违反国际法的侵权行为行使管辖权而设定的理论基础却是不足以服人的。"默示弃权论"与其说是法律主张,不如说是一种设想;"规范等级论"本身存在理论上的不周延性,怎样论证冲突的存在和怎样认定强行法规则都是潜在的问题;对"普遍管辖说"的适用范围没有统一的认识。

在司法实践中,对违反国际法的侵权行为行使管辖权的案件已经体现出了以下特点:无视地域连接因素、概念模糊不清和对用尽当地救济原则的冲突等。无视地域连接因素已经是对限制侵权行为的管辖豁免的理论框架的突破,因为后者的基础在于领土管辖原则,如果完全突破这一点,是否还能被归纳入侵权行为例外已成为问号。概念模糊不清导致司法实践中对案件受理的标准不一致,也妨碍了案件审判结果的可预见性。传统国际法的用尽当地救济原则也在这种案件中被摒弃。

综上所述,对外国国家违反国际法的侵权行为行使管辖权是存在疑问的。它是不是能够存在于侵权行为例外中也是值得探究的问题。是否在以后的立法中单列违反国际法的行为的一项例外才能比较适合实践的发展趋势呢?如果是这样的话,是否它将成为所有国家都可适用的规则呢?美国会同意伊拉克法院受理关塔那摩虐囚事件吗?它是不是将会成为西方国家单方采用的一种规则?下文将在对著名的案例加以解读的基础上做出进一步的类型化分析。

第二节　武装冲突中的国家侵权行为的管辖豁免问题

过去，如果个人对于战争中的侵权行为提起损害赔偿诉讼，国内法院一般都认为这是不能通过司法途径解决的。战争或武装冲突中的行为一般是统治权行为，所以应享有国家豁免。最终这样的问题应通过外交途径解决。不过，随着国际人权法的发展，过去的那种侧重于国家间协商处理武装冲突中问题的做法开始转变为重视对公民的权利的保护，所以，又出现了对战争和武装冲突中的公民及其财产受损害的问题加以重新审视的趋势。因而，虽然在二战后，侵略国和受害国之间达成了众多的含有战争损害赔偿条款的和平协定，越来越多的个人提起了针对德国、日本的诉讼，旨在为他们所受的战争损害得到赔偿。虽然多数诉讼都因诉讼时效、国家豁免或其他理由而败诉，但却有一些获得了意料之外的胜利，而且引发了世界范围的大讨论，这是不是一种战争赔偿的新方式？会不会成为抵制战争的另一种办法？能不能获得长足的发展？下文将展开讨论。

一、国内法院受理的案件分析

国内法院所受理的此类案件大多是针对德国或日本，主要包括强制劳动案件、大屠杀案件和慰安妇案件。受理此类案件并做出具有重大影响的判决的国家主要有希腊、意大利和美国。下文将撷取典型案例加以分析。

2000年，希腊最高法院判决国家豁免不能阻止希腊国民为1944年迪斯多摩大屠杀中遭受的损失而起诉德国，并判决德国应赔偿损失三千多万美元。二战时期，纳粹德国占领了希腊南部，纳粹军队对当地居民犯下了战争罪行，包括蓄意谋杀和毁坏私人财物。对此案，希腊法院持限制豁免的观点，认为《关于国家豁免的欧洲公约》第11条所规定的"人身伤害和财产损害例外"是习惯国际法,因为此后该条款被美国和英国等国立法所效仿,也被国际法委员会接受。希腊法院认为,这一例外可适用于德国 SS 部队在迪斯多摩村所实施的报复行为。因为大屠杀不是武装冲突的一部分,并非维持该地区的军事占领或抑制地下行动的必要措施,而是险恶的谋杀活动。所以,大屠杀是主权权力的滥用,违反了国际强行法,不是主权行为。① 根据《希腊民事程序规则》(The Greek Code of Civil Procedure)第923条的规定,执行对一外国国家的判决,需要获得司法部部长的授权。然该案未获得司法部部长的授权,所以,判决在希腊一直无法得到执行。

意大利最高法院曾在上节所述的"费拉尼案"中判决德国应为强迫劳动的行为对原告费拉尼进行赔偿,并指出,如一国所为的行为构成了国际罪行,则不得享有豁免。② 受该案的鼓舞,此后,意大利的都灵、斯齐亚卡等地方法院又受理了一些要求德国为二战中的暴行造成的损害加以赔偿的案件。意大利的拉斯佩尼亚军事法庭还于2006年以缺席的方式判决麦克斯·约瑟夫·米尔德(赫曼·戈林部队的一员,被控参加了在意大利多地进行的大屠杀)终身监禁,且米尔德应与德国对受害者的继承人所提出的民事赔偿请求负连带责任。德国向罗马军事上诉法庭提起对部分判决的上诉请求,法庭驳回上诉。意大利最高法院则拒绝了德国关于意大利法院不具有管辖权的上诉理由,并再次重申费拉尼案的判决,即一国对犯下国际罪行的行为不能享有国家豁免。③

迄今为止,美国法院一般否认其能够管辖武装冲突中的行为,不认为这种行为属于《外国主权豁免法》中的商业活动例外条款中的行为。另外,美国法院在受理类似案件时,常需考虑的是《外国主权豁免法》能否溯及既往的问题。在"普林斯诉德国联邦共和国案"④

---

① Prefecture of Voiotia v. Federal Republic of Germany, Case 11/2000, Areios Pagos Hellenic Supreme Court, 4 May 2000.
② Jurisdictional Immunities of the State, I.C.J. Judgment, p. 16
③ Rivista di diritto internazionale, Vol. 92, 2009, p.1568.
④ Princz v. Federal Republic of Germany, 26 F 3d 1166 at 1174 (D. C. Cir. 1994).

（Princz v. Federal Republic of Germany）中，哥伦比亚地区上诉法院并没有澄清《外国主权豁免法》是否能追溯适用于大屠杀受害者的赔偿请求。不过，在"朱诉日本案"（Joo v. Japan）中，这一法院却又以不能溯及既往为由驳回了受到日本军队性虐待和酷刑对待的慰安妇的诉讼请求。不论"慰安站"是不是属于《外国主权豁免法》中的"商业活动"，商业活动例外都不能追溯适用于"泰特信函"之前的事件。法院还指出，"1951年日本与同盟国缔结的和平条约为日本创立了确定的期待，日本认为其将不会在美国法院因二战时期的行为而被起诉，国会也没有采取任何行动以使我们相信它想要打破这种期待"。①然而，第九巡回法院在"奥特曼诉奥地利案"（Altmann v. Republic of Austria）中却有相反的判决，该案中，奥地利在二战期间强占了奥特曼家的多幅名画，并拒绝归还。第九巡回法院认为《外国主权豁免法》可以追溯适用于二十世纪三四十年代，还指出，"奥地利人不能够有任何期待，更不用说是确定的期待了，即美国国务院会把豁免当做对错误征用犹太人财产的行为的'礼貌或友好'"。②

二、国际性司法机构受理的案件分析

希腊法院所判决的有关迪斯多摩大屠杀的案件，虽然结果有利于原告，但却无法得到执行。该案的原告在欧洲人权法院（The European Court of Human Rights）起诉了希腊和德国，声称这两个国家违犯了《保护人权和基本自由公约》（The Convention for the Protection of Human Rights and Fundamental Freedom，又称《欧洲人权公约》）第6条第1段和公约第一议定书第1条的规定，因为德国拒绝遵守法院的判决，希腊未能将判决加以执行。③

欧洲人权法院援引了其曾在"阿德萨尼案"中所做的判决，认为根据对他国财产的执行豁免，希腊拒绝执行判决没有违背国际法，

---

① Joo v. Japan, 332 F 3d 679 (D. C. Cir 2003).
② Altmann v. Republic of Austria, 317 F 3d 954 (9th Cir. 2002).
③ Kalogeropoulou v. Greece, 2002-X Eur. Ct. H.R. 415.

希腊也没有义务确保判决被执行。希腊在做出拒绝认证判决的决定时，拥有充分的自由裁量权，因为这与外交关系和公共利益有很大关系。法院还援引了其对"麦克艾尔西尼诉爱尔兰案"（McElhinney v. Ireland）的判决，认为缔约国对于违反《欧洲人权公约》的国家责任主要是基于领土联系，作为被告而参加到另一国国内法院的诉讼中，并不能对德国产生任何国家责任，即使它没有遵守判决。最终，欧洲人权法院在2002年12月12日的判决中称，由于国家豁免的问题，原告的诉讼请求不可受理。①

"阿德萨尼案"的案件背景是原告阿德萨尼（具有英国和科威特的双重国籍）于1991年从英国赶赴科威特，希望能够参与到反对伊拉克侵略的战争中，但他此后的一些行为招致科威特政府的不满，因而对其施加了虐待和其他暴行。原告返回英国后，在英国高等法院对科威特政府提起了诉讼，要求被告赔偿其在科威特受到的肉体和精神折磨所造成的损失。高等法院驳回了阿德萨尼的起诉，理由是按照国家豁免的原则和英国1978年的《国家豁免法》的规定，科威特享有国家豁免权，因而法院对该案不具有管辖权。②阿德萨尼不服判决，上诉至英国上诉法院，但该法院以同样的理由驳回上诉。此后，阿德萨尼又向欧洲人权法院提起了诉讼，声称英国未能有效保障其免受酷刑的权利，还剥夺了其获得司法救济的权利。③欧洲人权法院判决称，原告遭受到科威特的虐待，应该由此产生民事权利，但是，英国法院赋予科威特的豁免是原告获得司法救济权的合理限制。还指出，法院虽然注意到对禁止酷刑的极度重要性的越来越多的承认，却不能由此而发现已经确立了一国在法院地国外实施酷刑行为就不能享有由此而生的赔偿诉讼中的豁免。

"麦克爱尔西尼诉爱尔兰案"的起因是一英国士兵在爱尔兰境内攻击平民，原告在爱尔兰法院起诉英国，却被以国家豁免为理由而不予受理。原告遂向欧洲人权法院提起了针对爱尔兰的诉讼。欧洲人权

---

① ECHR Reports 2002-X, p.417.
② Al-Adsani v. Kuwait, 103 ILR 420 (Q.B. 1995).
③ Al-Adsani v. United Kingdom, App. No. 35763/97 (Nov. 21, 2001).

法院认同爱尔兰法院尊重位于国内的外国武装部队的特权与豁免的做法，并指出，"目前在国际法和比较法中出现了在发生在法院地国内的作为或不作为而导致的人身伤害案件中限制国家豁免的趋势。不过，这一趋势主要针对的是可保险的人身伤害，比如道路交通案件等，而非针对与国家主权的核心部分相关的领域，比如，军人在外国国家所做的行为，因为这些行为可能牵涉与外交关系和国家安全相关的敏感事项。"①

上文提到，意大利法院在"费拉尼案"中不承认德国的国家豁免，这样的做法引发了新的对德诉讼的浪潮。而且，希腊迪斯多摩大屠杀的案件的原告虽得到有利的判决，却一直苦于无法执行。于是，原告试图在意大利获得判决的执行。佛罗伦萨上诉法院于2005年5月2日做出判决，认为希腊最高法院的判决可以在意大利进行执行。2008年5月6日，意大利最高法院确认了佛罗伦萨上诉法院的判决。②2007年6月7日，希腊的原告按照佛罗伦萨上诉法院的判决，在意大利土地登记处科莫省办公室登记了对韦格尼别墅（villa vigoni）的法律要求，韦格尼别墅是德国政府所拥有的位于意大利的科莫湖边的一处别墅，这座别墅被用作"德意文化交流中心"。鉴于上述举动对国家利益影响甚大，德国向国际法院提起以意大利为被告的诉讼，要求法院断定意大利允许其法院受理针对德国的民事诉讼的行为未能尊重德国依国际法而享有的国家管辖豁免；要求法院判定意大利采取的针对韦格尼别墅的限制措施侵犯了德国的国家豁免；要求法院认定意大利宣布希腊法院做出的针对德国的判决可以在意大利境内进行执行的决定进一步违反了德国的国家豁免。③希腊根据《国际法院规约》第62条④参加了该案。

该案中的行为是武装冲突中的行为，属于主权行为，那么是否当

---

① McElhinney v. Ireland, App. No. 31253/96, Judgement of 21 Nov. 2001, para. 38.
② Rivista di diritto internazionale, Vol. 92, 2009, p.594.
③ Jurisdictional Immunities of the State, I.C.J. Judgment, p. 16.
④ 《国际法院规约》第62条：1.某一国家如认为某案件之判决可影响属于该国具有法律性质之利益时，得向法院申请参加。2.此项申请应由法院裁决之。

然地享有豁免呢？意大利对此提出了两项反驳理由。其一，一国在另一国领土上对该国公民实施的侵权行为不得享有豁免，即国家豁免的侵权行为例外；第二，德国所实施的行为是对国际强行法规则的最严重的违反，因而不得享有豁免。法院在判决中指出，《联合国国家及其财产管辖豁免公约》在拟定过程中，当其尚为国际法委员会的条款草案时，草案的第12条是对侵权行为作为不得援引豁免的诉讼的规定，该条的评注中就写道，本草案并不适用于武装行动。① 此外，为国家豁免问题所专门组成的联合国大会第六委员会临时委员会在其主席的报告中指出，条款草案的基础是不涉及武装冲突行为。② 《关于国家豁免的欧洲公约》第31条规定，本公约中的任何条款都不应妨碍缔约国的武装部队在另一缔约国的领土上的作为或不作为或者与之有关的行为所应享有的豁免或特权。

国际法院又对各国的国家豁免立法进行了考察，认为立法中没有统一明确地解决这个问题，所以必须考察各国的司法实践，以证实在这一问题上的国际法现状。国际法院所列举所有案例都在有关武装冲突的行为的案件中，赋予被告国家以国家豁免。法院唯一发现的支持意大利法院的案例来自于希腊，即"迪斯多摩案"。希腊的实践也非统一的，况且也未执行判决。所以，国际法院认为，一国法院一般不会对另一国的统治权性质的侵权行为加以管辖，武装冲突中的侵权行为就更是如此了。最终国际法院判决意大利败诉。

三、结论

从以上所引国内案例和国际性司法机构的判决来看，武装冲突中的侵权行为能否受国内法院管辖走在了十字路口。一些饱受战争之苦的国家和司法判决总是具有超前性的国家法院既同意受理这样的案件，也做出了不利于被告国家的判决，甚至开始执行财产。这无疑代表了

---

① Yearbook of International Law Commission, 1991, Vol. II(2), p.46.
② U. N. Doc. A/C.6.59/SR.13, p. 6, para. 36.

国家豁免法发展的一种新趋势。虽然国内法院的判决是这样，国际性司法机构却纷纷作出较为保守的姿态。国际法院甚至称只有管理权行为造成的侵权才不享有豁免，但事实上，侵权行为例外打破了限制豁免论的理论构架，当前多数国家的司法实践一般都是，有关侵权行为作为非豁免事项的适用范围，从单纯的交通事故等私法事项推延到国家的统治权行为。连国际法院的法官尤素福也在异议意见中写道，法院没能解决案件的中心问题，即德国严重违反国际人道法的行为给受害人带来极大的苦难，但受害人却无法获得补偿。他还指出，事实上，国家豁免理论本身已经像是瑞士奶酪一样，到处都是漏洞。既然国家豁免的原则和实践都不是恒久不变的，那必须就对整个案件加以总体的考虑和合法性的评价。①

过去，涉及战争或武装冲突中的个人赔偿问题，都是通过政府间协商解决。现在，这样的问题浮出台面，正是代表了追求人权保护的个人利益与确立一贯的国际法律体系之间的冲突日益凸出。在目前的国际体系下，如果允许个人通过国内法院来寻求对另一国武装冲突中的侵权行为的损害赔偿，可能发生超出想象的连锁效应，国家便从此陷入万劫不复的诉讼漩涡中。再者，仅"迪斯多摩案"一案的赔偿金额便为三千万美元，如果大量出现这样的案件，国家的财政如何能支持便成为问题。另外，意大利为执行希腊法院的判决，对位于其境内的德意文化交流中心采取了强制措施。这样的措施会否影响对方国家的公共职能的发挥，是否会导致两国的关系的恶化。种种潜在的问题都会由此引发。

因而，作者认为，武装冲突中的国家侵权行为得享有国家豁免，原因是，有关国家豁免的所有国际公约都规定不适用于武装冲突中的行为。就国内立法来说，英国和新加坡在立法中直接说明不适用于武装冲突的相关行为，加拿大、澳大利亚和以色列只是排除了受邀而来的外国武装部队的行为，美国、阿根廷、南非和日本没有这样的排除条款。即使如此，通过对有关的国内案例的解读，可发现绝大多数国

---

① Dissenting Opinion of Judge Yusuf, available at http://www.icj-cij.org/docket/files/143/16893.pdf.

家法院都认为武装冲突的行为不能通过国家豁免的例外方式来解决。①战争和武装冲突是特殊的国家行为，在这种非正常的状态下，国家的侵权行为可能会波及众多的人口。所以，应通过国家责任的方式加以解决。

不过，这只是国际法的现状，虽大多数是如此，却非没有例外，也不能代表国际法的发展趋势。国家豁免演变的过程往往是一国或数国的司法实践中开始出现的国家豁免的新的例外，继而其他国家效仿，最后变为主流。所以，以前的异类可能变为常态。可以预见的是，武装冲突中的行为带来的损害赔偿问题仍将具有争议性，也不能排除随着国际人权法的发展和国际体系的重构，将来这类案件由国内法院处理而出现新突破的可能性。

第三节　国家支持的恐怖主义侵权行为的管辖豁免问题

关于什么是恐怖主义，什么是恐怖主义活动的问题，至今仍没有确定的定义。把恐怖主义活动作为国家豁免的例外，是美国的创举。目前没有任何国家在立法和司法中加以效仿。在国际条约的层面上，虽然有一些针对恐怖主义分子个人的条约，如《海牙制止非法劫持航空器公约》(Hague Convention for the Suppression of Unlawful Seizure of Aircraft)和《反对劫持人质国际公约》(International Convention Agaist the Taking of Hostages)等，却没有以国家为规范对象的条约。

美国限制恐怖主义侵权活动的管辖豁免的契机是越来越多的美国公民成为恐怖主义活动的目标，而这些受侵害的公民却无法获得司法救济。特别在利比亚劫机事件和美国驻伊朗使馆人质事件发生后，众多美国公民针对利比亚和伊朗的诉讼无法获得有利的结果，引发民怨

---

① 埃及、比利时、德国、荷兰、美国、英国、斯洛文尼亚、波兰、法国及爱尔兰等国法院都受理过此类案例。

无数。很多人认为,《外国主权豁免法》中的非商业侵权行为例外条款对管辖权的要求过高,损害结果不发生在美国的恐怖主义活动都不能由此条款得到解决,所以,需要对此加以修正。但是,由于其他国家没有相应的立法条款,也缺乏国际条约基础,所以,在国际法基础上就显得过于薄弱,因而美国国务院对于恐怖主义侵权活动的管辖豁免问题也持否定态度。① 尽管如此,国会仍于1996年通过《反恐怖主义活动和有效死刑法》,以修正《外国主权豁免法》,使得美国法院对于从事恐怖活动的外国政府可以享有管辖权审理案件。②

一、对美国立法条款的文义解释

根据1996年的《反恐怖主义活动和有效死刑法》,国会对《外国主权豁免法》进行了修改,在第1605节下增加了专门的一款,即1605节a条7款。该条款的内容如下:

未为(2)款③所涵盖,对一个外国寻求人身伤害或死亡的金钱损害赔偿诉讼,如人身伤害或死亡的造成是由于酷刑、非法谋杀、破坏航空器、劫持人质,或是因该外国的某位官员、雇员或其代理人在公务、雇佣或代理范围内,提供实质支持或资源而造成,除非该法院依本款拒绝接受一个请求。

(A) 如果该外国在行为发生时,并未依1979年《贸易行政法》第6(j)条,或是1961年《外国协助法》第620(A)条被指定为一个支持恐怖活动的国家,除非由于该行为而后来被如此指定;且

(B) 即使该外国现在或过去被指定,如果:

(i) 提起的请求是对一个在美国所发生的行为,而且请求人并未依国际仲裁协定提供该外国一个合理的机会仲裁;或

(ii) 当主张所基于的行为发生时,请求人和受害人都不是美国的

---

① Statement of Jamison Borek, Hearings on S. 825 before the Subcomm. on Courts & Adm. Practice of the Sen. Comm. on the Judiciary, 103d Cong., 2d Sess.10, 1994, pp.13-14.
② 陈纯一:《国家豁免问题之研究》,第236页。
③ (2)款指的是"商业活动例外"。

国民。①

从文本上来看，国会对该项例外的限制颇多，它的覆盖面是有限的；但与此同时，它的管辖权范围却是无与伦比的宽泛，管辖权的要求仅为请求人或受害人是美国国民。这证明，在这一条款中，国会适用了消极属人管辖权，但在历史上，美国曾将这项管辖原则看作是对国际法的违反。② 这也体现出，国会将此条款加入《外国主权豁免法》中的目的是因为受害人只是因他们身为美国人而被侵害。此外，如果美国公民受国家支持的恐怖主义侵害后，在美国法院外，并没有任何获得救济的途径。③

由于消极属人管辖原则的范围过于宽泛，所以国会在行使管辖权方面，又做出了如下限制：第一，外国国家必须被列于"支持恐怖活动的国家"的名单上；④ 第二，即使诉讼针对的国家被列于"支持恐怖活动的国家"之列，但如果请求人或受害人未依国际仲裁协定提供该外国一个合理的机会仲裁，法院也不会接受这样的诉讼请求；第三，请求人或受害人须在主张所基于的行为发生时具有美国国籍。除了在1605节a条7款的限制外，《外国主权豁免法》中的其他限制也适用于该条，包括，针对不法行为的诉讼必须在发生后十年内提起⑤ 以及司法部长证明诉讼请求会干扰刑事调查或诉讼，或妨碍国家安全后，则有权暂缓原告的请求。⑥

对于损害赔偿的种类，《外国主权豁免法》在第1606节中规定，一外国国家不负担惩罚性损害赔偿的责任，除非是其机构或部门。⑦ "弗莱特诉伊朗案"（Flatow v. Islamic Republic of Iran）后，国会通过了一个法案以允许受害人向"支持恐怖活动的国家"的官员、雇

---

① 28 U.S.C.§1605(a)(7).

② Deborah Mostaghel, "Wrong Place, Wrong Time, Unfair Treatment? Aid to Victims of Terrorist Attacks", *Brandeis Law Journal*, Vol. 40, 2001, p.83.

③ Joseph W. Dellapenna, *Suing Foreign Governments and Their Corporations*, p.261.

④ 22 C. F. R.§126.1(d).

⑤ 28 U.S.C.§1605(f).

⑥ 28 U.S.C.§1605(g).

⑦ 28 U.S.C.§1607.

员和代表主张惩罚性赔偿,这一法案用来补充1605节的规定,因为它与"弗莱特诉伊朗案"密切相关,又被称为"弗莱特修正案"(Flatow Amendment)。该修正案的主要内容如下:

"支持恐怖活动的国家"的官员、雇员或代表在公务、雇佣或代理范围内开展的活动造成美国国民的人身伤害或死亡,美国法院则对案件有管辖权,损害赔偿的范围可包括经济损失、赔偿金、肉体疼痛和精神折磨以及惩罚性赔偿。

这样,外国国家本身虽不承担惩罚性赔偿责任,却可能通过其官员、雇员或代表而间接地承担惩罚性赔偿责任。"恐怖主义活动例外"曾被评论为是"反恐立法的皇冠上的明珠,因为它直接切入国际恐怖主义的问题的根源,即恐怖主义有作为国家政策的政府支持"。[①] 这样的评论有些言过其实,因为从《外国主权豁免法》对恐怖主义活动例外的限制来看,这一例外仅能适用于非常有限的案件,被告只能是被列于"支持恐怖活动的国家"的名单上的国家,所以,即便其他国家支持恐怖主义分子从事罪大恶极的活动,也不能通过该例外而被诉。比如,在"尼尔森案"中,尼尔森受到了沙特阿拉伯国家代表对他实施的各种极尽残忍的酷刑,恶劣程度不低于其他案件,但是沙特阿拉伯不属于"支持恐怖活动的国家",就不会受这条例外的制约。这样的结果便是案情基本类似的案件,判决结果却大相径庭,所以是一种显失公平的状态。另外,把国家列入"支持恐怖活动的国家"的名单中在很大程度上是一个政治角力的过程,依照政治化的名单来确定豁免问题无疑是将国家豁免政治化,不符合法治的精神。

二、对美国司法实践的实证考察

"瑞恩诉利比亚案"(Rein v. Libya)是美国法院较早前处理的有关适用"恐怖主义活动例外"的案件。该案涉及的是泛美航空飞机在苏格兰的洛克比爆炸事件,事件造成270名人员死亡,多数是美国公

---

① Alan Gerson, "Holding Terrorist States Accountable", *Washington Times*, June. 4, 1996, A15.

民。洛克比空难被认为是在利比亚政府支持下的恐怖主义活动。在1996年对《外国主权豁免法》的修改通过之前,该案的诉讼已经开始,不过诉讼请求却无法得到支持。因为"非商业侵权行为例外"对领土联系有要求,损害结果须发生在美国境内。而该案中的损害结果是发生在苏格兰。在"恐怖主义活动例外"通过后,该案件的诉讼程序重启。利比亚政府声称,"恐怖主义活动例外对国务院的授权是违反宪法的,因为通过这种授权,国务院能够把国家认定为恐怖主义的支持者,从而断定国家豁免的赋予与否。"① 法院在判决中承认,这种授权确实令人困惑,但最终做出结论认为国务院并没有决定法院的管辖权,而是确定了有利于法院决定管辖权的事实问题。② 在这样的基础上,法院断定对该案有管辖权。

此后,在"达利博迪诉伊拉克案"(Daliberti v. Iraq)中,伊拉克同样提出了国务院授权的违宪问题,伊拉克还声称,国务院通过把国家指定为"支持恐怖活动的国家",在司法实践中对这些国家进行区别对待,从而侵犯了对被指定国家获得法律同等保护的权利。法院的判决是,美国国务院的分类与《外国主权豁免法》的目的之间存在着合理的联系,所以国务院对外国国家的分类不是对公平保护的违反。③

美国法院也处理过受国家支持的恐怖主义组织的活动引发的案件,如果认定恐怖主义组织受政府的资金支持,而参加此项活动的政府官员都是在职务范围内行事的,一般都会归责于国家。比如,"西西皮欧诉伊朗案"(Cicippio v. Islamic Republic of Iran)中,三位美国公民被伊朗支持的恐怖主义组织所绑架,并受到酷刑折磨,历时超过五年之久。法院认定该恐怖组织受伊朗金援,伊朗官员在职务范围内对该组织进行支持,伊朗是"支持恐怖活动的国家",受害人是美国公民,所以,伊朗应赔偿损失。④ 同样,在"弗莱特诉伊朗案"(Flatow v. Islamic Republic of Iran)中,一美国公民所乘汽车遭巴勒斯坦极端

---

① Rein v. Libya, 162 F. 3d 748, (2d Cir. 1998), at 762.
② Ibid., at 762-764.
③ Daliberti v. Iraq, 97 F. Supp. 2d 38 (D. D. C. 2000).
④ Cicippio v. Islamic Republic of Iran, 513 U.S. 1078(1995).

组织"吉哈德"（Jihad）的自杀式爆炸，该公民当场死亡。法院认定，吉哈德组织的唯一资金来源是伊朗政府，伊朗是支持恐怖活动的国家，伊朗官员的援助行为是职务行为，所以，伊朗政府应对该案负责并赔偿损失。①

纵观美国法院受理的有关"恐怖主义活动例外"的案件后，发现在大多数情况下，被告国家都拒绝参与案件，所以大多数判决结果都是缺席判决（default judgment），而且判决的赔偿数额都非常巨大。比如，"弗莱特诉伊朗案"的判决结果是伊朗应承担的补偿性赔偿数额为2,513,220美元，惩罚性赔偿数额为225,000,000美元。"瓦格纳诉伊朗案"（Wagner v. Iran）的补偿性赔偿数额为16,281,245美元，惩罚性赔偿数额为300,000,000美元。② 判决的赔偿甚至包括了受害人家属的精神损失。不过，由于外国国家拒绝参与这样的案件，所以一般无法执行判决。

在认定哪些行为得适用于"恐怖主义活动例外"条款时，法院一般采取了一种宽泛的解释方法。"酷刑"被延伸至政府所施加的所有身体或精神痛苦，而不论其原因，除非是合法惩罚所不可避免的那些痛苦；"劫持人质"被认为是除合法囚禁以外的任何拘禁行为，不论目的为何；"非法谋杀"被看作是非法施加死刑的行为。对于"实质支持或资源"，法院一般认定只要政府提供从事恐怖主义活动的那些组织以资金支持，便可以援引"恐怖主义活动例外"，而不论政府提供资助的行为是否与组织所从事的特定案件中的行为有没有关系。

三、对美国立法和司法实践的评析

美国国会将"恐怖主义活动例外"引入到《外国主权豁免法》中，因该例外的管辖权行使时只需申请人或受害人是美国公民，而不需要其他的领土联系。所以，它克服了"非商业侵权行为例外"无法覆盖损害结果发生于美国境外的侵权行为的局限性。不过，它也因过度政

---

① Flatow v. Islamic Republic of Iran, 67 F. Supp. 2d 535 (D. Md. 1999).

② Wagner v. Iran, 172 F. Supp. 2d 128 (D. D. C. 2001).

治化和无限制扩张的管辖权而受到众多的诟病。在实践中，对该例外的援引所引发的焦点问题有以下几点。

（一）司法程序政治化

根据《外国主权豁免法》的规定，当事人若要在诉讼中援引"恐怖主义活动例外"，那么被告国家必须是"支持恐怖活动的国家"，这一名单最终是由美国政府的行政分支——国务院——确定的。[①] 鉴于国际法中并没有对"恐怖主义"的定义，确定"支持恐怖活动的国家"就并不是一个基于法律的判断，而是基于政治考虑的判断。"支持恐怖活动的国家"的名单并非固定不变，可能因其中某些国家的"表现"而有所删减或增加。比如，2006年5月，国务院宣布布什政府将利比亚从支持恐怖活动的国家名单中删除。国务院发言人称，利比亚政府摧毁化学武器储备以及中断私下进行的核武器项目是删除利比亚的原因。除宣布的原因外，洛克比空难受害人的亲属持续向政府施压也是原因之一，因为和解协议所达成的27亿美元赔偿款（提供给每一受害人的亲属约一千万美元的赔偿款）的最后一笔，占总额的百分之二十，是要在将利比亚排除出"支持恐怖活动的国家"名单后，才会兑现的。[②] 仅仅是上述原因便能证明利比亚从支持恐怖活动转变为不再支持恐怖活动了吗？摧毁武器和提供赔款并不能代表与恐怖活动一刀两断。但这时，是否列入"支持恐怖活动的国家"名单之上，变成了政治交易的筹码。美国从地缘政治和国内压力的考虑出发，最终在名单上删除了利比亚。其他国家如没有这样的政治表现，可能就无法获得同样的对待。此外，没有任何一个国家的立法中，会有如此的对外国国家的不平等对待。如果列入名单，在诉讼中可能会被判处巨额赔偿金；如果未被列入名单，则可以以国家豁免为理由而免于被诉。国家豁免的产生是由于在国际体系中，国家拥有不同于自然人和法人的地位。但在美国法中，国家豁免变成了区别对待的制度。《联合国宪

[①] Naomi Roht-Arriaza, "The Foreign Sovereign Immunities Act, Human Rights Violations, One Step Forward, Two Steps Back?", *Berkely Journal of International Law*, Vol. 16,1998, pp. 81-82.

[②] Barry E. Carter et al., *International Law(Fifth Edition)*, p.609.

章》规定，国家不论大小，地位平等。美国国内法却违反了对国家的平等地位的保护。

（二）赔偿结果惩罚化

在国内法中，侵权行为法是民事法律的组成部分，所以也会体现民事法律对当事人自由意志的保护。为了尊重公民的自由意志，同时鼓励民事活动的效率，也为了填补侵权行为的损害，侵权行为的赔偿一般体现的是补偿性。不过，英美法中的损害赔偿制度中也包含惩罚性赔偿制度，惩罚性赔偿会适用于一些特定的案件。惩罚性损害赔偿在预防和制止侵权行为发生的方面体现更大的作用，但由于立法理念的不同，大陆法系国家一直对在民事领域引入惩罚性损害赔偿制度存在疑虑。所以，目前有关侵权行为是否适用惩罚性赔偿制度在各国间的做法不一。

当国家对不法行为承担国家责任从而引发损害赔偿责任时，这种赔偿是补偿性，还是惩罚性，抑或是两者兼有呢？2001年《国家对国际不法行为的责任条款草案》的第2章"赔偿损害"的第34条"赔偿方式"规定道，"对国际不法行为造成的损害充分赔偿，应按照本章的规定，单独或合并地采取恢复原状、补偿和抵偿的方式"。充分赔偿是指对损害的充分填补，而非超出损害范围外的惩罚。[①]

一国法院能否对另一国判定承担惩罚性赔偿责任呢？惩罚性赔偿责任的目的是以其惩罚和吓阻功能制止侵权行为的发生，以补充补偿性赔偿责任的不足。一国法院对本国公民以惩罚性赔偿的方式加以吓阻是可以理解的，但一国法院能否对另一国加以惩罚和吓阻则是值得怀疑的。限制豁免论的支持者称，如果一国步下神坛，从事与私人进行的商贸活动，就不享有豁免。因为一国并不因其从事非主权行为被诉而尊严受损，从而无碍于国家主权平等的原则。但是如果国内法院竟对另一国判决承担惩罚性赔偿责任，那另一国的尊严似乎显然有损，

---

① Draft Articles on Responsibility of States for Internationally Wrongful Acts with Commentaries, 2001, pp. 95-96.

国家主权平等的原则并无从体现了。特别是美国法院在此类案件中，动辄便判定被告国家应承担上千万美元的惩罚性赔偿责任，这显然是很难接受的结果。

（三）世界影响负面化

自1996年修正《外国主权豁免法》后，以"恐怖主义活动例外"来起诉外国国家的做法也常被看作是美国借政治地位而开展的超越法律的活动。被列入"支持恐怖活动国家"的名单的国家当然认为受到了不平等的对待，在绝大多数情况下，都不参与诉讼。为应对美国的做法，伊朗议会于2000年11月制定了允许"自1953年政变以来美国干预活动的伊朗受害者"在伊朗法院起诉美国政府的法律。这一立法就是为了回应在美国法院以伊朗为被告的那些案件。[①] 2003年12月，伊朗一法院判决美国政府赔偿伊朗商人阿里汉尼超过一百万美元的损失。该案中，原告侯赛因·阿里汉尼（Hossein Alikhani）于1992年在巴哈马被美国便衣特工逮捕，并移送至佛罗里达州，在那里，他被讯问。阿里汉尼称在讯问过程中，他被殴打和侮辱，并被监禁了三个月。阿里汉尼被认定为违反了美国的制裁法律，因为他试图从一佛罗里达公司购买油田设备，并运往利比亚。但阿里汉尼称，美国的制裁法律不适用于在美国之外的外国人，所以，美国的指控是错误的。[②] 这样的立法和诉讼行为几乎完全是对美国的做法的回应，如果长此以往，可能变成小范围内的报复与反报复的纠缠。这样非但是对其他国家的不尊重，更是对立法和司法程序的滥用。

四、结论

美国通过1996年的《反恐怖主义活动和有效死刑法》对《外国主权豁免法》进行了修改，增加了"恐怖主义活动例外"，以此来弥补

---

① Iran MPs Cry "Down with America," Approve Lawsuits Against America, Agence France Presse. Nov. 1. 2000.

② Barry E. Carter et al., *International Law(Fifth Edition)*, pp.736-737.

"非商业侵权行为例外"的不足,跨越了后者在管辖权方面的限制。在援引"恐怖主义活动例外"时,首先要确定被告国家位于"支持恐怖活动的国家"的名单上,但该名单是由国务院指定的。目前在国际法上对"恐怖主义"尚没有明确的定义,国务院在确定名单时,政治考虑的因素要远远大于法律考虑。这样便引发了司法程序政治化的结果,而且也造成了对不同国家的不平等对待,从而又引发其他国家的报复,造成了世界影响的负面化。而且美国法院动辄判决被告国家承担惩罚性赔偿责任的做法也不符合国家主权平等的原则和国家责任的赔偿方式。所以,美国的"恐怖主义活动例外"是一项"创举",创设了国际法和国内法中都没有的对其他国家的惩罚方式,这样似乎是将其他国家置于被评判的地位,而美国政府则居于凌驾于其他国家的地位。这样的做法是不符合国际法对主权国家平等的要求的。

第四节　国家从事酷刑的侵权行为的管辖豁免问题

1984年12月10日,第39届联合国大会第93次全体会议通过了《禁止酷刑和其他残忍、不人道或有辱人格的待遇或处罚公约》(Convention Against Torture and Other Cruel, Inhuman or Degrading Treatment or Punishment),公约于1987年6月29日生效。《禁止酷刑公约》第1条规定:酷刑是指为了向某人或第三者取得情报或供状,为了他或第三者所作或涉嫌的行为对他加以处罚,或为了恐吓或威胁他或第三者,或为了基于任何一种歧视的任何理由,蓄意使某人在肉体或精神上遭受剧烈疼痛或痛苦的任何行为,而这种疼痛或痛苦是由公职人员或以官方身分行使职权的其他人所造成或在其唆使、同意或默许下造成的。纯因法律制裁而引起或法律制裁所固有或附带的疼痛或痛苦不包括在内。①

"二战"之后,在将人权法从国内宪法转为国际法的过程中,禁止

---

① Convention Against Torture and Other Cruel, Inhuman or Degrading Treatment or Punishment, Art. 1.

酷刑成为不可克减的基本权利之一。今天，禁止酷刑已被视为强行法的一部分。① 而且酷刑也是国际法上严重罪行——反人道罪的具体体现之一。反人道罪包括酷刑、非法人体实验、奴役、种族隔离等行为。② 反人道罪被规定在《纽伦堡宪章》、《远东国际军事法庭宪章》、前南斯拉夫国际刑事法庭《规约》等法律文件中。

尽管禁止酷刑有如此重要的地位，但国家豁免却使得国内法院无法受理以外国国家酷刑行为为诉因的损害赔偿请求诉讼。如果要使受害人能够得到国内法院的司法救济，就需要使法院地国行使普遍管辖权，不顾国家豁免的诉求，但这样的做法引起极大的争议和回响。一方面，反对这样做法的人指出，这种做法不过是"20世纪国际法学者和人权斗士的发明而已"。美国的斯卡利亚（Scalia）大法官曾指出，"（这种做法是）重新界定国际法，使之成为私人控制国家在其本国内对待公民方式的工具，从而是不足取的"。③ 但布雷耶（Breyer）大法官却指出，"在特定情况下，承认普遍管辖原则与国际礼让的原则是不冲突的。那就是说，使每一国家的法院判决涉及另一国的行为的案件不会明显影响礼让原则所试图保护的和谐状态。以上观点主要指的是刑事管辖权，但是既然在刑事管辖权中都能实现普遍管辖，那么就意味着对侵权行为的普遍管辖权更不具有什么威胁了"。④

一、国内法院的司法实践

（一）加拿大司法实践

加拿大法院受理的"波扎伊诉伊朗案"（Bouzari v. Iran）是著名的有关外国国家酷刑行为造成的损害赔偿诉讼。1991年，当时的伊朗公

---

① ［丹］凯依若姆、伊尔凯尔:《国际禁止酷刑工作的新动向》，任进译，《环球法律评论》，2001年第3期，第355页。
② 朱文奇:《国际刑法》，北京：中国人民大学出版社，2007年版，第65页。
③ Sosa v. Alvarez Machain 542 U.S. 692 (2004), (2004) 159 L.Ed. 2d 718, opinion of Justice Scalia, p.764.
④ Sosa v. Alvarez Machain 542 U.S. 692 (2004), (2004) 159 L.Ed. 2d 718, opinion of Justice Breyer, p.772.

民胡山·波扎伊拥有一家咨询公司，公司主要业务是对希望在波斯湾地区投资石油工程的外国投资者提供咨询。一合营公司要求波扎伊为其与伊朗国有石油公司之间的谈判提供帮助。① 波扎伊提供这次服务将获得约3500万美元的佣金。1992年12月，总统之子梅迪·哈什米·拉夫桑贾尼（Mehdi Hashemi Bahramani）与波扎伊有了接触，并向其承诺其父将为项目的进行提供协助，不过其向波扎伊索取500万美元的贿赂。波扎伊表示拒绝。1993年6月1日，三名便衣警察在德黑兰逮捕了波扎伊，并将其投入监狱。在此后的几个月中，波扎伊受到了酷刑对待，"他不能吃饭，不能睡觉，也没有医药。他的头被长时间浸入一桶粪便中。他有几次被吊起来拷打，而且很长时间都是把胳膊绑起来。他的耳朵被打得丧失听力"。② 1994年1月，波扎伊的家人花了300万美元，才让波扎伊被释放。波扎伊在同年7月逃往维也纳。尽管不断接到伊朗特工的死亡恐吓电话，波扎伊还是与其家人于1998年安全地移民到了加拿大。不过，波扎伊被完全排除出了其曾与合营公司达成的项目协议。

波扎伊遂在加拿大安大略高级法院根据1985年《国家豁免法》对伊朗伊斯兰共和国提起了诉讼，要求获得酷刑侵权造成的赔偿。波扎伊显然不可能在任何其他国家法院中提起这样的诉讼。与受到酷刑对待的其他受害者一样，波扎伊也不可能回到伊朗去提起诉讼。

波扎伊提出了三项豁免例外可在本案适用：第一是《国家豁免法》第18条的刑事诉讼程序例外；第二是第6条的侵权行为例外；第三是第5条的商业活动例外。波扎伊还声称，《国家豁免法》必须依照加拿大的国际法律义务加以解释，加拿大有义务受理外国国家实施的酷刑行为的民事诉讼。③ 波扎伊特别提出《禁止酷刑公约》的第14条作为其诉讼依据，该条规定道：每一缔约国应保证酷刑行为的受害人能在其法律体系内获得救济，并得以获得公平的、充足的赔偿，包括其为复原所需的任何方式。如受害人被酷刑折磨致死，那么受他抚养的人

---

① Bouzari v. Islamic Republic of Iran [2002] OJ No. 1624, at para. 6.
② Bouzari v. Islamic Republic of Iran [2004] OJ No. 2800 Docket No. C38295, at para. 12.
③ 加拿大于1984年12月10日批准了《禁止酷刑公约》。

有权获得赔偿。本条款的任何部分皆不影响国内法中存在的受害人或其他人获得赔偿的权利。

安大略高级法院判决中虽对波扎伊的悲惨遭遇表示同情,但却不认为《国家豁免法》中的例外在本案中可适用。法院认为,尽管波扎伊寻求惩罚性赔偿,但整个诉讼程序是民事的,而非刑事的,所以刑事诉讼例外不能适用;由于本案涉及的行为是在国家监狱中由国家代表实施的酷刑和拘禁行为,所以商业活动例外不能适用;由于本案控诉的酷刑行为造成的伤害结果发生在国外,所以侵权行为例外不能适用。高级法院也不认为《国家豁免法》与加拿大的国际义务不一致。[①]

安大略上诉法院确认了高级法院撤销案件的判决。上诉法院认同禁止酷刑构成了强行法规则的主张,但认为强行法规则不包括波扎伊试图获得的民事救济。[②] 上诉法院评价了专家证词,并确定已出现的国家实践和《禁止酷刑公约》第14条都没有要求其对发生在本国之外的外国国家的行为行使管辖权。

加拿大最高法院也拒绝了波扎伊的上诉请求,从而波扎伊用尽了当地救济。[③] 然而,2005年5月,联合国禁止酷刑委员会(The UN Committee Against Torture)表示了对加拿大未能通过国内司法程序为酷刑受害者提供民事救济的关心。禁止酷刑委员会称,"加拿大缺乏对所有情况下的酷刑受害者提供民事补偿的有效措施,建议其根据公约第14条审议其立场,以确保通过民事司法程序对酷刑受害者提供赔偿"。[④]

(二)美国司法实践

与加拿大不同,美国的司法实践中对酷刑受害者提供了一些特殊的民事救济途径。1996年,《外国主权豁免法》被修正后,增加了一条恐怖主义活动例外,根据该条例外,"酷刑、非法谋杀、劫持飞行

[①] Bouzari v. Islamic Republic of Iran [2002] OJ No. 1624, at para. 18-34, 42, 87 and 94.
[②] Bouzari v. Islamic Republic of Iran [2004] OJ No. 2800 Docket No. C38295, at paras 87 and 94.
[③] Bouzari v. Iran [2005] SCCA No. 410 Docket No. 30523.
[④] CAT, "Conclusions and Recommendations of the Committee against Torture: Canada", 7 July 2005, CAT/C/CR34/CAN.

器、劫持人质或对上述行为的实质资助或支持行为造成的人身伤害或死亡"构成《外国主权豁免法》的例外。这样，如果美国公民在被列入"支持恐怖活动的国家"列表上的国家内遭受酷刑折磨，就能够援引此例外，使得对方国家不得援引豁免，从而获得司法救济。但是，因为被列入"支持恐怖活动的国家"名单上的国家数目有限，如果酷刑行为发生在其他国家，则不能援引此例外，这样就大大限制了司法救济的有效性。不过，人们很快发现，《外国主权豁免法》适用于外国国家和他们的机构，但不适用于个人。① 这样，受害人便可根据《外国人侵权索赔法》（The Alien Tort Claims Act）和1991年的《酷刑受害人保护法》（The Torture Victim Protection Act of 1991）向实施酷刑行为的个人直接提起赔偿诉讼。

"菲拉提加诉佩那－伊莱拉案"（Filartiga v. Pena-Irala）是受害人利用《外国人侵权索赔法》获得侵权损害赔偿的案件。两名巴拉圭公民菲拉提加向美国纽约东部地区地区法院提起诉讼，称她们的一名家人被巴拉圭官员佩那－伊莱拉以酷刑折磨致死，后者对其施加酷刑的原因是死者之父的政治信仰与官方不符。东部地区法院以无管辖权为由驳回起诉，但上诉法院却撤销了原审判决，上诉法院认为官方酷刑是被国际法所禁止的行为。法院认定，由巴拉圭当局所故意实施的酷刑行为违反了被普世接受的国际人权法规则，不论受害人是哪一国国民，只要实施酷刑者能被位于美国境内的受害人找到，并被送达传票，那么美国法院就有权行使管辖权。② 该案法院便是依照《外国人侵权索赔法》进行判决的，该法允许美国法院管辖外国人提起的违反国际法造成的侵权损害的诉讼。

（三）英国司法实践

"琼斯诉沙特阿拉伯案"（Jones v. Saudi Arabia）开启了英国法院受理有关外国国家酷刑行为案件的新篇章。不同于论文前部分论述过

---

① Foreign Sovereign Immunities Act (FSIA), 28 USC §1603(a-b) (1976).
② Filartiga v. Pena-Irala, 630 F. 3d 876 (2nd Cir. 1980).

的"阿德萨尼案",该案非以沙特阿拉伯国家为被告,而是以沙特阿拉伯的政府官员为被告。该案的四名原告中的三名是英国公民,一名是加拿大公民,他们控诉称,他们自2001年3月至5月被监禁在沙特阿拉伯的监狱里,遭受了酷刑折磨。一审法院认为沙特阿拉伯国家根据《国家豁免法》所享有的豁免明显地延伸至本案的个人被告,因为他们是沙特阿拉伯国家机构的一部分。[①]

上诉法院虽然判决认为国家豁免使得一国国家不得因系统性酷刑行为而在民事赔偿诉讼中被诉,但却没有禁止对三名沙特阿拉伯的国家官员提起诉讼,这三名官员分别是沙特阿拉伯警察局的上尉和上士,以及监狱的狱长。[②]所以上诉法院的判决极大地扩展了国家豁免的侵权例外的范围,使国家豁免的侵权例外扩大至,(1)适用于在职或已退休的外国国家官员;(2)适用于不处于法院地国领土的外国国家官员;(3)适用于酷刑赔偿的民事诉讼程序;(4)适用于发生在法院地国外而在被告国境内的酷刑行为。[③]最后,上诉法院将案件发回下级法院。

上诉法院判决作出后,当事人上诉至英国上议院。英国政府宪法事务部(Secretary of State for Constitutional Affairs)介入了案件,提交了政府声明,声称支持沙特阿拉伯。声明中称,"我们干预本案是为了确保国际法规则和国家豁免规则得到充分准确地解释与维护,我们反对酷刑的立场未曾改变,在任何情况下,我们都严厉谴责酷刑"。[④]同时,以大赦国际(Amnesty International)为代表的非政府组织却希望上议院确认上诉法院的判决,以实现对酷刑受害人的保护。上议院在审理后判决,《国家豁免法》赋予沙特阿拉伯以国家豁免,而且这种豁免延伸适用于其官员、公务人员及代理人。承认国家豁免不是不成比例地干涉《欧洲人权公约》所规定的诉诸法院的权利。上议院判决基于两项原则做出这样的判决,一是酷刑是国家行为。就民事诉讼而言,

---

[①] Jones v Saudi Arabia, [2004] EWCA Civ 1394.
[②] Jones v Saudi Arabia, [2005] Q.B. 699.
[③] Hazel Fox, "State Immunity and the International Crime of Torture", European Human Rights Law Review, Vol. 2, 2006, p. 148.
[④] HC Deb., Vol. 447, col. 768(14 june 2006).

属物性质的豁免（ratione materiae immunity）属于国家；二是属于国家的属物性质的豁免不能通过对代表国家的个人提起诉讼的方式而规避。所以，判决明确指出，"外国国家有权为其公务人员主张豁免，一个国家只能通过公务人员或代理人来从事行为，他们的职权行为就是国家的行为……《联合国国家及其财产管辖豁免公约》明确规定国家包括国家的代表者"。①

二、国内法院司法实践所反映的问题

（一）从对国际罪行的国际刑事诉讼到国内的民事诉讼

酷刑罪已被确立为一种国际罪行，但是在责任追究方面，国家却与个人之间有不同的待遇。国际法承认个人应该为严重侵犯人权的犯罪行为承担刑事责任，事实上，个人以国家代表身份从事国际犯罪被认为是国际犯罪的主体应受到国际法惩治的观念和法律规定从20世纪初便发展起来了。②而对于国家承担刑事责任问题上却一直存在较大争议，国际法委员会在拟定《危害人类和平与安全罪法典》的过程中，决定法典只编纂个人刑事责任，而将国家的行使责任留待将来考虑。③2001年，联合国国际法委员会将其拟定的《关于国家对国际不法行为的责任的条款草案》中有关国际罪行的部分删除，取而代之的是"严重破坏一般国际法强行规范所规定的义务"。④

在国际法中，不同于国家对国际罪行的刑事责任的停滞不前的状态，个人刑事责任发展较为迅猛。不过，尽管从事国际罪行的个人被国际性刑事司法机构判决有罪，但受害人却不能获得直接的赔偿。为此，许多受害人希望通过国内司法途径获得民事方面的赔偿和补偿。这样，针对国际罪行的诉讼便不仅包括国际刑事诉讼，还包括寻求赔

---

① Jones v Saudi Arabia, [2006] UKHL 26.
② 邵沙平：《国际刑法学——经济全球化与国际犯罪的法律控制》（修订版），武汉：武汉大学出版社，2005年版，第87页。
③ Yearbook of International Law Commission, 1984, Vol. II, p.17.
④ Draft Articles on "Responsibility of States for Internationally Wrongful Acts", adopted by the ILC at its fifty-third session, 2001.

偿的国内民事诉讼。与国际刑事诉讼的程序繁琐、耗时长久相比，国内民事诉讼更为灵活、简便；与国际刑事诉讼的控辩双方为检察官、从事国际罪行的个人相比，国内民事诉讼可以直接由受害人作为当事人；与国际刑事诉讼侧重于惩治国际犯罪相比，国内民事诉讼侧重于确保对受害人的赔偿的实现。这样，许多受害人便在国内法院提起诉讼，希望能够获得赔偿。但这时，他们要面对的便是国家豁免的障碍。

（二）从以国家为被告转向以个人为被告

从上文所引案例可见，美国的《外国人侵权索赔法》赋予了外国原告以广泛的救济机会，而1991年的《酷刑受害人保护法》不仅使外国人可在美国法院对酷刑行为提起诉讼，也保障了美国公民的诉讼权利。《外国人侵权索赔法》对被告的资格没有任何限制，但是由于《外国主权豁免法》的存在，难以直接就外国政府提起诉讼。[①] 所以，人们一般选择以外国政府官员为被告，特别是卸任后的官员。

美国的司法实践影响了其他国家，英国上诉法院在判决"琼斯诉沙特阿拉伯案"时，就考虑了美国的相关判例，接受了源自美国判例法的理论，即国家豁免并不绝对排斥对个人所实施的国际犯罪提起民事诉讼。但上议院最终不认可这样的判决，认为国家官员的公务行为就是国家的行为，这是国家豁免原则的根基。所以，除了美国外，其他国家并没有发展出类似的判例法。在"逮捕令案"中，国际法院的希金斯（Higgins）法官就指出，美国的《外国人侵权索赔法》规定了广泛的域外管辖权，但这并没有成为各国的一般实践。

（三）逐渐变为美国独有的实践

美国独特的法律文化、管辖权规则、民事程序规则等因素使得在美国法院进行人权诉讼成为具有吸引力的选择，而与美国相对，英国、加拿大、意大利、希腊、德国等国虽都受理过类似诉讼，但结果却没有形成像美国那样的判例体系。可以说，其他国家的法院目前对于跨

---

① 李庆明：《美国〈外国人侵权请求法〉研究》，武汉：武汉大学出版社，2010年版，第87页。

国人权诉讼是比较谨慎的，没有跨越传统国际法的限制。

在美国，民事诉讼一直被作为促进社会改革的工具。比如，"菲拉提加诉佩那－伊莱拉案"在美国判例法上具有里程碑意义，甚至被称为跨国法诉讼的"布朗诉教育委员会案"。① 所以，美国的学者和律师都倾向于对侵犯人权行为提起民事诉讼，查耶斯（Chayes）教授将此类案件视为"公法诉讼"，称这类案件不仅关注私人争议，还指向宪法和制定法的政策。② 这样的诉讼事实上已成为美国法律文化中的重要部分。而在其他国家，他们主要通过政府来改变政策以推动社会改革，而非提起诉讼。③

在管辖权方面，美国《外国人侵权索赔法》的宽松的管辖依据为在美国的人权诉讼提供了蓬勃发展的机会。而反观其他国家，大多对域外管辖权有着较为严格的限制，人们很难在这些国家的国内法院就发生在国外的侵权事件提起诉讼。

另外，美国对侵权人权的主要救济方式是私法上的侵权责任制度，而欧洲大陆法系国家则以刑事诉讼为主，一般是通过刑事附带民事诉讼来解决的。④ 虽然刑事附带民事诉讼也可以起到与民事诉讼几乎一样的作用。但刑事附带民事诉讼的特点是在刑事判决确定前，不能确定民事部分的判决。而且刑事附带民事诉讼的赔偿判决一般是象征性的，而不像美国民事诉讼中判决的惩罚性赔偿责任。

三、结论

有关酷刑的跨国侵权损害赔偿的案件给各国反思如何在保障人权

---

① "布朗诉教育委员会案"在美国判例法中具有里程碑式的地位，它废除了美国境内当时合法的种族隔离制度。

② Abram Chayes, "The Role of the Judge in Public Law Litigation", *Harvard Law Review*, Vol. 89, 1976, p. 1284.

③ Mauro Cappelletti, "Governmental and Private Advocate for the Public Interest in Civil Litigation: A Comparative Study", *Michigan Law Review*, vol. 73, 1974, p. 878.

④ Beth Van Schaack, "In Defense of Civil Redress: The Domestic Enforcement of Human Rights Norms in the Context of the Proposed Hague Judgments Coonvention", *Harvard International Law Journal*, Vol. 42, 2001, pp. 145-147.

和维持国家豁免的规则之间保持平衡。正如佛塞斯（Forcese）指出的一样，"在加拿大向联合国禁止酷刑委员会提交第六份报告之前，加拿大将会认真考虑，如何回应禁止酷刑委员会在酷刑受害者的民事救济方面的立场"。① 这是"波扎伊诉伊朗案"给加拿大带来的意义。

人权支持者们呼吁各国改变国家豁免立法中的规定，专门设立针对酷刑或其他严重违反国际法的国际罪行的例外。但是，这样的修正可能会使法律变成攻击某些特定国家的政治武器。即使是为了保障酷刑受害人的合法权益，也不能改变国家豁免法中对"真实和实质"领土联系的要求。在法院地国法院对此类案件进行审理之前，应该给予外国国家自己善意解决这些争议的机会。另外，在此类诉讼中，把矛头从外国国家指向国家官员，由国家官员成为被告，从而规避国家豁免规则的做法是不适当的。因为从国家本质上来说，国家是抽象实体，国家必须通过国家官员的职务行为才能开展活动，如果将国家官员的职务行为抽离出国家，那显然是违背了国家豁免法的基础。

上一章研究了外国国家在另一国境内从事一般性的侵权行为造成损害结果从而无法享有国家豁免的情况。本章研究的是一个具有挑战性的新问题——当外国国家从事违反国际法的行为而对普通公民造成侵权损害时，另一国国家法院能否受理这样的诉讼，并拒绝赋予外国国家以豁免。理论上，国家违反国际法的行为而引发的责任应属于国家的国际责任问题的范畴，而国家的国际责任并不是通过在国内法院审判的方式解决的。尽管如此，在实践中，已经出现了由国内法院直接受理并审理此类案件的情况，有的国内法院非但不赋予被告国家以豁免，还判决其应承担惩罚性损害赔偿的责任。在司法实践中，常出现的此类案件包括武装冲突中造成的侵权损害案件、国家实施酷刑行为造成的侵权损害案件和国家支持的恐怖主义活动造成的侵权损害案件等。支持国内法院受理并审理此类案件的学者对国内法院行使管辖权提出了几项理论基础，目前主要有三种观点——默示弃权论、规范

---

① Forcese, "De-Immunizing Torture: Reconciling Human Rights and State Immunity", *McGill Law Journal*, 2007, p. 57.

等级论和普遍管辖说。但这三种观点都没有传统国际法的支持，本质上是一种概念的假定。而国内法院在具体审理此类案件时，经常无视连接因素，常在案件所涉侵权行为与法院地国领土毫无关系的情况下受理案件。另外，往往只有美国或其他西方国家的法院会审理这样的案件，这是否证明这种做法将成为西方国家单方采用的方式，以及是否带有过强的政治性，这些都是存在疑问的。

第4章
国家侵权行为的管辖豁免的相关问题

第一节 国家侵权行为的管辖豁免与外交豁免

外交特权与豁免是一国位于另一国的外交、领事代表及外交和领事馆舍所享有的特权与豁免,外交特权与豁免是基于外交关系所给予的,而外交关系的确立则是基于国家间的"共同同意"。[①] 一国向另一国派出外交使团的目的是使其在另一国代表派遣国,保护派遣国的国民,并增强与接受国之间的友好关系。[②] 起初,赋予外交豁免的理由被认为是主权的"域外性"(extraterritoriality)。也就是说,外交馆舍虽然处于接受国领土之上,但在法律上应被视为派遣国领土,使馆应被视为派遣国领土的延伸。[③] 不过,这一理由却不能解释为什么外交使团要遵守接受国的当地法律和规章,为什么接受国有主动义务去保护外交馆舍等。而今,得到普遍认可的外交特权与豁免赋予的理由是"职务需要",即为了保证外交使团和代表能够有效地开展职务。近年来,外交代表常成为暴力、绑架的对象,而使领馆也常被攻击,所以,外

[①] 1961 Vienna Convention on Diplomatic Relations, Art. 4.
[②] Dembinski, *The Modern Law of Diplomacy*, Martinus Nijhoff Publishers, 1988, p. 27.
[③] 邵沙平主编:《国际法》(第二版),第376页。

交特权与豁免更需要得到进一步重视。在实践中，国家侵权行为的管辖豁免与外交特权与豁免发生了有趣的联系，值得关注和跟踪研究。

一、外交豁免与国家豁免之间的关系

1961年《维也纳外交关系公约》（Vienna Convention on Diplomatic Relations）中规定了外交代表和外交馆舍所享有的特权与豁免。该公约条款很大程度上是对习惯国际法的宣示，或已经成为了普遍性规律。[①]《公约》的所有条款规定了两类特权与豁免，其中，一类特权与豁免包括外交代表所拥有的用于履行其所负有的使命的住所与财产的豁免，这一类的特权与豁免可称为涉及财产的豁免；另一类特权与豁免包括外交代表个人行为的豁免，这类豁免旨在使外交代表的个人生活免受干涉，以防止其无法履行公务，这一类豁免又可被称作个人性豁免。《公约》还将外交工作人员分为三类，第一类是外交代表；第二类是行政和技术人员；第三类是服务人员。并依类别赋予不同程度的特权与豁免。外交豁免和国家豁免之间有着错综复杂而又极其密切的关系。丹泽（Denza）曾指出，"外交豁免和国家豁免间的关系越来越复杂。愈发常见的是，由于国家豁免受到国内立法的限制，以反映变化的国家地位和国际法的要求，原告们发现在起诉大使或其他外交代表的同时起诉派遣国对他们越来越有好处。"[②] 这样的关系可从二者的渊源、范围以及影响中探得端倪。

（一）起源

说到二者的渊源，不得不承认外交豁免的法律制度发展得更为先进，它已从习惯法规则获得编纂，体现为1961年《维也纳外交关系公约》和1964年《维也纳领事关系公约》。这两个公约的缔约国都超过150个以上，而且大多数缔约国都在国内采取措施对两公约加以实

[①] [意]卡塞斯:《国际法》，蔡从燕等译，北京：法律出版社，2009年版，第153页。
[②] Denza, *Diplomatic Law*, 2nd ed., Oxford University Press, 1998, p. 7.

施。所以，外交豁免的法律制度已经是体系化的制度了。至于国家豁免，国际法委员会在编纂条款草案时，便争议不断。即使最后形成了《联合国国家及其财产管辖豁免公约》，也因未达到要求的缔约国数量而尚未生效。针对国家豁免，世界各国的国内立法和实践也各有不同。这证明国家在国家豁免的范围和限制等问题上尚没有达成共识。进入21世纪以来，虽然国家豁免作为国际法上的重要原则已经得到世界各国的广泛承认，但是在具体适用方面，仍存在着大量的争议。

不过，外交豁免和国家豁免在历史上有着密不可分的关系。在18世纪末以前，由于交通不便利，国际交往活动并不频繁，而且也常常是仅限于外交使节的交换。因此，在那时，外交使节是从事国际交往活动的主要代表，外交豁免制度由此而较早产生。那一时期的国家政体一般是君主制，在"朕即天下"的思想影响下，国家之间的关系便被视为君主之间的关系。由此，当时的外交使节被看作是君主的个人代表，也就是国家的代表。因而，当时的情况下，外交豁免、国家元首豁免和国家豁免之间难以区分。所以，在早期的各国实践中，实际上是将外交豁免视为国家豁免的一部分，外交豁免和国家豁免之间并没有严格的区分。外交特权与豁免是作为广义的国家豁免而最先出现的，从某种意义上来讲，外交豁免可以被认为是国家豁免的最初表现形态。[①]

（二）法律基础

如前文所述，外交豁免和国家豁免之间自产生之初便有着内在的联系，早期的案例中一般都认为外交代表的豁免等同于他所代表的国家的豁免。除此之外，外交豁免和国家豁免的目的都是保证国家公共职能的发挥。但是，二者之间毕竟存有区别。对外交代表的保护的主要目的其实是对个人的保护，因为外交代表处于另一国境内代表其国家，他具有特殊的脆弱性。如果他本人受到逮捕或拘留，承受刑事或

[①] 龚刃韧：《国家豁免问题的比较研究——当代国际公法、国际私法和国际经济法的一个共同课题》，第5页。

民事诉讼程序，抑或是他的房屋被搜查，他都不能够开展外交工作。也就是说，外交豁免所侧重的是外交代表的个人豁免。有关外交特权与豁免的理论根据，国际法学界主要有"治外法权说"、"代表性说"和"职务需要说"这三种学说。《维也纳外交关系公约》以条约的行使肯定了职务需要说和代表性说。公约指出，确认此等特权与豁免之目的不在于给予个人以利益，而在于确保代表国家之使馆能有效执行职务。公约的规定已经得到国际社会的普遍接受。①

在国家豁免法中，对于国家豁免的理论根据，也有不同的见解。具体包括"治外法权论"、"尊严论"、"礼让论"和"主权平等论"这几种学说。不过，主权平等论是目前的主流观点。

因此，国家豁免与外交豁免的法律基础不同，赋予外交代表以豁免是为了保护他们开展职务时的自由，而赋予国家以豁免是为了保证国家平等的实现。德国联邦宪法法院曾在判决中指出，"外交豁免的范围与国家豁免的范围不同，一般来说，前者的范围更广。因而，原则上国家豁免的范围的确定不能从外交豁免的范围推出"。②

所以，尽管《维也纳外交关系公约》中没有明确规定，也可得出赋予外交代表的外交豁免不代表赋予国家以同样的豁免的结论。

（三）性质

有关外交特权与豁免的规则中，大部分都是使馆或外交代表所享有的实体性的特权与豁免。比如，外交代表享有的实体性的特权与豁免包括，外交代表人身不受侵犯、外交代表的寓所和财产不受侵犯、作证义务的免除以及免纳捐税和关税等。使馆享有的特权与豁免包括，使馆馆舍不受侵犯、使馆档案文件不受侵犯、使馆通讯自由、使馆人员行动及旅行自由以及使馆免纳捐税和关税等。③

国家豁免则总体上具有程序性豁免的特点。国家豁免指的就是一个国家及其财产免受其他国家国内法院的司法管辖，即国家豁免所指

---

① 邵沙平主编：《国际法》（第二版），第377页。
② Empire of Iran, 45 ILR 57.
③ 王铁崖、田如萱：《国际法资料选编》，北京：法律出版社，1994年版，第648—650页。

向的是对司法程序的豁免，但却不是对实体义务和责任的豁免。国家豁免与法院的管辖权密切相关。国家豁免虽可使一国免于在另一国法院被起诉，却不能解除其实体义务和责任。

从以上分析可见，国家豁免与外交豁免之间既有密切联系，也有明显区别，虽然国家豁免与外交豁免被视为两个平行发展自行一体的系统，但因为它们在历史起源和本质上的密切联系，使得它们在实践中经常发生互动关系。

二、外交豁免与国家侵权行为的管辖豁免的相互作用

在实践中，国家豁免针对的是国家及其财产，而外交豁免的对象是使馆和外交人员。所以，国家豁免和外交豁免有着明显区别。不过，从广义出发，国家豁免在一定程度上包含着外交豁免的内容，因为外交使馆和代表是国家的对外机构，在本质上代表国家行使职权。因而，二者间必然存在着相互作用的关系，而这样的关系在国家侵权行为管辖豁免的问题上体现得特别明显。

德国联邦宪法法院曾在"前叙利亚大使案"（The Former Syrian Ambassador Case）中处理过这样的问题。根据《维也纳外交关系公约》，"享有特权与豁免人员之职务如已终止，此项特权与豁免通常于该员离境之时或听任其离境之合理期间终了之时停止，纵有武装冲突情事，亦应继续有效至该时为止。但关于其以使馆人员资格执行职务之行为，豁免应始终有效。"[①] 所以，外交代表的特权与豁免延续至职务终了后该员离境之时，不过第三国是否要尊重这样的延续期间，却存在模糊之处。《维也纳外交关系公约》对第三国的要求是，"遇外交代表前往就任或返回本国，道经第三国国境或在该国境内，而该国曾发给所需之护照签证时，第三国应给予不得侵犯权及确保其过境或返回所必需之其他豁免。"[②]

---

① 1961 Vienna Convention on Diplomatic Relations, Art. 39.
② 1961 Vienna Convention on Diplomatic Relations, Art. 40.

本案的案情如下：叙利亚驻德国民主共和国（German Democratic Republic）的大使曾于1983年参与到谋杀和爆炸案中。当时，有炸弹袭击了西柏林的一艺术中心，造成一人死亡二十余人受伤。据称，当时的叙利亚大使在叙利亚政府的指示下，协助了制造该次袭击的恐怖主义集团。后来，两德统一，并对前大使发出了逮捕令。上诉法院承认逮捕令有效，并称"协助爆炸活动的行为不构成上诉人作为前德国民主共和国大使的职务行为"。① 联邦宪法法院也承认逮捕令的效力，并指出"其管辖权依据来自于西德是图谋行为的发生地，也是结果发生地"。宪法法院还认为大使的行为是公务行为，因为他是在派遣国的电话指示下行事的。

有专家指出，法院应该在本案中适用国家豁免的一般规则，因为两德合并后，原叙利亚大使已经不再具有大使职务，但大使作为国家的代表可以使叙利亚在国际法中承担责任，同时大使本人可免于责任。但宪法法院不认可这样的观点，认为德国作为第三国，没有义务尊重前外交官的豁免，外交豁免是派遣国和接受国之间基于互惠协议而出现的，与第三国无关，第三国无非是要在大使通行时赋予其一定的特权与豁免罢了。宪法法院认为外交豁免和国家豁免是不同的体系，前者中具有保护外交官个人的因素。所以，法院虽然认为外交官在派遣国内的豁免是绝对的，能够使他免于任何刑事诉讼程序，却不能超出派遣国之外。因而，法院认为国家豁免与外交豁免有明显区别，拒绝适用国家豁免原则。但本案中，国家豁免与外交豁免之间的界限难以区别。

"芮思科诉哈沃尔森案"（Risk v. Halvorsen）中，原告美国公民拉里·芮思科与挪威公民伊丽莎白·安德森·芮思科于1977年结婚。在诞下两个孩子后，全家搬往挪威生活了一段时间，后来芮思科将两个孩子带到美国。1984年，伊丽莎白向旧金山高等法院提起要求两个孩子监护权的诉讼，法院判决夫妻二人对两个孩子行使共同监护权，并且禁止他们把孩子带离旧金山地区。法院还要求原告将孩子和自己的

---

① The Former Syrian Ambassador, 115 ILR 600.

护照交给拉里·芮思科。不过，7月份时，伊丽莎白在挪威官员的协助下，带着孩子回到了挪威。拉里在1988年提起诉讼，指出挪威政府及其领事官员合谋违反1984年法院的判决，为伊丽莎白和孩子们提供了旅行证件和金钱支持，还阻止拉里找到和接触孩子。联邦地区法院认为该案应适用非商业侵权例外条款，但是非商业侵权例外条款也存在例外，即自由裁量行为例外。地区法院认定案件中挪威领事官员的行为具有选择性而且也基于一定的政策考量，所以属于裁量行为，因而非商业侵权行为例外最终无法成立，法院便对该案没有管辖权。上诉法院也支持了地区法院的判决。[①]

本案中，发放证件和协助本国公民都是领事官员的职务行为，而《维也纳领事关系公约》规定，"领事官员及领馆雇员对其为执行领事职务而事实之行为不受接受国司法或行政机关之管辖"。[②] 所以，本案原告不是从领事豁免出发，而是基于领事官员的行为代表了挪威政府的行为出发，以国家豁免为理由提起诉讼。

"约瑟夫诉尼日利亚案"（Joseph v. Nigeria）中，尼日利亚政府官员被指控在尼日利亚领事馆所在地大肆破坏当地财产，美国法院认为该案也应适用非商业侵权例外，且尼日利亚政府官员的行为是纯粹的破坏行为，而非建造领事馆的政策选择的结果，所以不属于自由裁量行为，因而尼日利亚政府未被赋予豁免。[③] 本案同样是由领事官员所为的行为被归为国家的行为，从而以国家豁免的角度出发起诉。

英国法院曾在一外交官和他的妻子对孩子抚养权的纠纷案件中，拒绝赋予外交官以外交豁免，却依照国家豁免的理由拒绝了管辖权的行使。法院认为，拒绝外交豁免的理由是将孩子带出英国国境的行为是个人行为，一旦外交官离开英国国境，他便失去了外交豁免。不过，由于把孩子带出国境是派遣国的命令，尽管派遣国不是诉讼的当事方，但是外交官仍然由此而享有国家豁免。斯蒂夫·布朗（Stenphen Brown）爵士在判决中称，"国家豁免一般适用于以外国国家为被告

[①] Risk v. Halvorsen, 936 F. 2d 393(9th Cir. 1991).
[②] 1964 Vienna Convention on Diplomatic Relations, Art. 43.
[③] Joseph v. Nigeria, 830 F. 2d 1018, 1026(9th Cir. 1987).

的案件。但是，上诉法院在'布罗班德金融控股有限公司诉西盈案'（Propend Finance Pty. Ltd. v. Sing）中指出，国家的代表将由于他的行为的主权或政府性质而享有豁免。因此，可能会有外交代表同时享有外交豁免和国家豁免的情况。这样的豁免是不一样的。"①

追溯到国家侵权行为的管辖豁免问题的来源，可发现，起初限制这类案件的豁免，主要是针对交通事故案件，防止外国外交代表交通肇事后，由于外交豁免的理由免于诉讼，造成受害人无法获得司法救济的结果。对外国国家侵权行为进行管辖的先例也大多与外交代表及其家属的交通事故案件有关，比如1961年的"郝鲁白克案"涉及的是美国大使馆汽车撞坏奥地利公民的汽车；1966年的"辛尼格里奥诉印度尼西亚大使馆和洲际保险公司案"（Ciniglio v. Indonesian Embassy and Compagnia di Assicurazioni Interconitentali）与印尼大使馆车辆的交通事故有关。由此可见，国家豁免和外交豁免在国家侵权行为的管辖豁免问题上很早就发生了互动。

三、结论

外交豁免和国家豁免由两个独立的法律体系加以调整，是两个不同的法律制度。不过，鉴于它们在历史起源上的紧密结合和实践中的密切关系，它们之间的相互作用体现得越来越明显。在对外国侵权行为的管辖问题上，这样的作用关系体现得淋漓尽致。因为，起初限制外国侵权行为的国家豁免的理由就是为了应对外交代表在交通事故案件后以外交豁免为由免于被诉，而造成法院地国的个人无法获得司法救济的结果。这样，虽然外交代表本人因外交豁免的关系在法院地国不得被诉，但是外交代表的派遣国却可以因国家豁免的例外而在法院地国被诉。这样的一种"代位诉讼"现象值得探讨。

虽然针对外国侵权行为的管辖豁免问题有很多争议，但是对于交通事故案件却又有一致的认识。从国际法委员会拟定国家豁免条款草

---

① P v. P, [1998] LR 119.

案时的讨论来看，各个国家对于外交代表的交通事故案件可由国家代为被诉的情况未表示反对，证明对国家豁免的限制也可能影响到外交豁免。这是因为，无论从条约法还是从习惯法的角度来看，都没有说明外交豁免会影响国家豁免的适用，或者相反。因为外交代表本身也是国家外交机构的一部分，也代表国家从事公共事业，那么外交代表与国家之间有密切联系，外交代表可能既以个人行为享有外交豁免，又以国家代表的资格享有国家豁免；与此同时，也可能出现外交代表以个人行为享有外交豁免，但是国家却不能因此而享有国家豁免的情况，交通事故的案件即为例证。

因此，根据国家豁免法，在外国外交代表于法院地国侵权的案件，非以外交代表本人为被告，而以外国国家为被告，如果各项条件都符合，那么是会得到支持的。这体现了外交豁免与国家豁免之间的互动，是一个值得研究，同时在实践中具有很重要作用的现象。

第二节　国家侵权行为的管辖豁免与国家责任

《联合国国家及其财产管辖豁免公约》第12条"人身损害和财产损害"中，规定"除有关国家间另有协议外，一国在对主张由可归因于该国的作为或不作为引起的死亡或人身伤害、或有形财产的损害或灭失要求金钱赔偿的诉讼中……不得向另一国原应管辖的法院援引管辖豁免"。这样的做法是将国家责任制度这种传统的处理国家侵权责任的方式作为首选。[①]"除有关国家间另有协议"意味着如果法院地国和被诉的外国国家之间达成协议，那么个人通过法院地国法院诉讼而获得救济的可能性就丧失了。通过国家间协议解决争议的方式是传统的国家责任制度中的争端解决方式，它与法院地国限制侵权行为的管辖豁免的做法形成了鲜明的对比。下文将对国家责任制度与国家侵权行为的管辖豁免在实践中相互作用与关系进行深入分析。

---

① Hazel Fox, *The Law of State Immunity*, p. 315.

一、国家责任制度概述

在任何法律体系中，违背有效的法律义务通常都引起责任。① 国际法体系当然也是这样，国家作为国际法体系中最重要的主体，它的违法行为当然可能引起责任。所谓的国家责任（resposibility of state）是国家的国际不法行为所引起的法律后果。② 国家责任又称为国家的国际责任（international responsibility of state）。它不同于一国对另一国的不礼貌或不友好行为引起的政治责任或道义责任，也不同于国际法不加禁止的行为所产生损害性后果的国际责任（international liability）。③ 具体说来，不遵守一项国际义务即构成国家的国际不法行为，引起该国的国际责任，由此对该国产生某些法律后果。④

国家责任的范围是随着国际法的发展而发展的，呈现出了逐渐扩大的趋势。在传统国际法中，国家责任仅针对一国对位于其境内的外国人造成损害时的责任。1930年，国际联盟在国际法编纂会议上一致通过的关于国家责任条款草案中规定，"如果由于一国国家机关未能履行该国的国际义务，而对位于其领土内的外国人的人身或财产造成损害，则引起该国的国际责任。"⑤ 1963年，国际法委员会国家责任小组委员会主张国家责任条款草案应包括关于国家责任的一般规则，不能局限于外交保护。⑥ 自此，国家责任概念已经突破了原有的限制，不再仅仅局限于对外国人的伤害，而是演进成为一个一般性或综合性的概念，也就是国家违反其国际义务的责任。这一观念也成为国际法委员会编纂国家责任法的基础。

国际法委员会二读通过的《国家对国际不法行为的条款草案》以

---

① John O'Brien, *International Law*, Cavendish Publishing Limited, 2001, p.361.
② 从广义上说，国家责任包括国家的国际不法行为和国际法未加禁止的行为所引起的法律后果。因考虑到与研究主题的相关性，本书仅从狭义角度研究国家责任，即国际不法行为的国家责任。
③ 邵沙平主编：《国际法》（第二版），第247页。
④ 詹宁斯、瓦茨修订：《奥本海国际法》（第一卷第一分册）第401页。
⑤ 《1956年国际法委员会年鉴》，第2卷，第225页。
⑥ 《1963年国际法委员会年鉴》，第2卷，第227—259页。

编纂和逐渐发展的方式拟订了关于国家对国际不法行为的责任的国际法一般规则。①《条款草案》受到了各国政府的广泛关注和支持,尽管称不上普遍支持。它的某些部分(如一国严重违反依一般国际法强制性规范承担的国家责任)仍存争议,但其他部分已经是习惯国际法了。②

引起国家责任必须满足两个基本要素,《国家对国际不法行为的条款草案》的第2条"一国国际不法行为的要素"规定,"一国的国际不法行为在下列情况下发生:

(a)由作为或不作为组成的行为依国际法归于该国;并且

(b)该行为构成对该国国际义务的违背。"③

至于什么是国际义务,《条款草案》第12条规定,"一国的行为如不符合国际义务对它的要求,即为违背国际义务,而不论该义务的起源或特性为何。""不论其起源为何"的表述,包括了国际义务的所有可能渊源。所以,国际义务可能起源于国际习惯法、条约或一般法律原则,国家还可能通过单方面行为承担国际义务。④至于什么行为可归于国家,在不同情况下,国家机关的行为,国家元首、政府首脑和外交使节的行为,国家官员的行为,经授权行使政府权力要素的实体的行为,交由一国支配的机关的行为,越权或违背指示的行为,叛乱运动或其他运动的行为,私人的行为都有归于国家的可能性。

二、国家责任制度与国家侵权行为的管辖豁免在适用上的区别

国家责任制度由国家责任法律体系加以调整,而国家侵权行为的管辖豁免问题则是国家豁免制度的问题之一,二者之间应该有着泾渭分明的区别。以下是从理论出发,得出的国家责任制度与国家侵权行为

---

① 赵建文:《国际法上的国家责任》,中国政法大学2004年博士学位论文,第13页。

② Robert McCorquodale & Martin Dixon, *Cases and materials on international law*, 4th edition, Oxford University Press, 2003, p.408.

③ U. N. Doc. A/RES/56/83.

④ Guiding Principles applicable to unilateral declarations of States capable of creating legal obligations, 2006. U. N. Doc. A/61/10.

的管辖豁免的区别所在。

（一）调整的法律不同

国家责任是国家因从事国际不法行为而承担的国际法律责任，国际不法行为是构成对该国国际义务的违背的行为，且不以义务的起源或特性为限。国家责任是国际法上的问题，所以又称作国家的国际责任。胡伯（Max Huber）在"摩洛哥的西班牙区求偿案"（The British Claims in the Spanish Zone of Morocco Case）中也曾指出，"所有国际性质的权利都涉及国家责任"。[①] 因此，国家责任的国际性不容置疑。国家责任的所有问题都由国际法调整。

而与之相对的，一般来说，侵权行为指的是因故意或过失不法侵害他人的权利，造成损害结果的行为。侵权行为是违反一国国内法的行为，况且不论是国内立法还是国际公约，都对外国侵权行为与法院地国的领土联系有要求。法院地国法院对外国侵权行为行使管辖权的依据一般是侵权行为发生在法院地国。在审理国家豁免的案件时，法院地国是依据国内法律加以判决的。

（二）主张权利的主体不同

当一国违背国际义务时，受害国和其他国家得采取措施以使其停止违法行为并获得赔偿。一国违背国际义务的行为，其影响可能仅限于责任国与受害国的双边关系，也可能具有区域性或国际性的影响。《国家对国际不法行为的条款草案》规定受害国得援引国家责任；[②] 在特定情况下，受害国以外的国家也得援引国家责任。[③] 所以，国家责任

---

① United Nations Reports of International Arbitral Awards, Vol. 2, p. 641.
② 《国家对国际不法行为的条款草案》第42条规定，一国有权在下列情况下作为受害国援引另一国的责任：(a)被违背的义务是个别地对该国承担的义务；或(b)被违背的义务是对包括该国在内的一国家集团或对整个国际社会承担的义务，而且该义务的被违背特别影响到该国；或根本改变了作为该义务当事方的所有其他国家在继续履行该义务上所处的地位。
③ 《国家对国际不法行为的条款草案》第48条第1款规定，如果符合下列条件，受害国以外的任何国家有权对另一国援引责任：(a)被违背的义务是对包括该国在内的一国家集团承担的、为保护该集团的集体利益而确立的义务；或(b)被违背的义务是对整个国际社会承担的义务。

的援引主体都是国家,不包括个人。

国家豁免法中所规定的不享有豁免的外国国家侵权行为则是由受害人个人向法院地国法院主张权利,它是将跨国争议提交另一国法院处理,是个人权利与国家之间的碰撞。对外国侵权行为的管辖豁免加以限制的原因主要是在于保护公民的合法权益。在涉及外国侵权行为的案件中,侵权行为发生地国法院是处理争议的最方便法院,通过国内民事诉讼的途径解决跨国侵权行为,对受害人直接获得赔偿具有重大意义。

(三)承担责任的方式不同

一国的国际不法行为所引起的法律后果是责任国有停止不法行为的义务和对国际不法行为所造成的损害提供充分赔偿的义务。[①]《国家对国际不法行为的条款草案》所规定的责任承担方式有继续履行(Continued duty of performance)、停止和不重复(Cessation and non-repetition)以及赔偿(Reparation)。[②] 赔偿的形式又包括恢复原状(Reparation)、补偿(Compensation)和抵偿(Satisfaction)。[③]

国家豁免法中所规定的不享有豁免的外国国家侵权行为所侵犯的是公民的人身权利和财产权利,通常是国内法院判决以赔偿损失的方式使外国国家承担责任,国内法院判决赔偿损失只限于金钱损失,绝对不包括抵偿这种责任承担方式,从这一点,便能体现二者的不同。抵偿可采取承认不法行为、表示遗憾、正式道歉,或另一种合适的方式。[④] 国家责任制度中,责任国承担责任的方式包括抵偿,这证明国家责任是两个国家或多个国家间的关系的体现,通常国家责任的承担是在国际性司法机构判决决定的。在国家豁免法所处理的领域,国内法院不可能判决另一国用抵偿的方式来承担责任,因为这样会违反国家平等的原则。

---

① 赵建文:《国际法上的国家责任》,第115页。
② 《国家对国际不法行为的条款草案》第29—31条。
③ 《国家对国际不法行为的条款草案》第35—37条。
④ 《国家对国际不法行为的条款草案》第37条。

总体而言，国际法中的国家责任和国家豁免法中外国国家对某些侵权行为所承担的责任是具有相似性的，它们都涉及国家所承担的责任。不过，前者是国家违反其国际义务而承担的责任，后者则是国家违反法院地国国家国内法而承担的责任。虽然国家责任制度中违反的国际义务的来源可以多样，但是一国国内法无论如何也不能直接称为国际义务，除非是那些反映国际习惯法的部分。因而，更准确地说，国际法中的国家责任是国家的国际责任；国家豁免法中国家所承担的责任是国家因国内法而承担的国内责任。

所以，国家豁免法所规定的外国国家侵权行为发生于法院地国内的领土联系要求将国内法中的不法行为和国际法中的国家责任相区别。[①] 外国国家在另一国所从事的侵权行为本身并不涉及国家责任，除非侵权行为受害人得到本国的支持，使本国行使外交保护，从而将个人与国家间的争端升级为国家与国家间的争端，最终将国内责任演变为国际责任。

举例来说，B 国驻 A 国一使馆参赞在 A 国驾车出行时，因违反了 A 国交通法规而发生了交通事故，造成 A 国公民受伤，A 国公民遂在该国法院起诉 B 国，要求 B 国对其外交代表所造成的侵权行为结果承担责任。那么，在这样的情况下，B 国所承担的并不是国际法中的国家责任，因为 B 国外交代表只是违反了 A 国的交通法规，而不是 B 国所承担的国际义务。所以 B 国承担的是根据 A 国法律而应承担的责任。这种案件是常见的外国国家侵权行为的案件类型。

三、国家责任制度与国家侵权行为的管辖豁免的相互作用

正如前文所一再强调的，国家豁免法在处理外国国家侵权行为时，一般对领土联系要求比较严格。这样，国家责任制度便能与国家侵权行为的管辖豁免问题保持互不干扰的有序状态。

---

① Hazel Fox, *The Law of State Immunity*, p. 315.

但是，随着国际人权理念的普及和恐怖主义活动的肆虐，人们试图将一些违反国际法的侵权行为诉诸国内法庭，比如一国违反国际法实施酷刑的行为，虽然发生在本国国内，但仍可能被侵权行为受害人起诉到另一国法院。前文所讨论的"阿德萨尼案"就是例证。

双重国籍人（英国和科威特籍）阿德萨尼是在科威特境内受到科威特政府工作人员施加的违反国际法的酷刑，却在英国提起诉讼，要求科威特赔偿他因受肉体和精神折磨而遭受的损失。如果在国家豁免法中找到突破口，那必然是要考虑侵权行为的例外，不过这种情况却无法满足领土联系的要求。英国法院拒绝了阿德萨尼的诉讼请求。阿德萨尼遂在欧洲人权法院起诉英国政府，称在其针对科威特政府提起的诉讼审理完毕后，他被禁止进行诉讼，这种做法构成了对《欧洲人权公约》中获得司法救济权利的违反。欧洲人权法院指出，虽然禁止酷刑的极端重要性被承认，但法院并未由此发现国际法上也已接受了这样一种观点，即在因被指控在法院地国以外实施酷刑行为而被提起的损害赔偿民事诉讼中，有关国家无权享受豁免。①

这起案件反映出了国家责任和国家侵权行为的管辖豁免之间的复杂关系。本案中，科威特在本国境内对具有本国国籍的公民实施了酷刑行为。1975年《保护人人不受酷刑宣言》将一个国家对其国民的酷刑行为也作为危害国际社会的国际犯罪对待。② 酷刑作为严重违反《联合国宪章》基本原则和侵犯人权的国际犯罪，当然属于违反国际法的行为，而一国违反一项国际义务即构成国家的国际不法行为，引起该国的国际责任。这样说，本案中科威特应为其实施酷刑而违反国际法的行为承担国家责任，国家责任应该通过国际法来调整。但是，本案的当事人却希望通过在另一国法院对科威特提起诉讼的方式，也就是将本应国家责任制度解决的问题，转由国内法院通过国内法途径解决，这样的做法是否妥当呢？

国家侵权行为的管辖豁免问题的特点在于将外国国家在一国境内

---

① [意]卡塞斯：《国际法》，第43页。
② 邵沙平：《国际刑法学——经济全球化与国际犯罪的法律控制》（修订版），第197页。

实施的侵权行为带来的损害赔偿问题交由该国法院处理，不论侵权行为的性质为何。但如果将外国国家在其本国境内实施的侵权行为带来的损害赔偿问题交由另一国法院处理，那就构成了域外管辖权的行使问题，而且这种管辖权的行使是越权的，是对外国国家本身管辖权的侵犯。外国国家愿意将在另一国境内实施的侵权行为的损害赔偿问题提交给另一国法院处理，这是对另一国的领土管辖权的尊重，那么，当然，外国国家也会希望由本国处理在本国领域内行使主权所造成的侵权损害赔偿问题。国家侵权行为的管辖豁免的出发点本来是处理在法院地国内发生的交通事故的损害赔偿问题，这不能为一国法院审理另一国在其境内实施侵权行为的损害赔偿诉讼提供理由。①

因而，从国家责任制度和国家侵权行为的管辖豁免问题的关系出发，将另一国在本国境内实施的侵权行为带来的损害赔偿问题交由另一国法院处理的做法没有法律基础。这是将本应由该国自己处理或通过国家责任制度处理的问题转移处理。总而言之，国家责任是国家违反国际法义务而承担的责任，是国家间的关系的体现；外国国家侵权行为的管辖豁免问题是国家违反法院地国国内法而承担的责任，是个人与国家间关系的体现。由此，如果是"阿德萨尼案"那样的情况，科威特违反了国际法，违背了尊重基本人权的国际义务，那么应该通过科威特承担国际法上的国家责任的途径解决问题。在欧洲人权法院对"阿德萨尼案"的判决中，也提到科威特的侵权人权行为是发生在法院地国之外的，而且国家违反国际法的行为是由国家责任法来解决，而非通过国内法院的域外管辖权的延伸而解决的。②

四、结论

国际法中的国家责任和国家豁免法中外国国家对某些侵权行为所承担的责任都是国家应承担的责任，所以必然有类似的地方。由于在

---

① Hazel Fox, *The Law of State Immunity*, p. 319.
② Al-Adsani v United Kingdom, 34 E.H.R.R. 11 (2002).

实践中对这两个问题的认识上存在混淆，造成将很多应由国家责任制度解决的问题改由国内法院来处理的趋势。这样是对国家责任制度和框架的过度突破。

国际法中的国家责任是国家违背国际法上的义务而应承担的责任，国际法上的义务的来源很多，可以是条约义务，也可以是习惯国际法的义务，抑或是单方声明而产生的义务。与此相反，国家豁免法中外国国家对某些侵权行为所承担的责任是外国国家违反法院地国国内法而应承担的责任，如对交通管理法规和人身安全注意义务的违反等等。

国际法中的国家责任体现了国家与国家间的关系；而国家豁免法中外国国家对某些侵权行为所承担的责任体现的是公民与国家之间的关系。所以，不可等同视之，否则结果便是国家在武装冲突中的违反国际人道法的行为和平时违反国际人权法的行为，都可以由另一国法院加以管辖，这样既是对国家平等原则的突破，也是另一国法院管辖权的不合理扩张。毕竟，国家责任要通过外交协商或者国际性司法或仲裁机构裁判的方式加以解决，争端当事国本身不能作为国家责任的裁决人。

在实践中，由于案情复杂，如何区分国际法中的国家责任和国家豁免法中外国国家对某些侵权行为所承担的责任，确实是个问题。较为简单明了的区分方法是，国家责任法在适用时，一般要首先用尽当地救济，需要侵权行为受害人的国籍国出面，最终在外交或国际司法方式下解决问题；国家豁免法在适用时，要求外国侵权行为与法院地国有领土联系，最终以国内法院判决的方式解决问题。

第三节 国家侵权行为的管辖豁免与外交保护

国际法学家瓦特尔（Emmerich de Vattel）于1758年指出，"无论谁虐待一公民，均间接损害须保护该公民的国家"。① 这样的表述将对公民的损害看作是对公民所属国的损害，这实际上是一种法律拟制或虚拟，所以这句话被称作"瓦特尔拟制"（Vattel Fiction）。"瓦特尔拟制"得到国际法学者的认同，认为这是外交保护的法理基础。

外国国家的侵权行为也是对公民的损害行为，在特定情况下，可以直接由法院地国法院受理并审判，这样就是由受损害的个人直接对外国国家求偿。目前，还出现了在完全不存在领土联系的案件中，国内法院行使对外国国家在本国境内从事的侵权行为的管辖权的做法，这是否会影响外交保护制度本身发挥作用呢？这是有待澄清的问题。

一、外交保护制度概述

现代意义上的国家出现后，有了国家对个人的法律定位，外交保护才在国际公法上有了较为明确的定义。② 传统国际法中，外交保护的法律基础是"瓦特尔拟制"，即将外交保护看作是一项国际权利。虽然外交保护的行使是基于公民权利受损的事实，但只有当公民权利受损被视为是对公民本国的损害时，才会产生外交保护的权利。这样说来，外交保护是国家在属人管辖权基础上行使的一种主权权利，是将公民与外国国家之间的关系升级为本国与外国国家之间的关系。

如今，对外交保护的法律基础有了新的认识。国际法委员会在《外交保护条款草案》中评论道，"对公民的损害意味着对国家本身的损害的说法是虚拟而夸大其词的。外交保护的许多规则都否定了这种虚拟的正确性……一国并不只是出面维护国家的权益，事实上也维护公民的权利"。③ 这样，虽然外交保护的国家权利性质未被否认，却也证明在国际人权法蓬勃发展的今天，外交保护应包含捍卫主权和保护

---

① Emmerich de Vattel, *The Law of Nation or the Principles of Natural Law Applied to Conduce and to the Affairs of Nations and Sovereigns*, Vol III, T. & H. W. Johnson, 1758, p. 136.

② Edwin M. Bochard, *The Diplomatic Protection of Citizen Abroad*, The banks law publishing co., 1915, p. 3.

③ U. N. Doc. A/64/10.

人权的双层含义。

王铁崖先生曾指出，"如果是个人或法人的利益受到侵害，并因此而引发国家责任，那么在国际法上受害者的求偿资格问题就引起复杂的情况。根据传统的国际法实践，一般是受害者的所属国，即国籍国，有资格出面进行外交干预，对其本国国民或法人给予外交保护，对其所遭受的损失要求行为国承担责任，给予赔偿。"[①] 这说明外交保护与国家责任之间有密切关系。外交保护通常是国家责任发生后，要求对方国家承担责任的一种方式。

周鲠生先生认为，"外交保护泛指一国通过外交途径对在国外的本国国民的合法权益所进行的保护。一国对于其他国家保护本国侨民的权利的损害，构成了国际侵权行为……因此，外交保护是将私人与国家之间的关系上升到国家与国家之间的冲突。"[②] 外交保护一般针对的是位于外国的本国公民受外国国家损害的情况。其实，在传统的国际法理论和实践中，国家责任仅指东道国对外国侨民造成损害时的责任。

传统国际法理论认为，一国要行使外交保护权，一般要具备三个条件：1. 受害的海外公民持续地保有保护国的国籍；2. 受害的海外公民遭受所在国的不法侵害；3. 受害的海外公民已用尽当地救济。从这三个条件中，可以看出侵害性质的转变。海外公民本来受到的不法侵害可以通过所在国的各种国内救济方法解决，不过，当所在国拒绝司法或救济途径用尽而无法获得救济时，所在国的行为便成为国际不法行为，因而应承担国际法上的国家责任，那么，海外公民的本国便可通过行使外交保护权来援引国家责任。

不过，随着国际形势的发展变化，当代外交保护制度也有了明显的变化趋势。其中较为明显的一点便是外交保护权行使的三个严格条件有了松动趋势。这三个条件出现了一些例外，例外反映了对个人权利保护的侧重。

外交保护制度中，既包括初级规则，也包括次级规则。其中，初

[①] 王铁崖主编：《国际法》，北京：法律出版社，1995年版，第158页。
[②] 周鲠生：《国际法》（上册），北京：商务印书馆，1981年版，第283页。

级规则方面涉及外国人待遇这一国际法的基本问题,而各国有关外国人待遇的规定见于国际条约和国内法规定中。违反这些规则,可能引起求偿问题。但是这是一个极其复杂的问题,往往要结合一国的政治经济和外交体制来进行考虑,所以国际法委员会所编纂的《外交保护条款草案》只涉及次级规则部分,也就是规定满足何种条件才可以提起外交保护诉求的规则。①

二、外交保护与国家侵权行为的管辖豁免在适用上的关系

早期的国家责任仅指东道国对外国侨民造成损害时的责任,这样的责任要通过外交保护的途径援引。自20世纪初以来,西方国家主张一国无义务接纳外国人,但一旦接纳,就对该名外国人的国籍国负有义务,须以最低国际标准对其人身或财产提供保护。②这样的理念一直影响联合国成立初期的立法活动,因而国际法委员会从1955年开始对国家责任制度进行编纂时,最初阶段沿用的还是对外国人的保护的国家责任概念。③不过,伴随着国际法的逐步发展,国家责任的范畴不断延伸,外交保护所引起的国家责任只是国家责任制度的一部分。这样,在《国家对国际不法行为的责任条款草案》的编纂过程中,国际法委员会决定将求偿国籍和用尽当地救济这两个部分留待委员会单独开展工作,而外交保护中涉及的国际不法行为等问题可直接适用《国家对国际不法行为的责任条款草案》中的条款。由此可见,外交保护与国家责任的关系十分密切,当国家行使外交保护权时,一般情况下,对方国家的国家责任已经产生。外国国家侵权行为的管辖豁免问题只是国内法院对于外国国家违反国内法的侵权行为行使管辖权,这样的行为通常并不属于违反国际法而将引起国家责任的行为。所以,外交保护与国家侵权行为的管辖豁免问题在处理问题的对象上一般是不重

---

① 联合国国际法委员会《外交保护条款草案》前言,评注第2段。
② 万霞:《外交保护制度研究》,第93页。
③ 贺其治:《国家责任法及案例浅析》,北京:法律出版社,2003年版,第2页。

叠的。

具体说来，在主张权利的主体方面，外交保护是一项国家基于属人管辖权而所有的主权权利，所以必然由国家行使。国内法院对外国国家侵权行为行使管辖权则是在公民起诉的情况下，所以公民是主张权利的主体；在侵权行为发生地的问题上，外交保护一般针对的是东道国对位于本国的海外公民造成的侵害，所以这样的行为通常是发生在东道国的。而国内法院对外国国家侵权行为行使管辖权的基础是领土管辖权，侵权行为应该发生在法院地国；在受害人的国籍方面，外交保护所指向的是一国的海外公民，而发生于法院地国的外国国家侵权行为的受害人不须具有指定国家的国籍；在用尽当地救济方面，行使外交保护权之前，受害人应用尽当地救济。而由于外国国家侵权行为只是发生在法院地国内，所以无所谓用尽当地救济。

但是，在争议很大的违反国际法的侵权行为案件和恐怖主义活动案件中，却出现了这二者之间的冲突。就这些案件而言，由于其中涉及的行为违反了一国的国际法义务，由此引发了国家责任，而且这种行为一般发生在法院地国之外，所以用尽当地救济也要引入考虑之列。这样的案件能否径行抛开外交保护，而作为国家豁免的限制事项在另一国法院通过国内程序加以解决呢？

美国的立法和实践将引发人们的思考。美国《外国主权豁免法》中的"恐怖活动例外"赋予美国法院对被指定为"支持恐怖活动的国家"所实施的恐怖主义行为直接行使管辖权的权利，而不论该行为发生在何地。虽然这条例外中要求"请求人依国际仲裁协定提供该外国一个合理的机会仲裁"，从一定程度上体现了用尽当地救济的存在，但只是限于仲裁，而未对其他方式加以说明。所以，它是对外交保护的弃之不顾。

有这样做法的原因其实比较明显，外交保护有其弊端存在。外交保护所能达到的结果是至今为止未被深入研究的领域。外交部门间所达成的大规模的协议旨在追求国家利益多于追求个人利益。所以，受害者能在多大程度上从外交保护中获益实属未定。况且基于国家利益的考虑，外交保护并不会轻易行使，如果受害者得不到国家的支持，那么他将如何追求个人利益的实现？再者，在政府支持的侵犯人权或恐怖主义活动案件中，当地救济显得用处不大。①

通过国内法院行使管辖权的方式，当然可以使案件能够较为快捷地处理，相对来说会比较有利于公民利益的实现。然而，本来应通过外交保护的途径来解决的案件，不通过外交和国际司法或仲裁的方式解决，而是由国内法院处理，这等于是剥夺了另一方当事国通过其他方式解决问题的权利，而且由国内法院处理此类案件也是对对方国家平等权利的不尊重。

三、结论

外交保护与国家侵权行为的管辖豁免都是在个人受到国家损害的情况下，通过一定的方式达到对个人的保护，不过前者是将个人与国家间的争议演化为国家间的争端，从而通过国家间外交或司法等途径解决；后者是通过在国内法院中将国家直接作为被告的方式来解决争议的，所以是由一国法院处理国家与个人之间的平等关系。在什么情况下，外国国家与个人可以处于平等的地位呢？在外国国家侵权行为的视角下，法院地国法院对外国国家行使管辖权的法律基础是领土管辖权，也就是说，只有在侵权行为或结果发生在法院地国的情况下，法院地国才可以对外国国家行使管辖权。外交保护所针对的是海外公民，是位于他国领土而受损害的公民，所以才有用尽当地救济的要求。总体而言，外交保护和限制外国国家侵权行为豁免所针对的不是一类的情况。从源头上来说，正是由于外交保护所不能够涵盖外国国家侵权行为造成损害的所有情况，才会通过限制外国国家的豁免的方式来保护个人的权利，这也是国家侵权行为的管辖豁免的理论基础——领土管辖原则和方便法院原则的要旨。

---

① Hazel Fox, *The Law of State Immunity,* Oxford University Press, 2005, p. 521.

表2　外交保护与国家侵权行为的管辖豁免在适用上的区别

名称	理论基础	保护对象	行使条件	特点	争议解决方式
外交保护	瓦特尔拟制→国家主权和保护人权	位于侵害权利的外国境内的本国公民	持续国籍、用尽当地救济、海外公民遭所在国侵害	将私人与国家间的争议演化为国家间的争议	外交谈判达成协议、国际司法或仲裁
国家侵权行为的管辖豁免	领土管辖权和方便法院原则	位于法院地国境内的遭受任何其他外国国家侵害的任何公民	侵权行为或结果发生在法院地国内等	在国内法院处理私人与国家间的争议	国内法院判决

从表2可见，不同的行使条件使得外交保护和国家侵权行为的管辖豁免几乎不可能适用于同样的案件，限制国家侵权行为的管辖豁免在实际上起到了填补外交保护的保护空白的作用。因为本国的海外公民有可能并非受所在国侵害，而由第三国施加侵害；位于本国的公民也有可能受到外国国家的侵害。这两种情况是外交保护所无法涉及，而由国内法院加以管辖又比较妥当的例子。

当然，外交保护和国家侵权行为的管辖豁免的区别也不是泾渭分明的，否则便失去了讨论的意义。实践中，在两种情况下，二者间会发生关系，甚至出现后者替代前者的趋势。第一种情况是侵犯人权的案件，该类案件的特点是，本国公民在外国受到该国的酷刑或其他虐待，这本来应是外交保护的范畴，但由于外交保护的政治性较强，而且难以预期后果。个人的利益往往要从属于国家政策的考虑。所以，本国公民会选择在本国法院内进行诉讼，要求法院以侵权行为例外拒绝给予对方国家以豁免地位，最终通过国内法院诉讼的方式得到赔偿。由于这样的案件显然不符合侵权行为例外对领土联系的要求，法院一般不会认可侵权行为例外可适用。这样，当事人又往往提出"规范等级论"，即保护人权的国际法规范是强行法，而国家豁免规则则不是，所以前者优先适用。在以前的案件中，可以看出欧美国家的一些法官对规范等级论加以接受的趋势，这是值得我们警惕的现象。第二种情况是美国《外国主权豁免法》所规定的恐怖活动例外，根据该项例外，如果美国公民受到被列入支持恐怖活动的国家的恐怖袭击，则即使恐怖袭击发生在支持恐怖活动国家的境内，也可以在美国法院获得救济。这也是将原本由外交保护所处理的问题移交国内法院。

不过，这两种情况在理论和实践中都不符合现行国际法的要求。它们不仅突破了外交保护的固有领域，也超越了国家侵权行为的管辖豁免的范畴。从理论上看，这两种情况都不符合国家侵权行为的管辖豁免的理论基础——领土管辖原则和方便法院原则——的要求，也不符合各国立法和国际条约中对侵权行为例外所做的领土联系的限制；从实践上看，这两种情况往往是欧美国家的一种单边主义做法。这样的情况几乎都是发生在欧美国家法院，恐怖活动例外更是将不同的国家区别对待，显然不符合国家平等的原则。所以它更多的是借助政治强力才能实现的一种情况，并非一种公平的现象。如果一直这样下去，似乎国家豁免也要成为"西方文明国家"所独有的规则。因而，这两种情况其实是应该反对的现象，目前只是见于少数一些国家，它们不符合现行国际法的原则和规则，应该进行否认。

第四节 国家侵权行为的管辖豁免与商业活动的管辖豁免

纵览有关国家豁免的国家立法和国际条约，显而易见的一点是所有法律文件都是将国家享有豁免作为原则，在此基础上，有若干项国家不享有豁免的例外或不得援引国家豁免的诉讼。不论是哪一国的立法，也不论是哪一公约，一般都把商业活动列为第一项不得享有豁免的例外。其次才是侵权行为和雇佣合同以及知识产权等。从这表面现象便足见商业活动例外的重要性。

究其根源，应该不外乎以下两点，第一，限制豁免论的理论框架赋予商业活动例外极大的重要性。限制豁免论将国家的行为划分为主权行为和非主权行为，非主权行为又可被称为管理权行为或私法行为。从实践出发，国家从事的非主权的行为，大多都是商业行为，所以，有时人们会通俗地将商业行为这一词代替非主权行为；第二，商业活动的范畴极为广泛，几乎任何私法上的行为都或多或少的带有商业活动的性质。比如，国家与私人签订雇佣合同的过程就可能带有商业活动的性质，但是雇佣合同却是自成一体的例外条款；侵权行为会给私人带来人身或财产损失，但国家从事商事活动时，也可能给对方当事人造成损害。

所以，如何区分商业活动例外的条款与其他例外条款就变得很重要。特别是在实践中，如果向法院对某一国家提起诉讼，须主张其不享有国家豁免，鉴于国家豁免是基本原则，那就必得从国家豁免的例外中找出突破口，这时，究竟是主张国家从事的是侵权行为，还是商业活动从而不得享有豁免，就变成案件能否得到审判的关键。在美国，长期存在的现象是，如果当事人主张被告国家不得享有豁免的理由是某项例外，但法院却认定该项例外不适用时，往往不会主动地再认定是否可以适用其他例外条款，那这就意味着当事人在起诉时务必对条款适用准确。所以，这就是一个实践性很强的问题。为了准确地定义侵权行为例外和商业活动例外的关系，需要从法律条款分析与案例分析的角度入手，为实现分析的准确度，需要限定分析目标。所以，下文将以美国的立法和司法实践为分析对象，以期起到抛砖引玉之效。

一、立法规定

《外国主权豁免法》第1605节第1条规定，"在下列任一情况下，外国国家在美国联邦法院或州法院都不享有管辖豁免：……（2）诉讼是基于外国国家在美国进行的商业活动提起的；或基于外国国家在美国的行为提起，而该行为与外国国家在美国境外的商业活动有关；或行为虽发生在美国领土外，但与外国国家在美国境外的商业活动相关，且对美国发生直接影响。"[①] 这就是《外国主权豁免法》所规定的"商业活动例外"。

---

① 《美国法典》第28编"司法制度和审判制度"，第4部分第85章第1605节。

由该条规定可见，美国法院如欲对外国国家的商业活动行使管辖权，则必须首先确定案中所涉行为是商业活动，之后再确定其是否与美国领土有关系并且会否对美国领土造成影响。如果不能做出上述结论，外国国家便享有豁免。

《外国主权豁免法》第1603节第4条规定："商业活动"指通常的连续的商业行为或特定的商业交易或行为。确定活动的商业性质，应考虑连续的商业行为或特定交易或行为的性质，而非交易的目的。由此可见，《外国主权豁免法》以性质标准而非目的标准区分行为的性质。在审议《外国主权豁免法》的这一条款时，国会中有很多争议，认为很难对商业活动下一个完备的定义，所以，国会意欲指出的是国家的行为像在一个光谱图上一样，有一端是商业行为，另一端是政府行为，商业活动所包含的范围非常广泛，其余的问题可能要由法院来处理。[①]

《外国主权豁免法》第1605节第1条第5款规定，"第2款未涵盖的其他情形，如因人身伤害、死亡、外国国家或其官员、雇员在其职权或雇佣范围内的侵权行为或不行为造成财产在美国境内的损失或丧失而向外国国家索赔；本条不适用下列情形：（a）对方当事人诉讼请求的提出是基于被诉外国国家行使、履行或未能行使、履行自由裁量权，不论该自由裁量权是否被滥用，或（b）对方当事人诉讼请求的提出是基于恶意控诉、滥用法律、污蔑、诽谤、诈称、欺骗或干预合同权利。"由于《外国主权豁免法》第1605节第1条第2款就是"商业活动例外"条款，第5款又指出本款是"第2款未涵盖的其他情形"，所以第5款又称"非商业侵权行为例外"（non-commercial tort exception）条款。既然立法中做如此之规定，是否意味着"商业活动例外条款"和"非商务侵权行为例外条款"在适用中不会出现混淆呢？答案是否定的。下文将从案例角度出发说明实践中的问题。

---

① H. R. REP. NO. 1487, 94th Cong., 2d Sess. 7 (1976), pp. 16-17.

二、司法实践

（一）早期司法实践

在1980年的"舒格曼诉墨西哥航空公司案"①（Sugarman v. AeroMexico, Inc.）中，原告舒格曼在等待从墨西哥机场飞往纽约的延误航班时，于墨西哥机场受伤，遂起诉墨西哥国有的航空公司，以"商业活动例外"要求否决墨西哥的豁免主张。该案所涉及的人身伤害问题乍看起来应该是侵权行为损害的范畴，不过由于损害行为发生在墨西哥机场，所以如果以"非商业侵权行为例外"为主张来否决外国的国家豁免时，就无法满足侵权行为发生地的条件。相比"非商业侵权行为例外"中对地理位置要求的严格性，"商业活动例外"条款就没有这样严格，法院认为涉案的商业行为不一定必须发生在美国，而只要其源于在美国从事的连续的商业行为即可，遂拒绝了墨西哥的豁免请求。

1979年的"哈里斯诉苏联国际旅行社案"②（Harris v. VAO Intourist Moscow）的案情是，原告哈里斯起诉两个苏联旅行机构和苏联，因为其亲属作为游客在莫斯科某宾馆的大火中丧生。原告称，由于苏联旅游业是集中化管理的，莫斯科某宾馆的疏忽行为与苏联在美国开展的旅游活动息息相关。法院则认为这两者的关系微乎其微，原告的诉求与苏联在美国进行的商业活动毫无关系。该案的原告也是以"商业活动例外"来主张拒绝国家豁免，虽然案件中的人身伤亡属于民事关系中的侵权行为结果。原因也主要在于"非商业侵权行为例外"要求的连接因素无法满足，人身伤亡是发生在苏联而非美国的。

在1984年的"文赛多拉海运公司诉阿尔及利亚国有公司案"③（Vencedora Oceanica Navigacion v. Companie Nationale）中，第五巡回法院上诉法庭再次解释了"商业活动例外"条款。原告拥有海运船舶，却被被告拿捕并破坏。原告在这样的使财产损毁的侵权案件也是主张"商

---

① Sugarman v. AeroMexico, Inc., 626 F.2d 270 (3d Cir. 1980).
② Harris v. VAO Intourist Moscow, 481 F. Supp. 1056 (E.D.N.Y. 1979).
③ Vencedora Oceanica Navigacion v. Companie Nationale, 730 F.2d 195 (5th Cir. 1984).

业活动例外",不过,法院认为原告的损失必须与外国国家在美国的商业活动有关,但是该案中却没有这样的关系,遂赋予被告以国家豁免。

另外,"叶赛宁-沃尔平诉新闻出版社案"①(Yessenin-Volpin v. Novosti Press Agency)中涉及了对名誉权的侵权行为,原告是居住在美国的对苏联政权持有不同政见的人。他起诉苏联的两个新闻机构,因为它们在美国境内发行并散布载有对其横加诽谤的报纸。法院认定可以适用"商业活动例外"条款,因为发行和散布报纸的行为是商业活动,不过在报纸上载有诽谤的文章却与商业活动无关,而是在与政府的合作下的结果。所以,法院决定给予豁免。当然,如果原告主张"非商业侵权行为例外",虽然领土联系可以满足,即损害行为发生在美国领土之上,但是案件中的损害却不是有形损害,也不能满足该例外的要求。

"伯克维兹诉伊朗伊斯兰共和国案"②(Berkovitz v. Islamic Republic of Iran)涉及了发生在伊朗的谋杀活动,死者美国公民伯克维兹的公司与伊朗签订合同,伯克维兹被派往伊朗工作,但却在那里被伊朗政府指派的伊朗革命组织谋杀。伯克维兹的配偶和孩子遂向美国法院提起诉讼。第九巡回法院认为"商业活动例外"在此案中不可适用,因为这与商业活动无关,尽管伯克维兹的公司与伊朗之间有商业合同,但谋杀活动与此无关,而且也没有对美国领土造成直接影响。可见,在由于连接因素达不到"非商业侵权行为例外"的要求的情况下,当事人往往希望通过"商业活动例外"来要求法院拒绝给予被告以豁免。

(二)20世纪90年代后的案件

到了20世纪90年代之后,美国法院的案例仍然延续着以往的原则。1993年的"内尔森诉沙特阿拉伯案"③(Nelson v. Saudi Arabia)涉及了酷刑行为的豁免问题。美国公民内尔森受雇于沙特阿拉伯的一家医院,职责是监控医院的设施、设备和维护系统以确保病人和义务人

---

① Yessenin-Volpin v. Novosti Press Agency, 443 F. Supp. 849 (S.D.N.Y. 1978).
② Berkovitz v. Islamic Republic of Iran, 735 F.2d 329 (9th Cir. 1984).
③ Nelson v. Saudi Arabia, 507 U.S. 349(1993).

员的安全。内尔森发现医疗设施中有安全隐患,遂多次向医院高层和政府委员会汇报,医院要求其忽略这一隐患。后内尔森因此事被政府人员非法逮捕并扣押,还遭到各种殴打和酷刑。内尔森返回美国后,就向法院提起诉讼,要求沙特阿拉伯对侵犯人身权的行为承担赔偿责任。不过,法院认为与该案有关的行为根本不是商业活动,更不用考虑与美国的联系问题了。

2006年的"某人诉教廷案"[①](Doe v. the Holy See)中的原告除了"非商业侵权行为例外"外,还试图援引"商业活动例外"。俄勒冈州地区法院指出,本案是最早出现的原告试图援引两项例外的案件之一,但法院只是接受了侵权例外的理由,认为教廷的行为不属于商业行为,但法院未能深入分析为何不属于商业活动例外的问题。该案原告自称其于1965年时曾经受到了位于该州波特兰市的圣阿尔伯特教堂的安德鲁·罗南(Andrew Ronan)神父的性侵犯,他当时只有15岁。他因此起诉教廷,诉因是教廷应为其国内机构及其雇员的行为承担替代和雇主责任。地区法院的判决完全肯定了原告的主张。

从以上的案例可见,在司法实践中,"非商业侵权行为例外"和"商业活动例外"之间有着密切的关系,有时,当事人甚至故意把应该援引前者的案件以后者替代,原因主要是前者对领土联系的要求较高,如果侵权行为既没有发生在美国境内,结果也不发生在那里,如果援引这一例外,获得胜诉的可能性便非常小了。另外,前者一般只涵盖有形损害,对于精神性的损失则不予处理。所以当事人会想方设法找出侵权行为与商业活动的联系,以"商业活动例外"作为抗辩的理由。另外,在实践中,"商业活动例外"的覆盖范围显然要大于"非商业侵权行为例外"的范围,很多侵权行为的种类也被其纳入麾下,所以不见得要严格按照国内侵权责任法中对侵权行为和其他普通民商事活动的分类。再者,早期的司法实践中,如果法院认定当事人主张的豁免例外不成立,一般就不再加以进一步分析。而到了最近,法院受理的案件中,当事人为实现击溃国家豁免的抗辩的主张,可能提出多项例

---

① Doe v. the Holy See, 434 F. Supp.2d 953 (D. Or. 2006).

外，法院也会分析多个例外了。

三、二者之间关系分析

从以上所举案例来看，美国法院至今仍未明确说明"商业活动例外"条款和"非商业侵权行为例外"条款之间关系的判决。早期案件只是证明如果这两项例外中的一项在案件中不可适用时，另一项也会被认定为不适用。比如，在"赛德克公司案"[①]（the In re Sedco, Inc. Case）中，原告起诉一墨西哥公司，因该公司在墨西哥海峡开采石油造成泄露并因而使原告受到损害。原告既主张国家豁免的商业活动例外，也主张非商业侵权行为例外。法院首先认定商业活动例外不适用与本案，因为墨西哥公司是墨西哥政府所拥有的，而且该公司受墨西哥政府授权来开采和使用墨西哥国有的资源。之后又认定非商业侵权行为例外条款不适用，因为法院认为国家开采自然资源的行为是自由裁量行为，所以不受非商业侵权行为例外条款的覆盖。

"凯利公司诉国家石油公司案"[②]（Carey v. National Oil Corp.）亦体现了以上的精神。凯利公司是一家美国公司，而国家石油公司是由利比亚政府完全拥有的一家公司。国家石油公司违反了一项石油产品供应合同，凯利公司起诉要求获得赔偿。凯利公司还提出被告以强制的手段从其处获得大量回报。法院认为，非商业侵权行为例外不能在此适用，因为被告公司所实施的强制手段是利比亚国有化行为的一部分，国有化是主权行为。商业活动例外条款也不可适用，因为以上的行为没有对美国造成直接影响。此案也证明一旦法院发现某项例外不得适用，就会继续论证另一例外不得适用。

只是到了20世纪90年代后，法院才开始在一项例外不得适用时，继续考虑其他例外得以适用的可能性，不像以前那样断然拒绝再考虑。"波辛格诉伊朗伊斯兰共和国案"[③]（Persinger v. Islamic Republic

---

[①] The In re Sedco, Inc. Case, 543 F. Supp. 561 (S.D. Tex. 1982).
[②] Carey v. National Oil Corp., 453 F. Supp. 1097 (1978).
[③] Persinger v. Islamic Republic of Iran, 729 F.2d 835 (D.C. Cir. 1984).

of Iran）中，法院曾在对比商业活动例外条款和非商业侵权行为例外条款之后，判决称这两者之间的对比证明国会在拟定条款时希望前者范围要大于后者。前者中明确规定发生在美国领土外，但与外国国家在美国境外的商业活动相关，且对美国发生直接影响的行为不享有豁免。而非商业侵权例外条款中则没有这样的规定。当国会在一个法律文本中的某一部分用明确地表述来形容某一特定形势，而在其他部分则用其他语言的话，就极明确地说明两个条款是不一样的。因而，很多当事人轻而易举地为一个诉因主张两个例外的情况证明条款的用语过于宽泛。

由于非商业侵权行为例外条款中规定损害应该发生在美国境内，那商业活动例外条款中的"直接影响"规定便成为区分二者区别的一个重要工具。理论上说，如果当事人在外国国家领域内遭受外国国家非主权行为的侵权损害，就可以通过商业行为例外条款获得救济，而这是非商业侵权行为不能做到的。因而，当事人如果希望获得发生在美国领土之外的损害的救济，那么就应在其诉因中主张商业活动例外条款。当然，此后，当事人就需证明以上的侵权行为对美国有直接影响。

这两个例外之间的关系还提出了一个实践中的问题，那就是非商业侵权行为例外条款所排除的侵权种类能否被商业活动例外所覆盖，如恶意控诉、滥用法律、污蔑、诽谤、诈称、欺骗或干预合同权利。这样的情况在一起干预合同权利的案件中得到澄清。该案的原告是经纪人公司，原告与苏维埃国家演奏协会签订合同，原告将对其付报酬，并付给演员工资和旅费。演奏协会要派遣演员到美国和英国，在原告的组织下进行表演。这样的协议又是在美国和苏联之间的文化交流协定下缔结的。法院认为，尽管非商业侵权行为条款明确排除了干预合同权利的情形，但却并没有因此而使商业活动例外条款受限制。所以，本案可适用商业活动例外条款。①

所以，如果当事人的诉因是非商业侵权行为例外条款所明确排除的那几种侵权行为时，再依非商业侵权例外条款主张拒绝被告的国家豁免

---

① United Euram Corp. v. U.S.S.R., 461 F. Supp. 609 (S.D.N.Y. 1978).

诉求，那当然是劳而无功的。所以，当事人的权利受到以上的侵权行为的侵害时，可以转而以商业活动例外条款主张拒绝国家豁免的诉求。

最后，《外国主权豁免法》第1610节"外国国家财产免于扣押和执行的豁免的例外"中规定了基于商业活动的执行条款，但是非商业侵权行为例外却没有专门的执行条款。[①] 这在一定程度上意味着，如果一当事人根据商业活动例外而获得的判决一般可以根据第1610节获得真正的赔偿。而如果一当事人根据非商业侵权行为条款而获得的判决获得执行的可能性就小多了。所以，商业活动例外的判决的执行可能性更大。

四、结论

商业活动例外条款和非商业侵权行为例外条款是美国《外国主权豁免法》中重要的例外条款，也是其他国家立法和国际条约中的重要组成部分，虽然表述方式不一。这两个例外条款也是在实践中最常被误解和错误引用的条款。究竟如何区分这两个条款，不仅有利于澄清理论误区，也能使当事人在起诉时更加准确地援引。不过，美国立法和司法实践中对非商业侵权行为例外和商业活动例外条款之间关系的解释不够明确，可以说充满了争议和不一致性。这问题主要是来自于各例外的措辞过分宽泛，从而使得对条款的解释变成逐案解释的方式。其他国家的立法和国际公约对这两个类似条款的规定方式与美国《外国主权豁免法》中的规定相差不大，也没有说明二者之间的联系与区别，所以也会面临相同的问题。因此，从应然的层面来说，在立法和司法的过程中，应对这两个条款进行更加系统地解释，以防出现错误适用的结果。

在实然的层面上，《外国主权豁免法》中对这两个条款的规定有交叉的地方，所以才会出现当事人对同一诉因同时主张两项例外的情况，

---

① 《外国国家主权豁免法》第1610节第1条规定，"为执行美国联邦法院或州法院自本法施行之日起做出的判决，本章第1603节第1条之规定的外国国家在美国用于商业活动的财产，不享有免于为协助执行而进行的扣押的豁免或免于执行的豁免……"。

虽然以前法院往往会在拒绝适用一项例外后，直接拒绝其他例外的适用，但目前却出现了会综合考虑的趋势。另外，商业活动例外条款的涵盖范围要宽于非商业侵权行为例外条款，对于那些发生在美国领土之外的对美国领土会造成直接影响的侵权行为损害，可援引前者的规定，而对于那些被非商业侵权行为例外条款所排除的侵权种类，某些情况下也可援引商业活动例外条款。

总之，在实践中，国家侵权行为的管辖豁免问题与国际法上的其他制度和问题发生了互动关系。其中，外交特权与豁免作为国家豁免的最初表现形态，在国家豁免产生之初便有内在联系，而国家侵权行为的管辖豁免问题的出现使这种联系更为强化。具体说来，实践中出现的"代位诉讼"现象——外交代表本人因外交豁免而在法院国不被起诉，但其派遣国却以国家豁免的侵权例外而在法院地国因外交代表的行为而被诉——就是这种联系的体现。从条约法和习惯法的角度来看，外交豁免的适用并不会影响国家豁免的赋予与否，反之亦然。

国家责任制度也会与国家侵权行为的管辖豁免问题发生联系，具体体现在，通过国家间协议解决争议是传统的国家责任制度中的争端解决方式，它与法院地国通过限制侵权行为的豁免来解决争议的做法形成了鲜明的对比。实践中，有些国家将原应由国家责任制度解决的问题改由国内法院来处理，这是对国家责任制度和框架的过度突破。

另外，外国国家的侵权行为是对公民的损害行为，通过国内法院诉讼的方式获得赔偿和传统外交保护制度之间的关系应得到深入分析。从国际法的层面来说，二者因适用条件不同，应有不同的适用范围，某些国内法院突破外交保护制度固有领域的做法不应被支持。

此外，在国家豁免领域中，限制商业活动的豁免和限制侵权行为的豁免在适用时常出现模糊之处。一般说来，前者的适用范围大于后者，在一定情况下，甚至涵盖后者。正由于此，应对这两种豁免的例外进行更加系统地解释，以防出现错误适用的结果。

第5章 国家侵权行为的执行豁免问题

第一节 执行豁免概述

国家豁免的范围应该包括司法、行政和执法三方面，但在一般情况下，主要指的是司法方面的豁免，即司法管辖豁免和司法执行豁免。在第一章中，我们便将本书的研究对象限定在司法管辖豁免和执行豁免这两个方面。执行豁免是指一国财产免于在另一国法院诉讼中所采取的的包括扣押、查封、扣留和执行等强制措施。[①] 顾名思义，管辖豁免针对的是法院的管辖程序，而管辖程序是法院确定诉讼当事人双方权利和义务的过程。[②] 执行豁免针对的是法院的执行程序，主要指的是在经过管辖程序之后，在败诉方不履行义务的情况下，使胜诉方的索赔请求获得满足的程序。当然，执行豁免也包括法院在审理之前为确立管辖权和在审理过程中为确保判决而采取的临时性财产保全措施。由此观之，执行程序和管辖程序是有内在的逻辑关系的，后者往往是前者的结果，即为了保障前者所作判决得到遵守而存在的过程。

[①] 龚刃韧:《国家豁免问题的比较研究——当代国际公法、国际私法和国际经济法的一个共同课题》，第267页。

[②] 同上。

那么，管辖豁免和执行豁免有怎样的关系呢？是否当国家在管辖程序中享有豁免，便自然地在执行程序中享有豁免呢？换言之，是否当国家在管辖程序中不享有豁免，便自然地在执行程序中不享有豁免呢？这个问题看似简单，但在理论和实践中却有着并不统一的回答。

一、管辖豁免与执行豁免的关系

从管辖程序和执行程序的逻辑关系来看，我们似乎可以轻松地对管辖豁免与执行豁免间的关系给出结论——既然执行程序是管辖程序的逻辑结果，那么执行豁免与管辖豁免应该是被统一对待的。有管辖豁免，就应该有执行豁免；没有管辖豁免，就应该没有执行豁免。这种观点被称为"一体说"。此外，还有一种观点是"管辖豁免和执行豁免并不是绝对地捆绑在一起的"。[1] 这种观点认为，"管辖豁免和执行豁免之间的区别早已确立"。[2] 由于他们强调管辖豁免和执行豁免之间的区别，该观点又被称为"区分说"。

（一）一体说

一体说的主要实践国是瑞士。瑞士联邦法院自20世纪50年代起便在司法实践中坚持不区分管辖豁免和执行豁免。在著名案例"阿拉伯联合共和国诉某夫人案"中，瑞士联邦法院指出，"如果在管辖程序没有豁免，那么在执行程序也应当没有豁免。"[3] 由于瑞士是全球最大的离岸金融中心，也是全球名副其实的银行王国，外国政府在瑞士有银行账号或资产是屡见不鲜的情况。瑞士法院对执行豁免的立场事实上有着非常重要的现实意义。1978年，瑞士联邦最高法院在一起案件中也对管辖豁免与执行豁免给出了比较清晰的解答。土耳其共和国中央银行拒绝承认瑞士法院对其在一家苏黎世银行的存款采取的执行措施，

---

[1] Suy, Immunity of States before Belgian Courts and Tribunals, *ZaöRV*, Vol. 27, 1967, p. 691.

[2] Sinclair, The European Convention in State Immunity, *The International and Comparative Law Quarterly*, Vol. 22, 1973, p.274.

[3] T. F. 10 February 1960, R. O. 86. 1. 23.

并提出自身作为土耳其政府的一部分得享有豁免。瑞士联邦最高法院分析了有关执行豁免的国际法状况和当时的国家实践后,指出,对于外国国家非主权行为,如果争议与瑞士领土有实质联系的话,就不享有执行豁免。① 因此,瑞士最高法院拒绝给予土耳其共和国中央银行以豁免。争议与瑞士领土有实际联系同时也是管辖豁免的考察对象。所以,瑞士联邦最高法院在判决中体现了一体看待管辖豁免和执行豁免的态度。

事实上,一体说的理论出发点在于保证私人的权益。"如果允许私人当事方起诉外国国家,但却通过赋予执行豁免不让其享受胜诉的成果,这就可能把原告置于双重的困境:一方面判决无法执行,另一方面又要付昂贵的诉讼费。"② 不过,在国家豁免这个"天平"上,似乎国家利益永远是大于个人利益的。所以,一体说的接受者非常少,区分说才是居于主流地位的观点和立场。

(二)区分说

按照区分说的观点,管辖豁免与执行豁免在性质、法律根据以及效果上都属于不同领域的问题,因而应区别对待或处理。③ 不过,区分说在实践中又有不同的情况。有的国家将管辖豁免与执行豁免区分后,给予外国国家以执行程序的绝对豁免;有的国家则将管辖豁免与执行豁免区分后,对执行豁免设定一定的例外。

20世纪70年代在国家豁免制度的发展历程中有非常重要的意义。在这段期间,有关国家豁免的立法开始出现,同时主要国家的相关实践中出现了明确的转向。在20世纪70年代以前,大多数的国家实践是将国家的管辖豁免与执行豁免完全区别对待,即使在管辖程序上没有赋予外国国家以管辖豁免,也会在执行程序方面赋予外国国家以绝对的执行豁免。以美国为例,在1976年《外国主权豁免法》出台以前,

---

① Annuaire suisse de droit international, Vol. XXXV, 1979, p. 143.
② Schreuer, *State Immunity: Some Recent Developments*, p. 125.
③ 龚刃韧:《国家豁免问题的比较研究——当代国际公法、国际私法和国际经济法的一个共同课题》,第269页。

美国一直坚持区分说,在执行程序方面坚持绝对豁免。即使在1952年著名的"泰特信函"出现之后,美国政府也坚决指出,外国国家财产的执行豁免原则不受"泰特信函"的影响。①

20世纪70年代以后,在执行程序方面坚持绝对豁免的做法式微,取而代之的是为执行豁免设定一定例外的做法。在目前所有的有关国家豁免的国内立法中,都既对管辖豁免设定了若干例外,也对执行豁免设定了一些例外。《联合国国家及其财产管辖豁免公约》也采取了这种方式。当然,以上的这些例外并不是重合的关系。这也就意味着,执行豁免不再是完全的绝对豁免,它与管辖豁免一样,同样有例外情况存在。但是,由于管辖豁免的例外与执行豁免的例外之间不是一一对应的,所以可能出现管辖豁免的例外范围广,而执行豁免的例外范围窄,从而有些案件即使没有赋予管辖豁免,也可能赋予执行豁免的情况。在各国立法中,国家侵权行为是管辖豁免的例外,却往往不是执行豁免的例外。

二、执行豁免的理论基础

很明显,在目前占主流地位的区分说赋予执行豁免以更多的绝对性。为什么会出现这样的情况呢?在其背后隐藏着怎样的考虑呢?基本上,对主权平等原则和外交关系维护的考虑,以及同化论的某些影响,构成了执行豁免绝对性存在的理论基础。

(一)对国际关系的考虑

人们一般认为,执行程序中限制国家的豁免比起在管辖程序中限制国家的豁免对国家主权的影响更大。② 举例来说,如果 A 国法院拒绝在司法管辖程序中赋予 B 国以豁免,B 国可以不承认 A 国的管辖权,也可以不参加 A 国的诉讼程序。即使 A 国法院做出了缺席判决,B 国

---

① *Digest of International Law*, Vol. 6, U.S. Department of State, 1968, p. 715.

② Kindall, Immunity of States for Noncommercial Torts: A Comparative Analysis of the International Law Commission's Draft, *California Law Review*, Oct. 1987, p. 1873.

亦可以拒绝承认 A 国法院判决的有效性。所以，在管辖程序中，即使不被赋予豁免，外国国家也可以在实质上不受到冲击和影响。然而，在执行程序中，情况便大为不同了。如果 A 国拒绝在执行程序中赋予 B 国以豁免，B 国的财产便要直面强制措施的威胁了。所以，在执行程序中，由于国家强制力的存在，外国国家的自由决定的空间大大减少，也就是说，外国国家的主权意志受到了一定的影响。那么，对国际关系的影响当然是可以想象的。

而实践中的案例，所面临的对国际关系的影响因素之多更是超乎我们的想象。下文将以比利时法院曾受理的一起案件为例。比利时是最早践行限制豁免理论的国家之一，同时也是最早在执行豁免中设定了例外的国家之一。1951年的"索克白格案"（the Socobelge Case）便是限制外国国家执行豁免的首例案件。本案中，希腊政府拒绝执行1936年做出的仲裁裁决，而此仲裁裁决在1939年得到了常设国际法院（Permanent Court of International Justice）的确认。[①] 因此，布鲁塞尔初审法院授权没收了希腊政府在比利时的一笔款项，但是这笔被扣押的款项来自于"马歇尔计划"[②]，是希腊政府计划在比利时购置机器所用。此判决一出，比利时政府突然发现自己面临着搅乱"马歇尔计划"的危险，还有可能导致美国中断对自己的援助。于是，比利时政府在这样的困境下屈服了，它转而设法使希腊政府与比利时的债权人达成友好协议，并以此恢复"马歇尔计划"对比利时的援助。事实上，在这段期间里，"马歇尔计划"已经对比利时中止了。

美国虽然在世界舞台上"一枝独秀"，但即使这样，美国也不能不考虑国际关系的相关因素。自"泰特信函"出台之后，美国国务院在以外国国家为被告的案件中有是否赋予豁免的建议权。国务院迫于国际关系的压力，对很多明显属于商业性质的行为建议赋予豁免。[③] 在

---

① Suy, *Immunity of States before Belgian Courts and Tribunals*, pp. 687-691.

② 马歇尔计划（The Marshall Plan），官方名称为欧洲复兴计划（European Recovery Program），是第二次世界大战结束后美国对被战争破坏的西欧各国进行经济援助、协助重建的计划，对欧洲国家的发展和世界政治格局产生了深远的影响。

③ Badr, *State Immunity: An Analytical and Prognostic View*, p. 54.

《外国主权豁免法》出台后，对国际关系的考虑依然影响着美国的实践。美国法院虽然在"莱特利尔案"判决智利败诉，但是执行问题是通过外交交涉才得到解决的。

总之，"对外国国家采取强制措施……不可能不影响到国家之间的关系，甚至可能到达战争的程度，或者会影响到对方国家的国内体制"。① 鉴于执行豁免问题对国际关系的影响，有些国家将对外国国家的执行程序的批准权交由行政部门处理，而非由法院处理。意大利在1925年8月30日公布的法令中规定，在司法部长批准之前，不得对外国国家的财产采取任何形式的执行措施。② 希腊也采取了同样的做法。于是，我们看到，尽管希腊最高法院做出了有利于迪斯多摩大屠杀的受害人的判决，但是司法部长拒绝签署执行案件的命令。希腊司法部长拒绝执行该案件，与其说是为了遵守国际法，不如说是为了更实际的理由，即希腊与德国之间的外交关系的维持。

（二）同化论的影响

在执行豁免问题上，同化论也发挥了它的作用。我们知道，一国政府的财产在其本国内并不是在任何情况下都能够被执行的，一定是与私人的财产有所区别的。也就是说，政府财产在本国也只有在某些特定情况下才被执行。既然如此，鉴于国家不分大小一律平等，那么平等的外国国家的财产当然也不应该在任何情况下都被执行，而是要与本国国家的财产的执行同等对待。

有趣的是，国家在某些情况下不得享有豁免的理论基础在一定程度上就是来源于同化论。原因是政府既然可以在本国法院被起诉，那么外国政府也可以在法院被起诉。不过，在执行豁免方面，同化论给予外国政府的是特权，而非限制。虽然政府能够被起诉已经在世界范围成为普遍的事实，但是对国家财产的执行的规定仍然比较严格。比如，在美国判例法以及制定法上久已确立的一般原则是，对于财产的

---

① Hazel Fox, *The Law of State Immunity*, p. 369.
② Ibid., p. 110.

强制执行通常只适用于个人或公司的财产，而不适用于联邦政府或州的财产。① 大陆法系的国家立法中也普遍有着这样的规定。

各国在国内法中确立国家财产免于执行的制度和原则，背后的原因在于为了保证政府能够正常地履行公共职能。当然，随着现代法治国家自动履行法院判决的程度越来越高，国内法中国家财产执行豁免制度的意义也逐渐减弱。② 因而，同化论在执行豁免方面的理论基础地位逐渐式微。

三、结论

管辖豁免与执行豁免分别指向的是管辖程序和执行程序，二者实际上存在着密切的联系，管辖豁免通常构成执行豁免的基础。不过，在考察了世界主要国家在国家豁免方面的实践后，我们发现，国家一般是将管辖豁免与执行豁免区分开来对待，并且往往赋予执行豁免以更高的绝对性。原因主要在于，执行豁免往往是不经对方国家的同意而对其财产采取强制措施。③ 因此，执行措施可能会给对方国家的主权造成比较大的影响，从而损害正常的国际关系的开展。所以，国家基于这种实际理由的考虑，往往对执行豁免的承认程度更高。当然，还有一些学者认为执行豁免的理论基础在于同化论，即如果一国政府的财产在本国享有执行豁免，那么，基于国家主权平等的原则，另一国政府的财产同样也要在这个国家享有执行豁免。同化论的逻辑出发点在于给予政府财产以执行豁免是为了保障政府职能的开展，所以无论是本国政府财产，还是他国政府财产，都要享有执行豁免。不过，随着现代国家观念的普及，同化论的地位和作用已经大不如前。

从管辖豁免和执行豁免的关系，以及执行豁免更加"超然"的地位来看，国家侵权行为的执行豁免问题的解决并不乐观。我们可以说，

---

① 龚刃韧：《国家豁免问题的比较研究——当代国际公法、国际私法和国际经济法的一个共同课题》，第273页。

② 同上，第274页。

③ Hazel Fox, *The Law of State Immunity*, p. 372.

国家侵权行为的管辖豁免问题的发展虽然没有达到国际社会统一的程度，但至少形成了一种趋势。而国家侵权行为的执行豁免问题的进展却非常有限，它不能与国家侵权行为的管辖豁免问题相互对应，那么结果便是国家豁免的侵权行为例外实际上是处于一种不平衡的发展状态。侵权行为的受害人即使是获得胜诉的判决，可能也只能享受精神上的胜利，这当然无法满足国家侵权行为管辖豁免制度发展的初衷。

第二节　国家侵权行为的执行豁免的立法情况

我们已经了解到，国家侵权行为的执行豁免并未与管辖豁免一样获得长足的发展。不过，它并不是长久地处于静止的状态，实际上也发生了一些变化。比如，20世纪70年代以前的执行豁免几乎是完全绝对的，而现在的情况则不同了。一般认为，执行豁免是存在例外的。那么，国家侵权行为是否像在管辖豁免领域一样，属于执行豁免领域的一项例外呢？有必要将国家侵权行为设为一项执行豁免的专门例外？对于第一个问题，我们要通过对立法文件和司法实践的考察得到答案。对于第二个问题，很多学者给出了肯定的答案。他们认为，国家侵权行为与其他的管辖豁免例外不一样，它更应该在执行豁免问题上成为一种例外。理由主要在于：第一，侵权行为是违反当地法律的行为。外国国家闯入了他国的法域之内，就应该遵守当地国家适格法院的管辖程序。[①] 换句话说，外国国家进入其他国家的管辖范围内，就应该遵守当地的法律法规。既然外国国家不能遵守当地的法律法规，就要接受由此而发生的法律后果；第二，侵权行为剥夺了受害人的选择权。与商业活动例外不同，侵权行为的受害人没有选择的可能性。我们知道，能够与外国国家进行商业往来的一般是大型的公司，甚或是大型跨国公司，公司可以选择是否与外国国家签订合同，这一选择

---

① Badr, *State Immunity: An Analytical and Prognostic View*, p. 149.

是基于公司对国家违约风险的预先判断。① 而对于侵权行为的受害人而言，他们根本就没有任何机会对自己面临的风险进行任何预先判断或防范。所以，侵权行为的受害人应该有更高程度的法律保护。那么，从目前的立法文件来看，国家侵权行为的受害人是否能够获得应有的保护呢？

一、有关国家侵权行为的执行豁免的国际立法

1972年的《关于国家豁免的欧洲公约》从第1条到第13条列举了管辖豁免的各项例外。而对于执行问题，公约非但没有像管辖豁免那样列举例外，还原则上禁止对他国财产实行强制措施，并将强制措施作为国家责任问题。② 当然，公约没有对国家侵权行为的执行豁免问题做任何专门的规定。公约之所以对执行豁免的规定如此严格，原因主要在于公约的出台时间太早，执行豁免的发展因素在当时尚未呈现。

2005年的《联合国国家及其财产管辖豁免公约》给我们的启示意义将更为明确和重要。事实上，当公约在一读和二读时期，曾围绕执行豁免问题产生激烈的争议，公约关于执行豁免的最后成文是区别于早期的条款草案的。公约的第四部分"在法院诉讼中免于强制措施的国家豁免"对执行豁免问题进行了专门的规定。其中，第18条专门规定"免于判决前的强制措施的国家豁免"；第19条专门规定"免于判决后的强制措施的国家豁免"；第20条专门规定"同意管辖对强制措施的效力"；第21条专门规定"特定种类的财产"。从以上各条的规定来看，第18、19条是执行豁免方面的核心条款，第20条和第21条主要是进一步解释和补充以上两条的规定。在第18、19条中，由于实践中最为常见的是判决后的强制措施的国家豁免问题。所以，下文将结合第19条来分析公约对执行豁免的规定。第19条的规定如下：

"不得在另一国法院的诉讼中针对一国财产采取判决后的强制措

---

① Kindall, Immunity of States for Noncommercial Torts: A Comparative Analysis of the International Law Commission's Draft, p. 1879.

② 参见，《关于国家豁免的欧洲公约》第20—26条。

施,例如查封、扣押和执行措施,除非:

(一)该国以下列方式明示同意采取此类措施:

1. 国际协定;

2. 仲裁协议或书面合同;或

3. 在法院发表的声明或在当事方发生争端后提出的书面函件;或

(二)该国已经拨出或专门指定该财产用于清偿该诉讼标的的请求;或

(三)已经证明该财产被该国具体用于或意图用于政府非商业性用途以外的目的,并且处于法院地国领土内,但条件是只可对与被诉实体有联系的财产采取判决后强制措施。"

公约第19条首先指出的"不得在另一国法院的诉讼中针对一国财产采取判决后的强制措施"说明,公约对执行豁免和管辖豁免是区别对待的,并不因为国家不享有管辖豁免,而不享有执行豁免。所以,实践中一定会存在国家不享有管辖豁免,却享有执行豁免的情况。不过,"除非"一词告诉我们国家的执行豁免是存在例外的。如果执行豁免的例外与管辖豁免的例外相对应的话,自然不会存在没有管辖豁免却有执行豁免的情况。但是,本条中的例外只有三项,管辖豁免的例外却有八项之多,显然不是一一对应的关系。这三项例外分别是:该国明示同意采取强制措施;该国已经专门拨出或指定财产;已经证明财产的非商业性用途。其中,第一项和第二项的实际用途不大,因为它们不能给判决的债权人多少信心,它们实际上需要被告国家的同意,而债权人之所以需要法院进行执行,一般都是因为被告国家不同意。①

所以,只有第三项例外在实践中能真正地对外国国家的执行豁免加以限制。第三项例外设定了一些条件,具体包括:第一,该项财产具体用于或意图用于政府非商业性用途以外的目的;第二,该项财产处于法院地国领土内;第三,该项财产与被诉实体有联系。从这些条件中,我们发现,公约规定的执行豁免的限制必须针对的是用于商业

---

① 公约中第二项例外的规定与1986年特别报告员第八次报告中的相关条文措辞不同,后者不需要被告国家的同意。Sucharitkul, *Eighth Report on Jurisdictional Immunities of States and Their Property*, U.N. Doc. A/CN.4/396, at 24.

用途的财产。不过，怎么样确定一项财产的用途呢？公约采用了英国《国家豁免法》中的同样措辞，即"用于或意图用于"（is in use or intended for use）。① 这就意味着法院既要判断一项财产是否用于商业目的，还要判断外国政府是否有将其用于商业目的的意图，这确实是很难完成的任务。财产位于法院地国领土内是一项合理的限制，因为只有这样，法院地国才能真正地实现判决的执行，同时不干涉外国国家的主权。对于财产与被诉实体有联系的条件，证明的责任落在了债权人身上。值得注意的是，在国际法委员会于1986年提交给联合国大会审议的国家豁免条款草案中，对于这项条件的规定是这样的——"该项财产与争议的对象有关，或者与诉讼程序针对的机构或部门有关"。② 所以，公约的最终文本较条款草案来说，所规定的条件有所放宽。债权人只需证明财产与被诉实体有联系即可，而不需要证明财产与争议的对象有关。

当然，公约第21条从财产种类的角度，对执行豁免又进行了一种限制。第21条"特定种类的财产"第一款规定如下：

"一国的以下各类财产尤其不应被视为第19条第3项所指被一国具体用于或意图用于政府非商业性用途以外目的的财产：

1. 该国外交代表机构、领事机构、特别使团、驻国际组织代表团、派往国际组织的机关或国际会议的代表团履行公务所用或意图所用的财产，包括任何银行账户款项；

2. 属于军事性质，或用于或意图用于军事目的的财产；

3. 该国中央银行或其他货币当局的财产；

4. 构成该国文化遗产的一部分或该国档案的一部分，且非供出售或意图出售的财产；

5. 构成具有科学、文化或历史价值的物品展览的一部分，且非供出售或意图出售的财产。"

从《联合国国家及其财产管辖豁免公约》的规定来看，公约给执

---

① 英国《国家豁免法》第13条。

② Report of the International Law Commission on the Work of Its Thirtieth Session, 33 U.N. GAOR Supp. (No. 10), U.N. Doc. A/41/10(1986).

行豁免设定了比较严格的条件，使其具有比较强的绝对性。公约也没有为侵权行为专门设定执行豁免的例外。

正如前文所述，在执行豁免的问题上，国际法委员会内部一直存在着比较大的争议，这也导致了执行豁免的条款一改再改。虽然在1986年的条款草案中对执行豁免的例外限制非常严格，但在1985年的特别报告员报告中，限制还并不严格。当时甚至没有规定只有用于商业目的的财产才能被执行。① 报告刚一面世，就引来了极大的争议。有些委员认为特别报告员的报告"没有充分考虑国家主权原则，以及国家财产在未经国家同意前不得被采取措施的原则"。②

事实上，在执行豁免的法律关系中，需要维系的是外国国家与私人当事者之间的关系。只不过在公约中，天平更倾向于外国国家的利益罢了。公约严格限制执行豁免的例外，主要出发点来自于两个方面：第一，从理论上讲，很难既强制执行外国国家的财产，同时做到尊重对方的主权；第二，从实践上讲，发展中国家与发达国家之间的往来逐渐增加，合同、侵权等方面的责任产生的可能性也越来越大。如果扩大执行豁免的例外的话，可能不利于发展中国家的对外交往与发展。③ 当然，也有学者指出国际法委员会在拟定草案时考虑的太多。④

从源头来讲，《联合国国家及其财产管辖豁免公约》在拟定时，主要参考了英国《国家豁免法》和美国《外国主权豁免法》。既然公约并未对侵权行为的执行豁免做出令人满意的回答，那么国内立法的表现和效果又是怎样呢？

---

① Sucharitkul, Seventh Report on Jurisdictional Immunities of States and Their Property, U.N. Doc. A/CN.4/388.

② Report of the International Law Commission on the Work of Its Thirty-Seventh Session, 40 U.N. GAOR Supp. (No. 10), U.N. Doc. A/41/10(1985), at 133.

③ 同上。

④ Kindall, Immunity of States for Noncommerical Torts: A Comparative Analysis of the International Law Commission's Draft, p. 1875.

二、有关国家侵权行为的执行豁免的国内立法

（一）英国《国家豁免法》

英国《国家豁免法》同样区别对待管辖豁免与执行豁免。《国家豁免法》第13条"诉讼程序上的其他特权"对执行豁免问题进行了规定。其规定如下：

"一、在以国家为当事人的诉讼中，不得因国家或国家代表未能或拒绝披露或提供任何文件或资料，而科以监禁或罚款。

二、除第3、4款外，不得：

1. 对国家发布禁令、特别履行命令或返回土地或其他财产的命令，以作为司法救济；

2. 将国家财产作为法院判决或仲裁裁决强制执行的标的，或在对物诉讼中，作为扣押、留置或拍卖的标的；

3. 上述两项规定，不妨碍经由国家的书面同意而采取任何司法救助方法，或开始任何程序。此种书面同意（可包含于事先的协议中）可表明其只适用于有限的范围或普遍适用。但是，仅表示接受法院管辖的条款不得认为是本款所指的同意。

4. 第2项的规定不妨碍对用于或意图用于商业目的的财产采取任何程序。但对不属第10条（用于商业目的的船舶）范围的案件，本项对《关于国家豁免的欧洲公约》成员国的财产，仅在下列情况下适用……"

《国家豁免法》第13条的规定比《联合国国家及其财产管辖豁免公约》要复杂一些。因为它不仅适用于一般国家，还要适用于《关于国家豁免的欧洲公约》的成员国，二者在适用方面是有所区别的。

从文本上分析，《国家豁免法》的第13条包含三层的含义。首先，完全禁止对外国国家及其代表进行处罚；其次，完全禁止对外国国家采取所有形式的强制措施，除非外国国家书面同意；再次，对用于或

意图用于商业目的的财产作为执行豁免的例外，可以采取任何措施。①由此可见，《国家豁免法》中关于执行豁免的例外主要有两项，即书面同意例外和商业目的财产例外。《联合国国家及其财产管辖豁免公约》关于执行豁免的例外有三项。与之相比，《国家豁免法》缺少的一项例外是"该国已经拨出或专门指定该财产用于清偿该诉讼标的的请求"。就另两项例外而言，《国家豁免法》中书面同意例外的规定与公约中的逻辑基本一致；商业目的财产例外的规定却与公约中的相应规定有较大区别，主要在于前者并未设定财产处于法院地国领土内以及财产与被诉实体有联系这两项条件。这就是说，《国家豁免法》对执行豁免的限制程度并没有公约中规定的那么高。这是可以理解的，因为公约需要调和世界各国的不同需求，同时要调整各国之间冲突的管辖权，而国内立法则并没有这样的任务。

（二）美国《外国主权豁免法》

《外国主权豁免法》对于执行豁免的规定的特点在于：一方面，判决后的执行豁免的绝对性低于审判前和审判中的执行豁免；另一方面，政府机构和部门的财产的执行豁免的绝对性低于国家本身的财产的执行豁免。《外国主权豁免法》对执行豁免的规定主要体现在第1609节、第1610节和第1611节。其中，第1609节是关于执行豁免的原则性的规定，第1610节规定了执行豁免的例外，第1611节规定了免于执行的特定种类的财产。

第1609节的内容是："外国国家除本章第1610节和1611节规定外，在美国联邦法院或州法院享有免于财产扣押、扣留和执行的豁免，但以本法颁布使美国已参加的现有国际协议之规定为限"。该节的规定说明美国在《外国主权豁免法》出台后，对管辖豁免和执行豁免仍然是区分对待的。原则上，外国国家享有执行豁免，但是规定了若干例外。

第1609节的内容非常复杂，总共规定了六条例外。第一条例外的

---

① Hazel Fox, *The Law of State Immunity*, pp. 377-378.

内容是"为执行美国联邦法院或州法院自本法施行之日起作出的判决，本章第 1603 节第一条之规定的外国国家在美国用于商业活动的财产，不享有免于为协助执行而进行的扣押的豁免或免于执行的豁免，如果：

一、外国国家已明示或默示放弃为协助执行而进行的扣押的豁免或执行的豁免，尽管该国可能试图撤销放弃豁免，依放弃的条件撤销者除外，或

二、该财产正在或曾经用于商业活动，且与诉讼标的的要求有关，或

三、财产的执行与确立违反国际法征收的财产权或将该财产交换取得的其他财产权的判决密切相关，或

四、财产执行与如下财产权的判决相关。

（一）通过继承或捐赠所得的财产。

（二）位于美国境内的不动产，且该财产未被用作维系外交或领事使团工作或作为这些使团团长居住场所，或

五、该财产构成合同义务，或构成外国国家或其雇员因投保汽车，其他责任险或事故险而从保险人那里取得的保险契约上的财产且该财产包括在判决中的诉讼请求内。

六、判决是基于请求执行针对外国的不利的仲裁裁决，如果为协助执行而进行的扣押或执行与仲裁协议中的任何规定均无冲突，或

七、判决与外国国家根据第 1605 节第一条第七款不享有管辖豁免的诉讼请求相关，不论该财产是否正在或曾经涉及引起诉讼请求之行为。"

该条的内容针对的是"外国国家在美国用于商业活动的财产"，既说明了财产的性质，也说明了财产所处的位置。所以，不享有执行豁免的财产必须与美国有领土联系，而性质应为商业目的。不过，第三款规定财产应该"与诉讼标的的要求有关"，就进一步限制了能够执行的财产的范围，也就是说，并不是所有的用于商业活动的财产都能够被执行。值得注意的是，第五款规定如果"构成外国国家或其雇员因投保汽车，其他责任险或事故险而从保险人那里取得的保险契约上的财产"，那么该项财产可以被执行。这主要是为非商业侵权例外

设定了一个比较专门的执行豁免例外。我们知道，在《外国主权豁免法》进行审议时，非商业侵权例外主要是为了应对交通事故引发的侵权，目的是令保险公司能够赔付受害人。① 这一款的规定就是为了使保险公司的赔偿能够到位。不过，对于其他种类的侵权行为，该款并未能覆盖。第1610节第二条是对"外国国家的机构或部门在美国用于商业活动的财产"规定的执行豁免例外。较外国国家本身的财产，机构或部门的财产所能享有的执行豁免的空间比较有限。

在《外国主权豁免法》的实施过程中，人们发现，对于国家支持的恐怖主义的侵权行为的判决几乎无法执行。为了回应国内人民的呼声，美国对《外国主权豁免法》的执行豁免部分进行了修正。《外国主权豁免法》第1610节第一条第七款和第六条就是修正后的产物。第1610节第一条第七款规定，"判决与外国国家根据第1605节第一条第七款（该条款为'恐怖主义例外'）不享有管辖豁免的诉讼请求相关，不论该财产是否正在或曾经涉及引起诉讼请求之行为。"第1610节第六条规定，"尽管有其他法律条文的规定，包括但不限于《外国使团法》第208节第五条，如果有关一财产的财政交易，根据《与敌国通商法》第5节第二条、1961年《对外援助法》第620节第一条、《国际应急经济强国法》第202节、第203节、或任何其他公告、法令、法规，或依其颁发的许可令，受到禁止或管制，则该财产在外国国家（包括该国任何部门或机构）主张此类财产根据第1605节第一条第七款之规定不享有管辖豁免的诉讼请求中可以被执行或为协助执行而被扣押，但本款第二项的规定除外……"

从以上的条文可见，美国《外国主权豁免法》在执行豁免方面比英国《国家豁免法》和《联合国国家及其财产管辖豁免公约》的规定更加"激进"一些。所谓的"激进"，既有正面的意义，也有否定的意义。从正面意义来讲，《外国主权豁免法》细化了执行豁免的规定，对非商业侵权行为有关的情况设定了专门的例外条款，以保障交通事故受害人的合法权益。同时，《外国主权豁免法》意识到了受恐怖主义

---

① H. R. REP. NO. 1487, 94th Cong., 2d Sess. 17.

侵害的受害人很难通过对用于商业活动的财产的执行而获得赔偿，所以对恐怖主义行为设定了专门的执行豁免的例外。以上的做法都有助于保障私人当事者的利益。然而，从否定的意义来讲，《外国主权豁免法》对恐怖主义活动设定的执行豁免例外突破了国际社会的一般做法，没有顾及到主权平等的原则，而且美国在对支持恐怖主义国家做出判断时不无政治性，造成了对其他国家的不公待遇。

三、国际立法与国内立法的比较分析

有关执行豁免的国际、国内立法文件都各具特色，反映出不一样的出发点和目的。从《联合国国家及其财产管辖豁免公约》的编纂历史来看，公约的很多内容借鉴了英国《国家豁免法》与美国《外国主权豁免法》的相关部分，特别是后者。因此，《联合国国家及其财产管辖豁免公约》与《外国主权豁免法》是有比较研究的可能性的。通过比较研究，展现公约对《外国主权豁免法》内容的取舍，从而折射出执行豁免问题的发展趋势。

从限制程度来看，公约比《外国主权豁免法》对执行豁免的限制更多。这一方面是因为《外国主权豁免法》的某些规定确实超出了国际社会对执行豁免的认识范畴；另一方面是因为公约作为国际条约，必须得到一定数目的国家的共同同意，方能生效。同时，公约的目的是"有助于国际法的编纂与发展及此领域实践的协调"。既然为了协调，当然会采取折衷的立场，而不会选择"出格"的做法。

尽管如此，从整体结构来看，公约与《外国主权豁免法》是比较接近的。二者都是以财产的性质作为是否给予执行豁免的根据，即对财产是否用于商业用途做判断。这种方法比较简单明了，但是缺点是不具有确定性。[①] 不过，为了避免不确定性，《外国主权豁免法》做了更具体的规定。它首先明确只有用于商业用途的财产才能被执行，之

---

① Kindall, Immunity of States for Noncommerical Torts: A Comparative Analysis of the International Law Commission's Draft, p. 1871.

后对这种财产设定了几项条件。值得注意的是，它设定的条件是与管辖豁免的例外有一定的对应关系的。比如，第1610节"外国国家财产免于扣押和执行的豁免的例外"的第一条第一款对应的是第1605节"外国国家管辖豁免的一般例外"的第一条第一款；第1610节第一条第二款对应的是第1605节第一条第二款。因此，我们发现，《外国主权豁免法》中有主要针对国家侵权行为的执行豁免例外规定。这比较能够满足侵权行为受害人获得赔偿的需求。

因此，《外国主权豁免法》与《联合国国家及其财产管辖豁免公约》的区别主要在于前者在管辖豁免的例外与执行豁免的例外建立了比较密切的联系，而后者却并未建立这样的互动关系。不过，国际法委员会的特别报告员曾经试图在管辖豁免与执行豁免之间建立联系，只不过因为种种原因未果。[①] 这次尝试的失败对于执行豁免制度的发展非常不利，特别是对于国家侵权行为的执行豁免问题。从公约的文本来看，侵权行为的受害人希望通过执行豁免的例外而获得赔偿的希望是非常渺茫的。

纵览有关国家豁免的国际条约、国内立法，我们发现，书中列举的所有立法文件无不沿循区分说的做法，即对管辖豁免和执行豁免分别对待，而且一般赋予后者以更高的绝对性。立法文件还都采取了通过确定财产性质来决定是否赋予执行豁免的做法。一般的规定都是只有用于商业用途的财产才能够被执行，并且又设定若干的条件。条件之严格使得大多数的私人当事者只能望洋兴叹。对于国家侵权行为的受害人而言，他们面临的处境更加困难。因为相较于商业交易活动的相对人而讲，他们既不能选择是否与国家产生关系，又往往无法与国家的商业用途财产产生联系。同时，国家侵权行为在国家管辖豁免的各项例外中，有特殊的性质，它违反了法院地国的法律，实际上是应该受到一定的制裁的。所以，国家侵权行为应该有专门的执行豁免例外。然而，我们只能从美国《外国主权豁免法》中找到为国家侵权行为设定执行豁免例外的痕迹。不过，美国在设定时，一方面主要针对

[①] Sucharitkul, Seventh Report on Jurisdictional Immunities of States and Their Property.

交通事故的保险赔偿,另一方面主要指向国家支持的恐怖主义活动,并没有覆盖全部类型的国家侵权行为。而且,美国在恐怖主义的执行豁免例外中,采取了比较"出格"而颇具政治性的规定,有侵犯他国主权之嫌,并不能成为国际社会的一般国家实践的代表。因此,在国家侵权行为的执行豁免的立法方面,尚处于非常初级且不成系统的阶段。

第三节 国家侵权行为的执行豁免的实践情况

尽管国际和国内立法并没有给予国家侵权行为的执行豁免以应有的关注,但在实践中围绕这个问题的争议却层出不穷。无论是国际司法机构,还是国内司法机构,都不得不正面应对这个问题。可以说,国家侵权行为的执行豁免的实践走在了立法的前面,并且将引导立法发展的趋势。下文将分别对国际司法机构和国内司法机构的相关实践进行比较分析。

一、国际司法机构对国家侵权行为的执行豁免的态度与立场

国际法院在德国诉意大利"管辖豁免案"中对国家的侵权行为的执行豁免问题进行了一次比较全面的分析。上文曾述及,在本案中,几个希腊国民试图在意大利执行希腊法院做出的德国为迪斯多摩大屠杀进行赔偿的判决。意大利佛罗伦萨上诉法院于2006年6月13日裁决希腊法院的判决是可执行的。于是,希腊原告就在2007年6月7日在科莫省的土地登记处要求对德国位于意大利的国家财产——韦格尼别墅进行抵押登记。德国向国际法院起诉称,意大利对德国国家财产所采取的执行措施违反了德国依据国际法所享有的执行豁免。意大利没有说明执行措施的合法性,反而通知法院,如果法院决定要求意大利取消科莫省土地登记处对韦格尼别墅采取的抵押措施,那么,意大利

将不会做任何反对。意大利的立场是有趣的。在本案中，德国要求国际法院就包括执行措施在内的三个问题作出判决。① 意大利对除执行措施以外的两个问题都进行了针锋相对的回应。② 唯有对执行措施的问题，没有做任何的辩解，似乎预示着意大利本身对这个问题也并没有信心。事实上，法院的判决也并没有在这个问题花费过多的精力与篇幅。虽然一些法官对法院的判决做了个人意见或反对意见，但是大家都一致地没有对执行措施部分的判决做反对意见。

本案的起因是德国在二战中强迫劳动和大屠杀的行为。如果用限制豁免论中的"统治权行为"和"管理权行为"来决定管辖豁免与否的话，那么结果一定是非常简单，即德国得因"统治权行为"而享有管辖豁免。然而，因为侵权行为例外的出现，将这个问题复杂化了。因为侵权行为例外的逻辑出发点就是不区分"统治权行为"和"管理权行为"。③ 于是，国际法院将大量的精力用在解决这个问题上。

至于侵权行为的执行豁免问题，法院首先指出，国家对位于他国领土之上的财产享有的执行豁免的程度要高于国家在他国法院所享有的管辖豁免的程度。④ 这就意味着，即使是法院地国合法地做出了对外国国家法院的判决，也不意味着败诉的外国国家位于法院地国的财产就要接受法院地国或其他国家采取的执行措施。同样地，即使外国国家在管辖程序中放弃了豁免，也不意味着它放弃了执行豁免。于是，法院指出，习惯国际法关于执行措施的豁免的规则与关于管辖程序的豁免的规则是独立的，必须分别适用。⑤ 这样的态度表明，国际法院不仅依循了"区分说"的做法，还认为"区分说"已经构成了国际习惯。那么，即使是本案中在管辖程序方面需要考察侵权行为例外，也不一

---

① Case Concerning Jurisdictional Immunities of the State, Memorial of the Federal Republic of Germany, available at http://www.icj-cij.org/docket/index.php?p1=3&p2=3&k=60&case=143&code=ai&p3=1.

② Case Concerning Jurisdictional Immunities of the State, Counter-Memorial of Italy, available at http://www.icj-cij.org/docket/index.php?p1=3&p2=3&k=60&case=143&code=ai&p3=1.

③ Case Concerning Jurisdictional Immunities of the State, Separate Opinion of Judge Bennouna, available at http://www.icj-cij.org/docket/index.php?p1=3&p2=3&k=60&case=143&code=ai&p3=4.

④ Jurisdictional Immunities of the State, I.C.J. Judgment, p. 43.

⑤ Jurisdictional Immunities of the State, I.C.J. Judgment, p. 44.

定在执行程序中考虑这个例外了，而是要区别地对待执行豁免。那么在国际法院看来，执行豁免是绝对的吗？它存在什么例外吗？

为了确定执行豁免的范围，德国援引了《联合国国家及其财产管辖豁免公约》第19条。上文曾述及，该条对执行豁免设定了三条例外，即，外国国家明示同意采取强制措施；外国国家已经专门拨出或指定财产；已经证明财产的非商业性用途。不过，很明显的是，《联合国国家及其财产管辖豁免公约》尚未生效。尚未生效的条约是不具有法律拘束力的。然而，德国称，公约的执行豁免方面是根据一般国际法的既存规则而编纂的。因此，公约在执行豁免方面的条款是有效的，因为它反映了该问题的习惯国际法规则。尽管国际法院也指出，当公约处于编纂过程中时，关于执行豁免的条款引起了长久而困难的讨论。然而，令人惊讶的是，国际法院完全没有分析德国的以上论断是否正确，而是直接指出分析这些条款有没有反映习惯国际法是没有意义的。事实上，法院指出，在对外国国家的财产采取执行措施时，至少要满足一个条件，即争议中的财产必须不能用于政府非商业目的，或者国家应该明确同意对其财产采取执行措施，抑或是国家指定了某项争议中的财产来执行法院的判决。尽管我们看不出法院以上所指出的各项条件与《联合国国家及其财产管辖豁免公约》第19条中的各项条件除了措辞方面，有任何的不同。然而，法院却指出这些条件是在国内法院通过长期实践确立的。为此，法院举出了德国宪法法院、瑞士联邦法院、英国上议院、西班牙宪法法院等国内法院的案例作为支撑。[①]

那么，本案中的执行措施是否符合上述的条件呢？意大利曾描述韦格尼别墅是意大利和德国在科研、文化和教育领域合作的展示中心，并承认意大利直接影响了双边关系的协调机制。这意味着，韦格尼别墅完全不是用于非商业目的的财产，而是德国的政府非商业财产。德国从来没有同意意大利针对韦格尼别墅采取执行措施，同样也没有专门指定韦格尼别墅作为判决的执行财产。因此，意大利对韦格尼别墅

---

① Jurisdictional Immunities of the State, I.C.J. Judgment, p. 45.

采取的执行措施不符合关于执行豁免的国际实践。国际法院由此宣布，意大利对韦格尼别墅所采取的执行措施违反了其对德国负有的尊重其豁免的义务。

国际法院在本案中对执行豁免的判决实际上对国家侵权行为的执行豁免问题的发展全无推动，它虽然依赖于国内法院司法实践所构成的国家实践，却避重就轻地没有提到美国和其他国家的相关实践。而且尽管事实上援引了《联合国国家及其财产管辖豁免公约》的相关条款，却自称没必要论证其是否构成了习惯国际法。当然，法院也没有考虑到国家侵权行为的特殊性，没有指出对侵权行为的受害人应该有特别的对待。此外，法院指出"区分说"已经构成了国际习惯，但是却没有说明新的发展趋势，即"区分"中又有"联系"。因此，尽管判决的最终结果也许是符合一般国际实践的，但是国际法院却采取了过于保守而避重就轻的做法，没有在判决中做到推动国家侵权行为的执行豁免问题的逐渐发展的作用，所以难免令人感到失望。同时，本案基本上终结了战争中的受害者向国家提出赔偿的努力。因为，即使国内法院做出了有利于受害者的判决，判决也是无法执行的。

二、国内法院对国家侵权行为的执行豁免的态度与立场

从上文的分析来看，国际司法机构在判决中非常依赖国内法院在相关领域的实践。这存在深层次的理由：因为国家豁免虽然是国际法上的原则，却总是在国内法院以适用国内法的方式得到适用的。国家的实践往往要领先于并具体于国际法上的相关规则。在执行豁免的领域，美国的实践无疑是处于国际前列的。为此，有必要通过美国法院的实践做法，折射国内法院处理此类的问题的态度与立场。

从美国在国家侵权行为的执行豁免方面的立法来看，美国在世界各国中处于领先的地位。而美国的《外国主权豁免法》中，最为激进的就是对执行豁免的恐怖主义例外的规定。在《外国主权豁免法》修订之前，美国法院也曾涉及到关于国家侵权行为的执行豁免问题，其中以著名的"莱特利尔案"为代表。前智利驻美国大使莱特利尔在美

国被智利政府派人谋杀后，莱特利尔的遗孀向美国法院提起了对智利共和国的侵权行为诉讼。之后，她获得了美国法院做出的胜诉判决。于是，她向美国法院提出要求执行智利国家航空公司在美国的财产。第二巡回法庭指出，智利国家航空公司的飞机与本案没有关系，因此无法执行。① 这反映了当时的美国司法实践要求可执行的外国国家除了必须用于商业目的之外，还必须与争议中的情况有关系，否则便不得被执行。② 该问题最终不得不通过外交途径解决。1990年，美国与智利签订了《关于解决莱特利尔和墨菲特死亡赔偿争端的协定》，最终解决了赔偿问题。③

如上文所述，美国于20世纪90年代对《外国主权豁免法》进行了修订，不仅对执行豁免增加了一项恐怖主义例外，还规定被害人有权请求"惩罚性的损害赔偿"。我们知道，正是"弗莱特诉伊朗案"才促成了《外国主权豁免法》的修正。在该案中，一美国公民所乘汽车遭巴勒斯坦极端组织"吉哈德"的自杀式爆炸，该公民当场死亡。该案的判决结果是伊朗政府应为支持恐怖活动而负责，承担的补偿性赔偿数额为2,513,220美元，惩罚性赔偿数额为225,000,000美元。本案的原告试图执行伊朗政府的不动产和银行账户资金。不过原告所要求执行的财产是根据美国—伊朗索赔法庭的裁决将由美国政府付给伊朗政府的，当时还在美国财政部掌握中。美国地区认为这项财产仍然是美国的财产，尽管已经被为特定目的而"划拨"。原告还指出，这项财产是"为了商业目的"的财产，因为裁决的内容是关于飞机部件的销售合同的索赔。然而，法院指出，由于这项财产是美国的，所以不能适用《外国主权豁免法》，该法只能适用于外国国家。当原告准备上诉时，美国政府将这项财产转移给了伊朗。

原告也试图执行一个非收益慈善基金会的资产，但是法院认为不能证明基金会是伊朗的机构、部门，也不能证明它被伊朗政府控制，或者与本案的争议有任何关系，所以不能予以执行。原告又试图执行

---

① 748 F. 2d 790 (2d Cir. 1984).
② Hazel Fox, *The Law of State Immunity*, p. 384.
③ 夏林华：《不得援引国家豁免的诉讼若干问题研究》，武汉大学2007年博士学位论文，第107页。

伊朗的外交馆舍，并要求冻结伊朗驻联合国代表团的银行账号。原告称，出租外交馆舍构成了商业活动。美国政府对此回应道，这样的做法将会违反《维也纳外交关系公约》。伊朗的外交馆舍之所以会被出租，是因为美国与伊朗在断绝外交关系后，美国将伊朗的外交馆舍出租给了第三方，当时伊朗是不同意的。美国称出租是为了避免令馆舍不可逆转地无法修复。法院认为，伊朗在断绝外交关系前对馆舍的使用毋庸置疑地是主权性质的，目的是为了进行外交活动。美国随后控制了外国国家的财产并维护的行为同样是主权活动。因为租金的目的是维护财产，避免其不能修复。所以，外交馆舍是不能够被执行的。至于伊朗外交使团的账号同样不是为了商业目的，也是不能执行的。[1]

在"亚历山德拉诉古巴共和国案"中，美国法院认定古巴应赔偿的数目总计1.87亿美元。不过，本案的执行程序同样并不顺利。原告在判决作出后，请求法院执行一家电信公司的应得收入，因为这家电信收入的大股东是古巴。上诉法庭认为，尽管电信公司是古巴所拥有的公司，但是该公司与击落飞机完全没有任何关系，如果执行电信公司的应得收入，将会造成重大的不公平。[2]

由此可见，尽管根据美国《外国主权豁免法》，做出侵权行为的外国国家的执行豁免有可能受到限制。但是，在实践中，对外国国家财产的执行依然是一个极其复杂、困难的过程。获得外国国家赔偿的最理想方法是事先获得外国国家的书面弃权材料。不过，即使是这样，也很难确定应该执行哪部分财产，以及书面弃权的做出主体是否适格等。因此，国家侵权行为的执行豁免问题在美国法中依然是一个大的难题。尽管立法为受害人提供了可能，但是这种可能在实践中得到实现的可能比较渺茫。因为，执行豁免问题不可能不影响到外国国家的主权，即使是美国政府，也不可能不考虑这个问题。

---

[1] 74 F. 2d Supp. 18 (DDC 1999).

[2] 183 F. 3d (11th Cir. 1999).

三、结论

从国际司法机构和国内司法机构的实践来看，国家侵权行为的执行豁免问题的发展并不平行于管辖豁免问题。目下，虽然国家侵权行为的受害人有可能获得有利于他们的判决，但是令判决得到执行则异常困难。通过法院地国法院强制执行外国国家财产而获得赔偿的情况几乎是前所未有的。即使意大利法院强制执行了德国的国家财产，但是也被国际法院所否认。所以，受害人往往面临的只能是失望。我们知道，美国《外国主权豁免法》在国家侵权行为的执行豁免方面的规定既具有建设性，也有"激进性"。尽管是这样，美国法院在面临对外国国家财产的执行请求时，依然不能不接受美国政府所发出的讯息。从而，使得执行外国国家财产几乎成为不可能，即使是在恐怖主义例外的情况下。

因此，纵览有关国家侵权行为的国际与国内立法、国际与国内司法实践与立场，我们可以得出以下的结论：在管辖程序胜诉的当事人基本上无法令法院地国法院强制执行外国国家财产而获得赔偿，除非外国政府同意。基于这样的事实，胜诉的当事人可能并不能通过司法程序获得赔偿，他们只能转向通过向政府施压，而从外交途径获得一定的赔偿。而外交途径取决于政治因素的左右，所以具有太大的不确定性。由此可见，尽管国家豁免要在国家利益与私人权益之间取得平衡，在执行豁免方面，天平依然倾向于国家利益方面。不过，随着国际社会人本化思潮的影响，这一组关系的平衡能否实现，我们拭目以待。

第6章
中国有关国家侵权行为的管辖豁免问题

第一节 中国在国家豁免领域的实践情况

关于中国对国家豁免所持的基本立场，有学者认为我国基本上是采取绝对豁免主义政策的，不过，近些年来，我国的立场逐渐缓和，体现了限制豁免的倾向；[①] 还有人指出我国所采取的立场和实践并不统一，或是较为务实。究竟如何，我们须考证我国有关国家豁免的立法和条约实践，并对相关司法实践加以分析，才能做出正确的认定。

一、中国的立法实践

由于各种原因，我国一直没有专门的法律处理国家及其财产管辖豁免的问题。[②] 有关国家豁免的规定散见于一些法律、法规中。

1991年的《中华人民共和国民事诉讼法》第239条规定："对享有外交特权与豁免的外国人、外国组织或者国际组织提起的民事诉讼，

[①] 曾涛：《中国在国家及其财产管辖豁免问题上的实践及立场》，《社会科学》，2005年第5期，第55页。

[②] 邵沙平主编：《国际法》（第二版），第158页。

应当依照中华人民共和国有关法律和中华人民共和国缔结或者参加的国际条约的规定办理。"但这条规定是仅指外交特权与豁免，能否扩大至国家豁免，存在着不同的理解。①

1992年的《领海与毗连区法》第10条中规定，中国主管当局对于外国军用船舶和外国政府的非商业船舶不实行管辖。这是一种区别对待的态度，体现了外国政府的商业船舶不享有管辖豁免的立场。从历史上看，早期的国家豁免案件大多是涉及外国政府商船的案件。英国和美国这两个较长时期坚持绝对豁免论的国家，在向限制豁免的转变过程也是以外国政府商船不再享有豁免为突破口的。

2005年10月25日通过并施行的《中华人民共和国外国中央银行财产司法强制措施豁免法》第1条规定，中华人民共和国对外国中央银行财产给予财产保全和执行的司法强制措施的豁免；但是，外国中央银行或者其所属国政府书面放弃豁免的或者指定用于财产保全和执行的财产除外。全国人大常委会决定将该法列入香港和澳门两特区基本法附件三以适用于两特区。② 制定该法的直接原因是为了维护香港特别行政区的国际金融中心地位。1997年以前，香港一直根据英国《国家豁免法》及其延伸法令《国家豁免（海外领土）令》（State Immunity（Overseas Territories）Order）的有关规定，给予外国中央银行财产以绝对的执行豁免，法院不对其采取任何强制措施。1997年之后，英国《国家豁免法》在香港不直接再适用。③ 从而，香港在外国中央银行财产执行豁免方面出现了法律空白，香港国际金融中心的地位受到威胁。

该法是我国第一部关于国家财产豁免的专门立法，但是，该法总共只有四条规定，关注的问题只在于外国中央银行财产的执行豁免，而未涉及更大范围的国家豁免的其他问题。不过，"书面放弃豁免的或者指定用于财产保全和执行的财产除外"④ 这样的例外规定也证明国家

---

① 黄进，《国家及其财产豁免法的一般问题》，第255—256页。
② 香港和澳门特别行政区基本法附件三所列明的是在香港和澳门所施行的全国性法律。
③ HongKong Judgment, CACV 43/2009, para 45.
④ 2005年《中华人民共和国外国中央银行财产司法强制措施豁免法》第1条。

豁免并非是绝对的，而是具有一些限制或例外的。

2007年，最高人民法院发布了《关于人民法院受理涉及特权与豁免的民事案件有关问题的通知》，《通知》中指出，"凡以下列在中国享有特权与豁免的主体为被告、第三人向人民法院起诉的民事案件，人民法院应在决定受理之前，报请本辖区高级人民法院审查；高级人民法院同意受理的，应当将其审查意见报最高人民法院。在最高人民法院答复前，一律暂不受理。第一，外国国家……"。[①] 这一通知证明，在得到最高人民法院的肯定答复后，我国法院已经能够受理以外国国家及其他豁免主体为被告的案件，与此前的不承认外国法院对我国的管辖权同时本国法院不受理以他国国家为被告的案件的做法有所变化。不过，《通知》处于司法解释的层面，而且对审理以国家和其他豁免主体为被告的案件未作具体规定。

二、中国的条约实践

我国赞成通过达成国际协议来消除各国在国家豁免问题上的分歧。我国还认为在具体情况下，主权国家可以自愿地放弃豁免。中国的条约实践反映了它在国家豁免领域所展现的务实性，以达成便利国际合作、化解国际矛盾及促进国际交往的目的。

在双边条约方面，我国与他国所缔结的一系列条约中都含有放弃管辖豁免的条款。以1958年我国与苏联缔结的通商航海条约为例，该条约的第4条规定，"贸易代表团应享有主权国家所享有的有关外国贸易的所有豁免，唯有以下几项双方达成共识的例外，第一，根据条约第3条，在接受国领土上发生的，与由贸易代表团缔结或承认的外贸合同有关的争议应该接受上述国家法院的管辖……"[②] 根据该条规定，在互惠的基础上，中国同意以例外的方式放弃与其贸易代表团在苏联所从事的特定商业行为的管辖和执行豁免。

[①]《关于人民法院受理涉及特权与豁免的民事案件有关问题的通知》，法释[2007]69号。
[②] China-Soviet Union Treaty of Trade and Navigation, United Nations Treaty Series, vol. 313.

另外，20世纪50年代末之后，双边投资协定一般既含有促进与保护投资的实体规定，又有为解决外国自然人或法人与东道国之间的争端而设立的解决投资争端的条款。双边投资协定中的争端解决条款对于国家与外国私人间矛盾的解决提供了新思路，有些协定规定东道国自愿将争端提交给国际仲裁机构解决，并接受仲裁决定。这样，投资争端发生后，投资者便能够与东道国处于相对平等的地位。对于东道国来说，其并没有放弃在任何外国国家法院的管辖豁免，但却实质上接受了国际仲裁机构的决定。在双边投资协定之下的争端解决机制就是对国家豁免的一种约束，也是对外国投资者的潜在救济。中国与一部分国家缔结了含有上述条款的双边投资协定，因而是为了吸引投资者和发展国内经济而在一定程度上对国家豁免做了自我限制。

在多边条约方面，我国缔结的1969年《国际油污损害民事责任公约》(International Convention on Civil Liability for Oil Pollution Damage)第11条规定，"本公约各项规定不适用于军舰或其他为国家所有或经营的在当时仅用于政府的非商业性服务的船舶。对于政府所拥有的商用船舶的诉讼，每一缔约国应服从第9条所设立的管辖权，并应放弃其作为主权国家而拥有的抗辩主张。"因此，我国已经放弃了政府拥有的商用船舶的管辖豁免。

在国家豁免领域，国际法的编纂和发展的主要成果当然要首推《联合国国家及其财产管辖豁免公约》。中国积极参与了国际法委员会对国家豁免专题的编纂过程，并且提出了看法和建议。1986年联合国大会第六委员会会议上，中国政府代表对于一读通过的《关于国家及其财产管辖豁免条款草案》评论道，国家享有豁免是一项重要的国际法原则，一国非经其同意不受他国法院管辖。在各国存在原则性分歧的情况下，应研究如何取得合理的平衡并达成一致谅解。关于国家豁免的"例外"，中国政府代表认为可以对国家豁免规定某些例外，如"商业合同"、"商业船舶"和"不动产的所有、占有和使用"等。①

1991年联合国大会第六委员会会议上，中国政府代表对于二读通

---

① 《中国国际法年刊（1987年）》，北京：法律出版社，1987年版，第835页。

过的《关于国家及其财产管辖豁免条款草案》评论道,"国家豁免是基于国家主权和主权平等的一项国际法基本原则……为了维护和促进国家间正常的往来和经贸关系,可以就国家管辖豁免制定一些例外的规定。然而,考虑到国家豁免原则的性质和内涵,这些例外必须限于确有实际需要的某些情况而保持在最低限度上"。[①]

在2003年联合国大会第58次会议上,中国代表再次表明了态度,"对于条款草案的实质内容,坦白讲,现在的文本并不如期待的那样令人满意、完美无缺。但是,我们也充分意识到,文本已经代表了参加各方所能达成的最好方案。国家及其财产管辖豁免问题是国际法的重要议题,应得到世界各国的普遍重视。当前的条款草案是各国妥协的产物,我们希望世界各国都珍惜这一结果并接受条款草案。"

2005年9月14日,中国正式签署了《联合国国家及其财产管辖豁免公约》,由于公约有不得援引国家豁免的诉讼的规定,这反映了我国原则上并不反对就国家豁免原则规定一些例外条款。[②] 由此可见,中国曾经长期坚持的绝对豁免的主张已经发生了变化。不过,中国尚未批准该条约,且随后在国内也没有进一步的有关国家豁免的立法和司法实践。

三、中国的司法实践

由于我国曾经坚持绝对豁免主张,我国法院从不受理以外国国家为被告的案件,但我国国家及国家代表却不能在其他国家获得对等待遇,而是常作为被告出现在外国法院。早期的一些案件中,我国往往声明国家不得在另一国法院被诉,拒绝参与诉讼程序,倾向于通过以外交途径使对方法院撤销案件。如在美国法院审理的几个有关我国的管辖豁免的案件中,我国外交部都与美国国务院进行了沟通,要求美国国务院向法院提交利益证明书等文件。但是,国家管辖豁免问题的

---

① 《中国代表孙林关于国际法委员会报告中"国家及其财产的管辖豁免"议题的发言》,1991年,第4—6页。

② 董立坤:《国际私法论》,北京:法律出版社,2000年版,第192页。

立法化、成文化趋势非常明显,许多国家都制定了专门的法律,这在一定程度上表明:在这个问题上,行政权开始向司法权转移,也就是说,通过立法,这些国家将国家豁免问题留给法院来判断,而不再由行政部门来对此加以干涉。因此,这些国家的行政部门往往不愿意对法院的审理活动进行干涉。美国在这个问题上的表现特别明显。在1952年的泰特信函后,美国国务院常对美国法院受理的相关案件提出给予或不给予豁免权的建议。后来,为了公正和透明性的实现,又出现了一种准司法性质的听证程序。当美国的《外国主权豁免法》出台后,行政部门对这个问题的建议权越来越呈现收缩的趋势。① 在这种情况下,我国政府也开始积极处理涉诉案件。

(一)20世纪40年代至20世纪70年代的案件

在我国建国初期,国际环境十分不稳定,我国还面临着他国的压力,涉及我国的很多案件主要与国家财产和债务继承有关。其中,"两航公司案"(The HongKong Aircraft Case)是我国建国后面临的第一个涉及国家和国家财产的案件。1949年11月9日,原属旧政府的中国航空公司和中央航空公司员工在香港起义。11月12日,我国中央人民政府宣布两个航空公司及其财产属于新中国。② 这属于新政府对旧政府财产的继承。不过,撤往台湾的国民党当局却于12月12日将两航公司的几十架飞机卖给两个美国人,并由其转卖给在美国注册的"民用航空运输公司"。由于两航员工的反对,未能交付。于是,美国的"民用航空运输公司"以迟延交付为由在香港法院提起诉讼,香港法院认为两航公司财产属于中华人民共和国政府,从而得享有国家豁免。"民用航空运输公司"又将该案上诉至英国枢密院。从国际关系方面来看,英国政府已经于1950年1月承认了中华人民共和国政府;从司法实践方面来看,英国法院仍在坚持绝对豁免主张;从诉讼参与方面来看,我国未派人参与诉讼,却多次提出外交抗议。尽管如此,英国枢密院却

---

① Barry E. Carter et al., *International Law* (fifth edition), pp.565-566.
② 《中华人民共和国对外关系文件集》第1集,北京:世界知识出版社,1958年版,第88页。

做出了不利于我国的缺席判决，判决的理由并非是中国的新政府因不具有资格而无法主张国家豁免，而是新政府是通过违反英国殖民地法律的方式武力获得飞机。① 判决似乎是意味着外国政府所控制或拥有的财产如果是通过违反当地法律的方式获得的，该政府对此项财产便不再享有豁免。② 中国政府强烈抗议英国法院的判决，称"英国政府无权对中国在香港获得的两航公司的资产实施管辖，同样，英国政府无权转移、控制和侵害上述资产。英国政府必须立刻停止针对中国主权的不法行为"。③ 而且，在英国枢密院判决宣布后，中国政府立即采取了报复措施，征用了上海英资英联船厂及马勒机器造船厂的全部财产。④

除了与政治环境密切相关的案件外，我国还面临着普通的国家豁免案件。1957年瑞典的"贝克曼诉中华人民共和国案"（Beckman v. People's Republic of China）正是此类案件。该案中，原告称其已故的父亲的遗产管理人将遗产中某项不动产卖给中国是超越权限的，因而要求法院宣布买卖合同无效。我国政府拒绝应诉，不过，斯德哥尔摩市法院咨询了中国驻斯德哥尔摩大使馆，使馆称购买某不动产是为了建造大使馆，所以我国享有国家豁免。瑞典三级法院皆认为中国享有国家豁免。⑤

因此，在这一时期，我国面对的有关外国国家法院的案件大多与政治环境有关，具有较强政治性，对于这种案件，我国政府一般通过外交抗议的途径向对方政府表明立场。另外，对于普通的案件，我国政府也拒绝参与诉讼，但不排斥表态和对实际情况作出回应。

（二）20世纪70年代至20世纪90年代的案件

20世纪70年代后，由于国家豁免法已经出现了成文化趋势，美国和英国等国都推出了国家豁免立法，在这些国家，行政机关对国家豁

---

① [1953] A.C. 70.

② Sompong Sucharitkul, *State Immunities and Trading Activities in International Law*, pp. 177-178.

③ Huang Jin and Ma Jingsheng, "Immunities of States and Their Property: The Practice of the People's Republic China", *Hague Yearbook of International Law*, 1988, pp. 163-181.

④ 当代中国丛书:《当代中国外交》，北京:中国社会科学出版社，1987年版，第20—21页。

⑤ *Annual Digest of Public International Law Cases*, Vol. 24, p. 221.

免问题的影响日益减小,这样,通过外交途径来解决国家豁免案件变得难度愈来愈大。我国政府从建国初期拒绝参与诉讼程序中转变为积极应对,不排除在一定程度上参加诉讼程序。

"斯考特诉中华人民共和国案"(Scott v. People's Republic of China)又称"烟火案",是一起因产品侵权责任而引发诉讼的案件。17岁的美国人斯考特被燃放的烟火击伤了右眼,由于该烟火是由中国出口美国的,斯考特的父母遂向美国法院提起诉讼,以中国为第一被告,以美国的烟火进口商和经销商为第二和第三被告,称被告应因侵权行为承担共计600万美元的赔偿金额。

美国法院通过中国驻美使馆向外交部送达传票,我国外交部拒绝接受并照会美国国务院,声明中国应享有国家豁免。不过,经过对事实进行调查后,我国并未完全拒绝参与诉讼程序,而是委派国内有关部门向美国法院提交了答辩、声明,第一,我国作为主权国家应享有国家豁免;第二,中国政府并非本案的适格被告,中国政府与烟火生产和经销无关,应由中国土产畜产进出口公司这一独立法人作为被告;第三,涉案的烟火产品均标明安全警告,说明燃放后必得离开爆点等,且原告无法证明烟火缺陷由哪一环节造成。[①] 由于我国政府做出的上述答辩在法律和事实上都相当清楚,原告对胜诉失去把握,接受了调解并撤回了起诉。

该案中,我国政府不仅依据国家豁免对美国法院的管辖权提出异议,还对案件的实体问题做出了答辩。我国还在答辩中澄清了国有企业和国家之间责任的区别,这些都是对国家豁免问题在法律上的回答,代表着一种新的突破。

"杰克逊等诉中华人民共和国案"(Russell Jackson et al. v. The People's Republic of China)又称"湖广铁路债券案",是又一起著名的涉及中国的国家豁免案件。美国公民杰克逊等人在市场上收购了大批清政府于1911年发行的"湖广铁路债券",清政府发行债券的目的是筹集修建湖广铁路的资金。1979年,他们向美国联邦阿拉巴马北部

---

① 杨贤坤主编:《中外国际私法案例评述》,广州:中山大学出版社,1992年版,第61—65页。

地区法院提起诉讼，要求中国政府赔偿债券本息共一亿美元。法院向中国外交部发出传票，并要求中国提出答辩。中国外交部拒绝接受。于是，美国法院在1981年10月份的缺席判决中判决中国赔偿原告损失4100万美元。[①]

1983年，原告杰克逊等试图执行缺席判决。在美国政府的建议下，中国政府于1983年8月第一次雇佣当地律师在美国地区法院为撤销判决和驳回起诉的动议而特别出庭，声明美国1976年《外国主权豁免法》不能追溯适用于发生在其出台之前的商业交易活动而引起的诉因。美国国务院和司法部也向法院提交了利益陈述，表明支持中国政府的立场。联邦地区法院以案件影响"公共利益"和《外国主权豁免法》没有追溯力为由撤消了缺席判决，联邦第十一巡回上诉法院确认了判决。[②]

该案中，中国政府起初完全拒绝参加诉讼，但经过与美国政府的外交协商后，聘请了当地律师出庭抗辩并提出动议，这是我国在国家豁免案件中更加积极参加和灵活运用当地法律手段的表现。美国国务院为案件提供利益陈述并被法院采纳，是我国通过利用外交手段取得的结果，所以本案是在多种方式综合利用下结案的。值得一提的是，这是美国国务院在《外国主权豁免法》推出后，第一次参与到国家豁免案件中，其意见仍能对法院判决起到重要的作用。鉴于20世纪80年代中美关系正常化的大趋势，美国国务院说服了法院，证明在外交政策或利益可能受到影响的情况下，政府的意见会对法院产生重大影响。

（三）20世纪90年代后至今的案件

20世纪90年代后，随着世界经济一体化趋势的发展，跨国交往活动日益频繁和多样化。在这种形势下，我国国家作为被告的案件数量也在增加，并且体现出了多元化的案情。另外，国际投资活动在国际经济交往中的作用益发凸显，我国作为大量吸收外资的国家，也面临

---

① International Law Reports, Vol. 21, p. 75.
② Annual Digest of Public International Law Cases, Vol. 84, pp. 146-149.

了与国际投资有关的案件。此外，一些敌对分子在海外开始活动，我国由此面临不少的诬告我国国家领导人的案件。

2003年8月8日，美国华盛顿哥伦比亚特区联邦地区法院受理了一起备受关注的美国公民状告中国地方政府的诉讼案——华晨中国汽车控股有限公司的前主席仰融、仰融妻子和华博财务公司（仰融持70%股份）在美国起诉辽宁省政府。原告声称辽宁省政府为了自身的商业利益错误征收和控制原告在华晨中国汽车控股有限公司的股份、其他股本权益和其它财产的方案。原告以《外国主权豁免法》的"商业活动例外"为依据提起诉讼，称辽宁省的行为是在美国领土之外发生的外国政府从事的商业行为，且对美国产生了直接影响，所以应由美国法院管辖，且辽宁省政府不享有豁免。地区法院以无管辖权为由驳回起诉。① 仰融提起上诉，辽宁省政府参加了上诉程序，并称案件中其行为属于征收行为，而征收是典型的政府行为，不是商业行为，不属于《外国主权豁免法》中国家豁免的例外事项。最终，美国上诉法院认可了辽宁省政府的抗辩理由，认定案件中辽宁省政府的行为是主权行为，应该享有豁免。②

该案所涉及的是国家豁免的"商业活动例外"和《外国主权豁免法》中特有的"征收例外"，同时又因为被告是地方政府而具有特色。辽宁省政府参与诉讼，并主张豁免，对诉讼参与表现出较为积极的态度，但案件也说明了中国的地方政府应该在经济活动中厘清产权，建立一套有利于政府和民企的沟通机制，避免类似情况的发生。

2005年，加拿大天宇网络有限公司（由美国犹他州股东投资的一家公司的全资子公司）在美国犹他州地方法院对四川省政府和成都市青羊区政府提起诉讼。此案的起因是，天宇公司与成都华宇信息产业股份有限公司于2000年合资成立了为成都市提供有限电视网络服务的企业。后者拥有一种光学纤维网络——华宇光纤同轴混合网，且有权使用该网络在成都市内进行互联网和数据传输业务。然而，中国国

---

① 371 U.S. App. D.C. 507.
② 452 F.3d 883, 2006 U.S. App.

家广播电影电视总局（以下简称广电总局）于2001年5月发布了《关于制止广播电视有线网络违规融资的紧急通知》，通知严禁外商独资、合资、合作经营广播电视有线网络，同时严禁私人资本经营广电有线网络。① 尽管如此，华宇公司却没有立即对合资企业的资金进行任何处理。2003年7月，华宇公司毫无预兆地通知天宇公司，必须终止此前缔结的合同，以遵守广电总局的通知规定。天宇公司遂在美国法院起诉，诉称被告为了获取利润诱使华宇公司违反合资协议，并由此得到不当得利，从而使原告的母公司和股东丧失了预期利益。天宇公司援引了《外国主权豁免法》第1605节关于"商业活动例外"的第三种情况，认为被告的行为是"在美国之外发生的外国商业行为且对美国产生了直接影响"。②

原告向中华人民共和国司法部送达了传票和起诉状，但司法部退回了所有司法文书。后来，原告又将司法文书递交美国国务院，由美国国务院将通过外交途径将有关司法文书送达中国外交部。被告为此案专门聘请了律师，还于3月30日提交一项动议，要求延长移送管辖期限并移案至联邦地方法院审理。③ 法院认可了此项动议，该案被移送至犹他中部联邦地方法院审理。被告四川省政府和成都市青羊区政府又提出，根据《外国主权豁免法》，美国法院不具有对该案的管辖权。理由是在本案中受到被告行为影响的是位于中国的天宇公司，而天宇公司位于美国的母公司并未受到中国政府的管辖或影响。所以，原告不能仅据天宇公司受损的事实，便援引"商业活动例外"条款。法院在审理后认为，被告的行为没有对美国造成直接影响，美国法院对被告没有管辖权，所以判决驳回案件。④

此案中，被告也是中国的地方政府，但地方政府显示出对国家豁免规则的更为娴熟的掌握，不但聘请了专业的律师，还利用美国国内法中案件移送的规则，最终获得了极佳的结果。州法院出于保护州内

---

① 广发计字［2001］428号，2001年5月11日。
② 28 U.S.C. section 1605 (a) (2).
③ 28 U.S.C. section 1446 (b).
④ 2008 U.S. App. LEXIS 15003(10th Cir, Jul. 15, 2008).

企业的考虑，判决的做出往往比较不顾虑国际关系问题，而显得最终结果不利于外国主权国家。如果外国主权国家在移送管辖期限内提请移送管辖，则案件可以顺利地移送至联邦法院审理。另外，此案反映出对于"商业活动例外"条款中的"直接影响"的界定，美国法院具有较大的空间。我国将来在遇到此类案件时，要对这一点密切注意。

四、结论

从我国的立场来看，关于国家豁免可以存在例外的情况，我国已有了充分的认识，并且希望在国家豁免的原则和例外之间取得平衡，遇到具体情况时，我国一般持较为务实的态度，立场并不是完全固定不变。从我国的立法来看，我国并没有有关国家豁免的专门立法，相关规则零星见于一些法律规范中，但是，我国对外国中央银行的执行豁免问题进行了专门立法，以保证香港的金融中心地位，并鼓励外国投资的进一步发展。而最高人民法院发布的《关于人民法院受理涉及特权与豁免的民事案件有关问题的通知》则认可了我国法院受理以外国国家为被告的案件的可能性。从我国的司法实践来看，我国法院还没有受理过以外国国家为被告的案件。当我国在外国国家成为被告时，我国的应对方法有一定的变化趋势，从建国初期的坚决拒绝参加诉讼，到70年代后有原则地参与诉讼，直到近期积极面对诉讼，利用国家豁免规则维护自身利益。这样的渐变过程体现了我国政府对国家豁免的新认识，有利于维护我国国家利益。当然，我国在应对国家豁免问题时，仍有一些方面值得加强，比如，对国家豁免的例外的认识不足，对外国国家的诉讼程序不够了解，对外国法院针对中国的案件的态度仍偏消极等。

第二节　对中国的实践情况的对策与建议

限制外国国家侵权行为的管辖豁免已经成为一种国际趋势，我国对国家豁免持一种务实的态度，不否认国家豁免可以存在例外，却强调对例外的必要限制。然而国家豁免问题的特殊性在于，尽管我国作以上的表态，但其他国家不一定会给予我国以对等的待遇。这是由于国家豁免问题是国际法和国内法的结合，虽然国家豁免的原则是国际法问题，但在具体案件的审理中，却是由一国国内法院审理，适用的是国内法。认识到这样一点，我们须了解其他国家的常见做法，才能在相关诉讼中更有的放矢。

现今的时代是一个危机四伏的时代，一个充满危险的时代。现代交通方式的出现，虽使得人员往来更加快捷，但也使车祸事件愈加频繁；工业化大生产的扩张，虽使得物质产品不再匮乏，却也使产品责任案件频发；世界经济的迅速发展，虽使得有些国家大大获利，但也造成了贫富不均的现状，从而导致了民族对立以及恐怖活动的激增。这样，现代人虽然享受着高科技的恩惠，却也无往不处于危险之中。除了可能受到其他私人主体、法人的损害外，人还要面对着国家的威胁。自从国家步下了"神坛"后，自从个人和国家可以发生各种关系后，个人受到国家机器影响的危险越来越大。除了受到本国国家的损害外，个人还可能受到外国国家的损害，这就是国际法所要关注的问题。

我们应该认识到，国家豁免将永远牵涉双向的问题：我国国家可能因侵权行为而受到另一国法院的管辖；同时，我国的公民也可能因受到外国国家的侵权行为而希望在本国法院起诉外国国家。后一问题在其他很多国家的法院都是可以审理的，但我国却不受理此类案件，这可能就彻底关闭了我国公民向外国国家求偿的大门。尽管我国法院不受理此类案件，外国法院却并不因此而对我国国家给予对等待遇。所以，我国反而处于不利地位。因而，对国家豁免问题加以重新界定是势在必行的。下文将试图为相关案例的解决提出对策和建议。

一、以我国国家为被告的案件的实践操作建议

毋庸讳言，我国可能在外国法院因侵权行为而被起诉。根据外国国家法院在涉及国家豁免的侵权行为案件的一般做法，我国在应诉时，

需要综合考虑几方面的问题。

（一）对诉讼程序的接受

在传票的接收和诉讼程序的参与问题上，要分情况处理。如果据司法文书和信息来源证明，此案是别有用心的诬告案件，如"法轮功"分子对国家领导人的诬告，那么考虑到国家尊严和稳定，应拒绝接收传票，并拒绝参加诉讼程序，同时，应向对方政府提出照会，声明抗议。此种诬告案件一般是有政治目的的，如果参加这样的诉讼程序，一方面会大大消耗政府资源，另一方面将有损国家尊严。

如果根据已知的事实，确定该案是一般的个人起诉我国的案件，应该接收传票，并在一定程度上参加案件。因为处理国家豁免问题的权力已经呈现出由行政分支转向司法分支的现象，单从外交途径处理无法解决问题。根据我国往常的做法，司法部一般不会送达以政府机构为被告的案件，外国当事人大多通过将传票送给我国外交部，再由外交部转达。而这样的形式会造成实际中的送达延误或其他的问题，并最终造成诉讼期间的终结。比如，在"天宇案"中，由于送达传票经过了司法部、外交部等多个机构部门，导致被告四川省政府和成都青羊区政府起初对收到传票的时间有不一致的认识，而且也一定程度上延误了诉讼中的时间，造成超过了移送管辖的期间，最后在移送管辖问题上产生了极大的争议。① 由于美国是联邦制国家，移送管辖包括从州法院移送到联邦法院，联邦法院处理案件一般比州法院处理案件时考虑的问题更加广泛，比较有利于国家豁免案件中我国得到较为有利的结果。所以，尽快送达传票是必要的，即便不参加诉讼，也可以获得被诉的事实。而在参加诉讼的情况下，也能更快地发现和处理问题。

（二）对侵权行为性质的主张

在不同国家的法院里，对于相同性质的行为可能做出不同的判

---

① 2008 U.S. App. LEXIS 15003(10th Cir, Jul. 15, 2008).

决。这是因为，在外国国家侵权行为的案件中，欧洲大陆法系国家传统上将外国国家侵权行为也作主权行为和非主权行为的区分，而且承认前一种行为的管辖豁免。比如，联邦德国法院1957年审理的"英国管辖豁免案"[1]、荷兰法院1987年审理的"诉联邦德国案"[2]、波兰法院1926年审理的"捷克斯洛伐克共和国侵权责任案"[3]、意大利法院1966年审理的"辛尼格里奥诉印度尼西亚大使馆和洲际保险公司案"[4]、法国法院1968年审理的"西班牙国营铁路交通部门诉卡瓦利法人案"[5]等。而与此相反的是，英美等国对外国侵权行为不再适用这样的传统区分方法。[6]即使是我国主张侵权行为属于主权行为或非商业行为，英美等国法院也会在一定条件下行使管辖权。所以，在英美国家应诉，我国不必在证明行为性质方面花费过多力量。

由此可见，在欧洲大陆国家，可以在诉讼过程中侧重于做侵权行为属主权行为或非商业行为的主张；而在英美国家，在诉讼过程中的侧重点就不再是证明侵权行为是不是主权行为了。不过，由于《联合国国家及其财产管辖豁免公约》的出台，情况变得有所不同。《公约》在有关人身损害和财产损失的条款中，并没有再区分主权行为和非主权行为。那么，以后欧洲大陆法系国家在处理类似案件时，是否会效仿《公约》中的做法，这是有待密切观察的问题。

（三）对侵权行为认定的主张

上文中已经述及，国内法院所能够管辖的外国国家侵权行为在认定上要比一般的国内法上的侵权行为的要求更严格。其中，最为重要的两个要件是领土联系和有形损害，而这两点也是在诉讼中获得有利判决的重要突破口。在最近常见的国家违反国际人权法的侵权行为损

---

[1] International Law Reports, vol. 24, p. 207.
[2] Netherlands Yearbook of International Law, Vol. 20, 1989, p. 285.
[3] Annual Digest of Public International Law Cases, Vol. 23, p. 180.
[4] International Law Reports, vol. 65, p. 268.
[5] International Law Reports, vol. 65, p.41.
[6] 龚刃韧：《国家豁免问题的比较研究——当代国际公法、国际私法和国际经济法的一个共同课题》，第254页。

害赔偿诉讼中,由于这种行为往往不是发生在法院地国,所以击溃这种诉讼请求的利器便是主张侵权行为发生地或损害发生地不是在法院地国,所以法院地国失去了行使管辖权的基础,从而这种案件不应该通过国内法院审理的方式加以解决,而是应该寻求国际法上的其他途径。因而,我国在遇到此类案件时,要对侵权行为发生地或损害发生地加以调查,确定地点,以免遭受不必要的损失。

除了领土联系之外,许多国家一般都要求只有在外国国家的侵权行为造成了有形损害的情况下,法院地国法院才能加以审理。因此,如果原告向法院主张因侵权行为而引起的精神损害或其他无形损害或伤害,我国可以就这一规定,声明这样的索赔请求不能构成法院地国国内法院行使管辖权的理由。

(四)对美国立法的特殊规定的主张

我国所面临的那些外国法院的诉讼中,最常见的是美国法院的诉讼程序。美国在国家豁免方面不仅有专门立法,也有相对成熟的司法实践。美国的《外国主权豁免法》中,在"非商业侵权行为例外"中,又对该例外规定了三项例外,即"非职务行为"、"自由裁量行为"和"诬告诽谤行为"。其中,"非职务行为"指的是如果引起损害或伤害的是外国官员或雇员执行职务以外的行为,便不能归因于该外国国家,从而不能引起审判管辖权;"自由裁量行为"指的是对政策判断和决定有余地的行为,如果案件所涉行为是基于行使和履行或者不行使和履行自由裁量职能而提起的任何权利请求,那么就不能适用"非商业侵权行为例外";"诬告诽谤行为"包括诬告、滥用程序、书面和口头诽谤、歪曲、欺诈或者干涉合同权利而引起的任何权利请求。所以,遇有在美国法院进行的诉讼时,我国应利用以上三项例外,证明案件中的行为是非职务行为或自由裁量行为或诬告诽谤行为。这样,即使在侵权行为认定和性质上,都被美国法院认定为可援引非商业侵权例外条款,那么也可借由这三项例外之例外,使得国家可以获得豁免。所以,我国应该加强对美国立法中特殊规定和相应案例的研究,以便在实践操作中获得成功。

二、以我国公民为原告的案件的实践操作建议

我国公民可能成为外国国家侵权行为的受害者，从而希望通过在国内法院诉讼的方式获得赔偿或补偿。在这种情况下，我国公民既可能在其他国家法院起诉，也可能希望在我国法院起诉。如果侵权行为发生地或损害结果发生地在一外国国家时，我国公民可以在外国国家对另一外国国家提起有关侵权行为的诉讼。不过，我国公民可能并不熟悉外国国家的诉讼程序，而我国驻外领事机构应该提供帮助。

另外，更常见的情况是我国公民在我国境内受到外国国家侵权行为的损害，这样的情况下，依照我国的一般做法，国内法院是不会加以处理的。而由于在我国境内受外国国家侵权行为的损害不是外交保护所能涉及的范围，因为后者的主要对象是一国的海外公民。另外，这样的国家侵权行为也不一定直接引起国家责任，所以国家责任制度也难以置喙。这样的一种基于领土管辖原则的对外国国家侵权行为实施管辖权的做法是不容置疑的，有法律依据的。所以，我们不应该忽略这种情况，充分行使领土管辖权，保护我国公民的合法利益。

我国公民受外国国家侵权行为而提起的诉讼中，最著名的要属慰安妇案件了。为了表示对日本帝国主义在二战期间对妇女尊严的践踏的抗议，为了获得日本的道歉与赔偿，包括我国公民在内的曾被逼迫成为慰安妇并在二战后幸存的亚洲各国公民，通过各种途径进行争取，以使人们牢记历史。这些不应该被遗忘的人群既在日本法院提起过诉讼，也在其他国家提起诉讼，但都被以各种方式驳回。其中，在美国法院的诉讼受到了极大的关注，也引发了美国国内关于是否应给予日军暴行以豁免的大讨论。

2000年9月18日，来自中国、中国台湾地区、韩国、缅甸、印度尼西亚和菲律宾的15名曾被迫充当慰安妇的亚洲女性在华盛顿地区联邦地方法院对日本政府提起诉讼，这是美国法院第一次受理直接针对日本二战暴行的案件。原告援引《外国人侵权索赔法》的规定，称日本因实施战争罪和反人道罪而违反了国际法，从而造成了侵权行为，

因而原告要求一般损害赔偿和惩罚性损害赔偿。日本政府却声称，这些赔偿问题都在战后协议中解决，而且日本应该享有国家豁免，此外，本案所涉的是政治问题。①

2001年10月4日，美国法院驳回了起诉，称诉讼牵涉的是不可用司法途径解决的政治问题。但是，法院没有分析《外国主权豁免法》的追溯适用问题和非商业侵权例外条款的适用问题。所以，虽然法院的政治问题理论可能暂时让日本免于类似诉讼的困扰，但是却没有设下有关国家豁免的先例，美国法院将来仍有可能依照《外国主权豁免法》行使管辖权。②

这样的案件，如果由我国法院来处理，由于我国是侵权行为发生地，所以在外国国家侵权行为认定上具有优势。案件主要存在的问题是武装冲突中的行为是否能够按照侵权行为例外来处理，以及国家豁免法能否追溯适用。不过，尽管如此，如果我国法院能够受理这类案件，也能起到一定的震慑作用，是对任何试图遗忘历史的国家的又一次提醒。除了这种案件外，对于外国国家代表在我国国内违反国际法造成的侵权行为，由于他们本身享有外交豁免，如不利用国家豁免对侵权行为的规定，我国公民更是面临无法获得任何救济的窘境。

所以，我国应该从立法着手，特别是在签署了《联合国国家及其财产豁免公约》后。制定有关国家豁免的立法后，我们就可以从两方面保护我国的合法利益，一是能够受理以外国国家为被告的案件，从而实现对等待遇；二是保护我国公民免受外国侵权行为的伤害，或从侵权损害中获得赔偿。

三、结论

当今时代，国家对其他国家的个人造成侵权损害是难以避免的事

---

① Hwang v. Japan, 172 F. Supp. 2d 52 (D.D.C. 2001).
② Makoto Nishigai, "The Comfort Women Case in The United States: A Note on Questions Resolved and Unresolved in Hwang v. Japan, the First Lawsuit Brought by Asian Women Against Japan for War Crimes",*Wisconsin International Law Journal*, Vol. 20, 2001, p. 371.

件,那么我们既需要应对我国因侵权行为而在他国国内法院被起诉的情况,也不能忽略我国公民因外国国家侵权行为而受损害的现象。其中,对于前者,我们通过大量的司法实践的分析,可发现有以下几个方面值得注意,一是诉讼程序的参加问题,包括是否要接收传票,是否要派代表或聘用律师参加庭审等,对这一问题我们要根据案件情况做逐案的分析,对于那些与政治事件无涉,法律事实比较清楚的案件,可参加诉讼程序,而且要注意诉讼期间,不要因为国内部门间的不协调造成国外诉讼期间的终结,从而使诉讼结果不利于我国;二是侵权行为认定问题,国内法院可以受理的外国国家侵权行为对领土联系和损害结果有严格的要求,如果案件中的侵权行为不发生在我国,或结果不在我国,那么我们要主张侵权例外在此案中不得适用。如果当事人只是受到或宣称受到精神上的损害,那么我们要做同样的主张,因为各国立法都要求国内法院如管辖此类案件,则必得有实质损害;三是针对美国立法的特殊规定要做特殊应对,我国在事实上面对的案件大多是在美国法院进行的,美国《外国主权豁免法》中对"非商业侵权行为例外"又规定了三项例外,我们要利用这三项例外,充分证明案件中的行为属于这三项例外,从而"非商业侵权行为例外"不得适用。

就我国公民受到外国国家的侵权行为的损害情况来说,这样的事实是早已有之的,但由于我国尚没有有关国家豁免的立法,也没有法院受理以外国国家为被告的案件的实践,所以在公民保护方面有一定的困难。那么针对这一点,只能等待国家豁免立法的出台或国家实践的变化。

总之,由于国内法院受理外国国家侵权行为案件已成为一种趋势,我国自然不能自外于其中,以免受到两方面的损失。所以我国需要积极研究对策,以应对此类案件。

第三节 立法建议

进入21世纪,我国已经成为世界上的重要经济体。中国不仅成为世界各地商人从事商事交易的主要目的地之一，而且也成为各国政府、国际组织开展活动的必经之地，同时中国对外直接投资与间接投资也呈蓬勃发展的趋势。这一深刻的变化使政府与私人之间的纠纷日趋增多。但是因种种因素客观存在，我国国家财产豁免法律制度还不健全、完善，不能满足实践的迅速发展。这样的现状既不利于我国公民利益的保护，也对国家利益有所影响。为了解决这个问题，制定有关国家豁免的专门立法有重要的现实意义与实践意义。

近年来，国家豁免立法呈两种发展趋势。一方面是国内立法方兴未艾。各国有关国家豁免方面的国内立法始于20世纪70年代，现已制定国家豁免法的国家有美国、英国、澳大利亚、巴基斯坦、新加坡等国家，而且还有许多国家正在制定中。从国别立法看，不仅有西方发达国家，也有发展中国家；另一方面是国家豁免问题的国际统一化趋势明显加快。1972年《关于国家豁免的欧洲公约》是关于国家豁免问题的第一个区域性国际公约。国家豁免问题统一化进程的最新进展是2004年12月联合国大会通过的《联合国国家及其财产管辖豁免公约》，这是第一个关于国家豁免问题的全球性国际条约，其所确立的国家及其财产管辖豁免的法律原则和规则将对国际法治和各国法治带来重要影响。[①]它在承认国家豁免原则的基础上，列出了多种不得援引豁免的情况。当然，公约尚未生效而且主要是原则性的规定，还有很多尚需完善的地方。但总的来说，国家豁免问题正在经历一个由国内立法、区域性公约到全球性国际公约的统一化的趋势。这一趋势取得的立法成果，无疑会对中国制定国家豁免法产生深远的影响。下文将以《公约》为例，为我国国家豁免法中有关外国侵权行为的条款进行设计。

一、《联合国国家及其财产管辖豁免公约》相关条款分析

国际法委员会关于国家豁免的专题的特别报告员在1983年第一次

[①] 邵沙平：《〈联合国国家及其财产豁免公约〉对国际法治和中国法治的影响》，《法学家》，2005年第6期，第24页。

提出了在草案中加入非商业侵权行为的豁免例外。他指出，虽然习惯国际法并未为这一例外提供基础，但是某些国家的法院已经开始审理涉及外国国家造成的人身伤害或财产损失的案件。他认为出现这一现象的原因是当地法院是处理这些案件的最方便和实际的法院，在这种情况下，受损害的公民可能不会得到其他的任何法律救济，而且在这样的案件中，国家的主权并不会受到影响。①

特别报告员在报告中还提出了这一条款的草案，此后经过多次修改，最后在《公约》中形成了最终条款。该条款的内容是，"除有关国家间另有协议外，一国在对主张由可归因于该国的作为或不作为引起的死亡或人身伤害、或有形财产的损害或灭失要求金钱赔偿的诉讼中，如果该作为或不作为全部或部分发生在法院地国领土内，而且作为或不作为的行为人在作为或不作为发生时处于法院地国领土内，则不得向另一国原应管辖的法院援引管辖豁免"。②

"除有关国家间另有协议外"这一规定是各国的国内立法中都没有的，证明《公约》并不是像国内立法一样，要为私人创立诉因，而是要限制一国对其他国家行使管辖权的范围，达成国家间管辖权行使的协调。另外，《公约》是国际条约，它需要解决条约冲突的情况。而国内法中一般有专门的法律冲突规则，所以不必再在每一法律中再列明。

"一国在对主张由可归因于该国的作为或不作为引起的死亡或人身伤害、或有形财产的损害或灭失要求金钱赔偿的诉讼中"这样的表述是对该条款适用的最重要限制。特别报告员曾指出，"对名声的伤害或侮辱不是物理意义的人身伤害，对合同权利或其他权利（包括经济或社会权利）的干扰也一样不能看做是对动产的损害"。③ 基本上所有的国内立法都排除了精神损害和对无形财产的损害，以免对国际关系造成过于严重的影响。而前半句的"可归因于该国的作为或不作为"几乎是没有必要的，因为在实践中不可能出现不归因于某国的行为，而某国成为被告的情况。如果原告不是指控某一国家的行为，那么该国

---

① Sucharitkul, Fifth Report on Jurisdictional Immunities of States and Their Property, pp. 38-46.
② 《联合国国家及其财产管辖豁免公约》，第12条。
③ Sucharitkul, Fifth Report on Jurisdictional Immunities of States and Their Property, p. 45.

不可能成为被告。而且不论是《公约》，还是各国国内立法，都已经有专门条款说明什么是国家，以及什么是可归于国家的行为，所以，在该条中再次出现这样的语句，就有重复之嫌了。

"如果该作为或不作为全部或部分发生在法院地国领土内"的特点在于它说明侵权行为是一个复杂的过程，而且它并不要求侵权行为完全发生在某一国家。国内立法中虽一般要求侵权行为发生在该国家，但却没有说明部分发生在该国的情况。因为实践中往往是多个侵权行为最终造成某一侵权结果，所以法院在确立管辖权时，会出现争议。而《公约》的规定则使法院在确立管辖权时不会遇到过多的困难，但是也可能出现管辖权冲突的问题，因为《公约》没有说明主要行使管辖权的应该是哪一国法院。

"而且作为或不作为的行为人在作为或不作为发生时处于法院地国领土内"是为了限制该条款适用于侵权行为的域外效应。各国的国内立法中均没有这样的要求（除2009年为实施《公约》而制定国内法的日本外），只有《关于国家豁免的欧洲公约》中有相同的要求，这似乎反映了编纂这两个公约的专家更具有国际法的背景，更关心管辖权的域外效应。国际法委员会在这个问题上本身也存在争议，有些委员希望取消这样的要求，以便取消跨越国境的侵权行为的豁免。① 比如，侵权行为人在某国实施的侵权行为，侵权结果却在另一国发生，典型的情况是跨越国界的枪击案件。国际法委员会最终加入这一规定的目的是不希望国家为单纯的刑事或政治行动而在另一国法院被诉。

但是，如果一国的国家代表在另一国实施同样的行为，则该国就可能在另一国法院被诉。所以其实以上的考虑也并没有起到完全的作用。举例来说，如果A国命令其特工通过邮件的方式，向B国寄送炸弹，而炸弹爆炸造成了B国平民的死伤，那么，依照《公约》的规定，侵权行为例外不得适用；相反，如果A国的特工在B国引爆了同样的炸弹，炸弹爆炸的结果一样，那么，侵权行为例外得适用，A国不得援引国家豁免。所以，其实这样的规定是有些武断的。

---

① Report of the International Law Commission on the Work of Its Thirty-Fifth Session, at 36.

"则不得向另一国原应管辖的法院援引管辖豁免"中的"原应管辖的"一词引起了争议。有学者指出这一限制语完全是不必要的，因为在国内法院考虑国家豁免问题之前一定会确定它是否有管辖权基础。[①] 比如，美国的《外国主权豁免法》中没有规定"原应管辖的"这样的限制语，但美国法院在受理案件前还是会考虑它是否对外国国家或实体具有属人管辖权。[②]

由此可见，《公约》的规定并没有与国内立法的规定有太大的区别。只是对条件限制更严格一些。主要条款的含义是基本一致的，即限制国家侵权行为的豁免是得到承认的，它包括了对人身伤害或动产损失的侵权行为，但是不包括精神损失，而且在适用时不区分政府行为的性质。

二、立法条款设计

对我国来说，如果为了应对世界局势和国际法律的发展趋势，应该尽快对国家豁免问题作出专门立法。而如果对国家豁免进行立法，那么必将对国家侵权行为进行考虑，作为各国国内立法和国际条约中几乎共同存在的条款，我国也应该将其纳入法律之中。其实，我国在国家豁免立法中设立有关国家侵权行为的条款，就是外国国家在什么情况下从事侵权行为在我国法院不享有国家豁免，也就是我国法院在何种情况下对外国国家的侵权行为行使管辖权。

我国已经签署了《联合国国家及其财产管辖豁免公约》，如果将来批准该公约，就有义务在国内实施公约的规定。立法当然是实施公约的一种方式。不过，公约所规定的主要是在国际层面上，对国家可对另一国行使管辖权的范围的调整。国内立法的侧重点则将是国内法院何时对另一国行使管辖权。

依《联合国国家及其财产管辖豁免公约》的相关规定，结合各国

---

① M.P.A. Kindall, "Immunity of States for Noncommercial Torts: A Comparative Analysis of the International Law Commissioner's Draft", p. 1849.

② Texas Trading & Milling Corp. v. Federal Republic of Nig., 647 F.2d 300 (2d Cir. 1981).

国内立法之所长，再根据我国的实际情况分析，如果我国在将来立法中拟定有关侵权行为的条款，则可做以下规定：

外国国家在由其所从事的，全部或部分发生在中国的作为或不作为而引起的死亡或人身伤害、或有形财产的损害或灭失要求金钱赔偿的诉讼中，如从事行为之人在当时位于中国，则在中国法院不享有管辖豁免。

这一规定中，"外国国家在由其所从事的"其实暗含着对行为归属的要求，至于什么样的行为属于外国国家的行为，一般来说包括外国国家机构、地方政府、以及政府官员的行为等，对这一问题的处理理应在立法的一般规定部分的"外国国家"的定义中说明，所以此条便不具体论述。"全部或部分发生在中国"和"从事行为之人在当时位于中国"是对领土联系的限制，也像《联合国国家及其财产管辖豁免公约》规定的一样，明确说明侵权行为可能全部也可能部分发生在中国境内，这样避免在复杂侵权行为的发生地认定上出现争议，而后一个条件是避免跨境的侵权行为被我国国内法院审理，最主要是为了排除跨境环境污染或政治行为等不应由国内法院处理的案件，从而避免外交矛盾的出现。

"作为或不作为而引起的"其中包含了因果联系的要素，证明必须是外国国家的行为而引发的侵权结果才能符合本条规定，也就是说是外国国家的侵权行为引发的侵权结果，而非其他因素引起的。这也符合国内侵权行为法的内在逻辑。"作为或不作为"证明外国国家实施侵权行为的两种方式，其中，作为是无可争议的；而不作为只有在该外国国家本有作为义务，而不作为的情况下才能构成侵权行为。

"死亡或人身伤害、或有形财产的损害或灭失"是对侵权结果的要求，与国内侵权行为法不同，外国国家的侵权行为并非造成任何种类的侵权结果都会受到国内法院管辖，诽谤、欺诈或者干扰合同权利等造成精神方面的损害或者纯经济损害的，不属于该条规定的范围，这也体现了国内法院对外国国家侵权行为加以管辖是有限度的，过分的扩张会造成国际关系的紧张。"要求金钱赔偿的诉讼"指明当事人只能向外国国家要求金钱方面的赔偿，不能要求道歉或其他赔偿方式，以免损及外国国家的尊严。"则在中国法院不享有管辖豁免"说明仅是在管辖方面不享有豁免，执行豁免将由立法在关于执行问题的部分加以专门处理，该条规定不涉及执行问题。

关于国家豁免的专门立法出台后，就能使我国法院对外国国家在一定情况下行使管辖权。不过，由于我国法院从未处理过类似案件，可能更大的困难是在实践层面，而非立法层面。特别是关于侵权行为的管辖豁免问题的实践中存在很多争议，而且很多案件都会引发理论的冲突，所以，在充分理解立法精神和内涵的基础上，应该对国际法的理论和外国国家的司法实践进行深入研究，才能保证在司法实践中正确适用立法。

三、结论

限制国家侵权行为的管辖豁免是目前国际社会的趋势所在，《联合国国家及其财产管辖豁免公约》也做了这样的规定。为了解决我国面临的一系列问题，在国内对国家豁免加以立法是有必要的做法。在立法时，我们应参照世界有国家豁免立法的国家的立法，以及其他国家的司法实践，特别是在我国已经签署《联合国国家及其财产管辖豁免公约》的情况下，为了实现对公约的实施，我们对公约的规定需要特别重视。

《公约》对国家侵权行为的管辖豁免条款的规定相比于其他国家的国内立法来说，限制得比较多，而且侧重点在于协调国家间的管辖权的争议，所以，我们虽然一方面要参照《公约》的规定，另一方面也要注意公约和国内立法的区别。

"外国国家在由其所从事的，全部或部分发生在中国的作为或不作为而引起的死亡或人身伤害、或有形财产的损害或灭失要求金钱赔偿的诉讼中，如从事行为之人在当时位于中国，则在中国法院不享有管辖豁免。"这样的规定是作者在进行立法的综合分析和理论的研究后所作出的建议。这一规定体现了对侵权行为加以管辖的理论基础——领土管辖原则，同时限制了侵权行为的种类——只包括人身伤害和有形财产损失，而且还按照《公约》的规定，要求侵权行为人当时位于中国，以避免跨境侵权行为也被我国国内法院管辖。

所以，外国国家侵权行为不再享有管辖豁免其实是一个具有张力的问题，一国法院可以对某些外国侵权行为行使管辖权，但另一方面却要限制自身的管辖权，避免对某些特定行为进行管辖。这样的要义是我国在将来的立法中要体现的。

总之，我国在国家豁免问题上一直持绝对豁免的立场，但随着我国签署了《联合国国家及其财产管辖豁免公约》，以及我国在应对外国国家法院的案件时的态度的变化，有些学者认为我国在国家豁免方面其实持一种较为务实的态度，并不是绝对排除国家豁免的所有例外。国家豁免问题是国际法与国内法的结合，我国虽然不受理以外国国家为被告的案件，但其他国家却以它们的国内法来处理国家豁免问题，并不会给予我国以对等待遇。另外，我国公民也可能受到外国国家侵权行为的损害而希望在本国法院起诉外国国家。因而，从维护国家利益和公民利益的角度出发，我国有必要启动国家豁免的立法进程，并对限制国家侵权行为的豁免问题的实践操作作深入理解。

从实践层面来说，我国在因其所为的侵权行为而在外国国家法院被诉时，要对该外国国家的诉讼程序加以了解，及时送达传票和其他诉讼文件。在实体问题审理中，我国应对侵权行为的性质和认定进行主张，并依法院地国立法中的特殊规定作出抗辩。

从立法层面来说，我国应参照《联合国国家及其财产管辖豁免公约》的规定，借鉴各国立法之长，结合国际法理论和我国国情，对国家豁免问题进行立法。对于国家侵权行为的条款，应该注意到该问题的特殊之处，一方面要确定我国对哪些外国国家的侵权行为行使管辖权，另一方面也要根据国际法对管辖权加以限定，避免管辖权冲突和干涉他国内政的情况出现。

结　论

限制外国国家侵权行为的管辖豁免已成为国际趋势，不仅在有专门立法的国家的立法中清晰可见，也体现在有关国家豁免的国际公约中。外国国家侵权行为的管辖豁免问题之所以出现是为了有效地保护位于法院地国的个人或法人的利益，因为外国国家在法院地国实施的侵权行为所造成的损害往往无法直接引发外交保护或国家责任制度，为了弥补这一空白，国内法院就需要承担这样的任务，这是对外国国家侵权行为行使管辖权的实际理由。联合国国际法委员会在起草国家豁免的条款草案时，来自联邦德国的托姆沙特委员就曾指出，如果国际法委员会希望坚持其权利受到侵犯的个人应获得有效补偿的基本思想，那么就必须承认当地法院的管辖权。[①]

国内法院能够对外国国家侵权行为行使管辖权的基础在于领土管辖原则和"方便法院"的原则。在国际法上，国家行使管辖权的形式有四种，即属地管辖权、属人管辖权、保护性管辖权和普遍管辖权。当几种管辖权在行使时出现冲突时，应该令属地管辖权优先。这是因为国家存在的基础就是领土，而国家也是在一国领土范围内行使主权的。对发生在法院地国内的外国国家侵权行为行使管辖权是属地管辖权的体现。另外，在查明证据、确认事实、证明因果关系和责任以及确定赔偿金额等问题上，侵权行为发生地法院无疑提供了最为合理、

---

① U. N. Doc. A/CN.4/SR.2119, 1989, p. 21.

方便和迅速的司法救济场所。① 国际法委员会就曾明确指出，既然造成侵权损害的作为或不作为是在法院地国内做出的，那么应该适用的法律当然是侵权行为地法，最方便的法院应该是侵权行为地国家的法院。② 这样的做法也符合国际私法上的冲突规则，在国际私法中，当侵权行为应适用的法律出现冲突时，一般应适用侵权行为地国家的法律。

由此可见，属地管辖权、"方便法院"和对私人的保护构成了国内法院对外国国家侵权行为进行管辖并提供司法救济途径的基础，这是得到国际社会的理解的。不过，对于这样的一个问题，各国间仍然存在一定的分歧，主要表现在以下几个方面：

第一，对侵权行为作为豁免例外的适用范围存有争议。虽然从英美国家立法和《联合国国家及其财产管辖豁免公约》以及《关于国家豁免的欧洲公约》来看，侵权行为作为豁免例外并不区分统治权行为和管理权行为。但是，欧洲大陆法系一些国家在司法实践中认为侵权行为作为豁免例外只能限于国家的管理权行为。而最近的国际法院的判例也反映了后一观点。

第二，对侵权行为的领土联系要求存有争议。虽然各国一般都对管辖外国国家侵权行为加以领土联系方面的限制，但是限制的具体条件却不同。比如，美国和加拿大要求侵权损害发生在本国境内，英国、新加坡等国却要求侵权行为发生在本国境内。国际公约中又有不同的做法，《联合国国家及其财产管辖豁免公约》还规定侵权行为人在侵权时位于法院地国内。此外，由于对外国国家侵权行为行使管辖权的基础是领土管辖原则，所以对领土联系的要求相对来说比商业行为还要严格，但却也出现了不顾领土联系而径行行使管辖权的案例。比如，美国《外国主权豁免法》中对恐怖主义行为行使管辖权时，不要求有领土联系。

第三，对将侵权行为作为豁免例外的性质存有争议。外国国家侵权行为不享有国家豁免是否是一项国际习惯，这是存有争议的。一般

---

① U. N. Doc. A/CN.4./363/Add. 1, 1983, pp. 6-8.
② U. N. Doc. A/46./10, 1991, p. 114.

说来，各国间还没有形成统一的惯例，而且缺乏国际合意。1987年荷兰地方法院在一判决中指出，由于国家实践不统一，《关于国家豁免的欧洲公约》中有关国家侵权行为的第11条规定不能作为国际习惯法的渊源。[①] 在国际法委员会对各国政府的意见征询中，也体现出了各国间的明显分歧。有些国家对该条款持反对或保留立场，认为这主要反映了西方国家的实践，尚不能证明为国际习惯法的规则。

所以，从国际社会有关国家侵权行为的豁免问题的发展趋势来看，虽然已经呈现出对国家侵权行为的管辖豁免问题的共识，但却对适用的范围和程度有不同的认识。不过，随着《联合国国家及其财产管辖豁免公约》的通过，它的有关侵权行为的规定在一定程度上调和了国家间对这一问题认知和实践上的矛盾，因而，这一问题正处于逐渐达成国际社会共识的阶段，有望随着实践的发展，成为国际习惯法规则。

我国在实践中一直坚持绝对豁免的理论，不过，签署了《联合国国家及其财产管辖豁免公约》给人们一种向限制豁免转变的信号。其实，我国非常有必要转变立场，并且在国内制定有关国家豁免的专门立法。原因在于国家豁免是一种特别的制度，它是国际法与国内法的结合，国家豁免的原则是国际法上的重要原则，但国家豁免原则的适用却要根据一国的国内法进行，相关的案件也完全是在一国国内法院中进行。这样的情况说明，虽然我国坚持绝对豁免论，但其他国家并不会因为我国坚持绝对豁免而在他们国家的法院中赋予我国以绝对豁免，相反，其他国家是根据他们本国的立法或实践来确定是否给予我国以豁免的。然而，与此同时，因为我国坚持绝对豁免，所以不能够在本国法院审理以外国国家为被告的案件。这就是不对等待遇的体现，是自外于国际发展趋势的结果。

我国要转变国家豁免的立场，最有利的方式是制定专门的国家豁免立法，在立法中拟定有关外国国家侵权行为的条款。这样的做法有利于保护我国公民，使他们在受到外国国家的侵犯后，能获得司法救济。否则，我国公民在面对来自外国国家侵权行为时，会变得求救无门。

---

① Netherlands Yearbook of International Law, Vol. 20, 1989, p. 285.

总之，国家豁免问题的本质是处理好法院地国领土管辖权与外国主权豁免之间以及国家与私人或法人之间的两组关系。① 这一本质在外国国家侵权行为的豁免问题中体现的尤为明显。为了平衡这样的关系，既要防止国家利用豁免逃避责任，也要避免个人对国家滥诉的情况。在目前的情况下，后者的出现概率更大。消除这种不平衡状态的有效途径是国家缔结条约，从而逐渐弥合分歧和争议，最终减少国家对侵权行为不负责任和当事人滥诉的情况。

---

① 龚刃韧:《国家豁免问题的比较研究——当代国际公法、国际私法和国际经济法的一个共同课题》，第341页。

参考文献

一、中文著作

1. 白桂梅，李红云:《国际法参考资料》，北京：法律出版社，2002年版。

2. 陈纯一:《国家豁免问题之研究——兼论美国的立场及实践》，台北：三民书局，1997年版。

3. 陈铁铮，陈荣传:《国际私法论》，台北：三民书局，1996年版。

4. 陈序经:《现代主权论》，北京：清华大学出版社，2010年版。

5. 龚刃韧:《国家豁免问题的比较研究——当代国际公法、国际私法和国际经济法的一个共同课题》，北京：北京大学出版社，2005年版。

6. 贺其治:《国际责任法及案例浅析》，北京：法律出版社，2006年版。

7. 黄德明:《现代外交特权与豁免问题研究》，武汉：武汉大学出版社，2005年版。

8. 黄进:《国家及其财产豁免问题研究》，北京：中国政法大学出版社，1987年版。

9. 江国青:《演变中的国际法问题》，北京：法律出版社，2002年版。

10. 李浩培:《条约法概论》，北京：法律出版社，2003年版。

11. 李浩培:《国际法的概念和渊源》，贵阳：贵州人民出版社，1994年版。

12. 李庆明:《美国＜外国人侵权请求法＞研究》，武汉：武汉大学出版社，2010年版。

13. 李寿平：《现代国际责任法律制度》，武汉：武汉大学出版社，2003年版。

14. 梁淑英：《国际公法案例评析》，北京：中国政法大学出版社，1995年版。

15. 梁西：《国际组织法（总论）》，武汉：武汉大学出版社，2001年版。

16. 潘维大：《英美侵权行为法案例解析》，北京：高等教育出版社，2005年版。

17. 潘维大：《英美法导读》，北京：法律出版社，2000年版。

18. 丘宏达：《现代国际法》，台北：三民书局，2006年版。

19. 邵沙平主编：《国际法》，北京：中国人民大学出版社，2010年版。

20. 邵沙平主编：《国际法专题研究》，北京：中国人民大学出版社，2009年版。

21. 邵沙平：《国际刑法学——经济全球化与国际犯罪的法律控制》，武汉：武汉大学出版社，2005年版。

22. 邵沙平主编：《国际法院新近案例研究（1990—2003）》，北京：商务印书馆，2006年版。

23. 万鄂湘：《国际强行法与国际公共政策》，武汉：武汉大学出版社，1991年版。

24. 王利明：《侵权责任法研究》，北京：中国人民大学出版社，2011年版。

25. 王铁崖：《国际法》，北京：北京大学出版社，1995年版。

26. 王铁崖：《国际法引论》，北京：北京大学出版社，1993年版。

27. 王泽鉴：《侵权行为》，北京：北京大学出版社，2009年版。

28. 王泽鉴：《侵权行为法》，北京：中国政法大学出版社，2001年版。

29. 殷敏：《外交保护法律制度和中国》，上海：上海世纪出版集团，2010年版。

30. 周鲠生:《现代英美国际法的思想动向》,北京:世界知识出版社,1963年版。

31. 朱文奇:《国际人道法》,北京:中国人民大学出版社,2007年版。

二、中文译著

1. [奥]菲德罗斯:《国际法》,李浩培译,北京:商务印书馆,1981年版。

2. [比]约斯特·鲍威林:《国际公法规则之冲突》,周忠海等译,北京:法律出版社,2005年版。

3. [德]福克斯:《侵权行为法》,齐晓琨译,北京:法律出版社,2006年版。

4. [德]卡尔·拉伦茨:《法学方法论》,陈爱娥译,北京:商务印书馆,2003年版。

5. [美]小约瑟夫·奈:《理解国际冲突:理论与历史》,张小明译,上海:上海人民出版社,2002年版。

6. [美]托马斯·伯根索尔、肖恩·D.墨菲:《国际公法》(第三版),黎作恒译,北京:法律出版社,2005年版。

7. [美]亨利·基辛格:《大外交》,顾淑馨、林添贵译,海口:海南出版社,1998年版。

8. [美]汉斯·摩根索:《国家间政治:权力斗争与和平》,徐昕等译,北京:北京大学出版社,2006年版。

9. [美]W.迈克尔·赖斯曼:《国际法:领悟与构建》,万鄂湘等主编,北京:法律出版社,2007年版。

10. [希]尼古拉斯·波利蒂斯:《国际法的新趋势》,原江译,北京:云南人民出版社,2004年版。

11. [意]安东尼奥·卡塞斯:《国际法》,蔡从燕等译,北京:法律出版社,2009年版。

12. [英]詹宁斯、瓦茨修订:《奥本海国际法》(第一卷),王铁崖等译，北京：大百科全书出版社，1997年版。

13. [英]布朗利:《国际公法原理》,曾令良等译,北京:法律出版社,2003年版。

14. [英]奥斯特:《现代条约法与实践》,江国青译,北京:中国人民大学出版社,2005年版。

15. [英]蒂莫西·希利尔:《国际公法原理》(第二版),曲波译,北京:中国人民大学出版社,2006年版。

16. [英]克莱尔·奥维、罗宾·怀特:《欧洲人权法:原则与判例》,何志鹏等译,北京:北京大学出版社,2006年版。

三、中文论文

1. 白桂梅:《国际强行法保护的人权》,《政法论坛》,2004年第2期。

2. 陈纯一:《美国国家豁免实践中有关外国侵权行为管辖问题之研究》,《政大法律评论》,1999年第6期。

3. 陈体强:《国家主权豁免与国际法》,《中国国际法年刊(1983年)》。

4. 高健军:《国家豁免:理论争议与国际法实践——兼论对日民间求偿的国内诉讼问题》,《南京政治学院学报》,2006年第4期。

5. 龚刃韧:《外国侵权行为与国内法院管辖权》,《法学研究》,1992年第5期。

6. 龚刃韧:《国家管辖豁免原则的历史起源》,《中国法学》,1991年第5期。

7. 龚刃韧:《论国营企业在外国法院的地位》,《中国国际法年刊(1992年)》。

8. 龚刃韧:《关于国家管辖豁免理论根据的历史考察》,《法学》,1990年第6期。

9. 黄进等:《国家及其财产管辖豁免的几个悬而未决的问题》,《中国法学》,2001年第4期。

10. 黄进、杜焕芳：《国家及其财产管辖豁免立法的新发展》，《法学家》，2005年第6期。

11. 姜兆东：《外国国家主权豁免规则与有关国际商事仲裁的诉讼》，《中国国际法年刊（1983年）》。

12. 江国青：《〈联合国国家及其财产管辖豁免公约〉——一个并不完美的最好结果》，《法学家》，2005年第6期。

13. 江山：《从国际法论美国法院对"湖广铁路债券案"的管辖权》，《国际法论丛（1990年）》。

14. 李浩培：《论国家管辖豁免》，《中国国际法年刊（1986年）》。

15. 李莹：《现代国际责任制度新发展探析》，《现代国际关系》，2003年第4期。

16. 李泽锐：《国家豁免问题的问题与前瞻》，《中国国际法年刊（1986年）》。

17. 马进保：《论国际犯罪中的国家责任》，《法律科学》，1995年第6期。

18. 马新民：《〈联合国国家及其财产管辖豁免公约〉评介》，《法学家》，2005年第6期。

19. 丘宏达：《美国国家主权豁免法中对外国国家或其官员或代理人的侵权行为之管辖问题》，《中国（台湾）国际法与国际事务年报》，1986年第1卷。

20. 邵沙平：《〈联合国国家及其财产管辖豁免公约〉对国际法治和中国法治的影响》，《法学家》，2005年第6期。

21. 邵沙平、李曰龙：《控制国际犯罪与尊重基本人权问题探析》，《云南大学学报》，2007年第6期。

22. 万霞：《外交保护国际制度的发展及演变》，《国际观察》，2009年第2期。

23. 万霞：《外交保护制度研究》，外交学院2012年博士论文。

24. 王光贤：《缔约国在实施国际人权条约方面的经验与问题》，《法学评论》，2002年第2期。

25. 夏林华：《不得援引国家豁免的诉讼若干问题研究》，武汉大学

2007年博士论文。

26. 张辉:《对"皮诺切特案"的若干国际法思考》,《法学杂志》,1999年第3期。

27. 张潇剑:《国际强行法的作用分析》,《中外法学》,1994年第6期。

28. 赵建文:《国际法上的国家责任——国家对国际不法行为的责任》,中国政法大学2004年博士论文。

29. 赵建文:《国家豁免的本质、适用标准和发展趋势》,《法学家》,2005年第6期。

30. 张乃根:《国家及其财产管辖豁免对我国经贸活动的影响》,《法学家》,2005年第6期。

四、外文著作

1. Amerasinghe, *Local Remedies in International Law*, Cambridge University Press, 2004.

2. Amerasinghe, *State Responsibility for Injuries to Aliens*, Clarendon Press, 1967.

3. American Law Institute, *Restatement of the Law: The Foreign Relations of the United States*, 3rd edition, 1987.

4. Antonio Cassess, *International Law*, Oxford University Press, 2005.

5. Andrew Dickinson et al., *State Immunity: Selected Materials and Commentary*, Oxford University Press, 2004.

6. Alan E. Boyle and C. M. Chinkin, *The Making of International Law*, Oxford University Press, 2007.

7. Alan Vanghan Lowe, *International Law*, Oxford University Press, 2007.

8. A. Orakhelashvili, *Peremptory Norms in International Law*, Oxford University Press, 2006.

9. Badr, *State Immunity: An Analytical and Prognostic View*, Martinus Nijhoff Publishers,1984.

10. Bankas, *The State Immunity Controversy in International Law*, Springer, 2005.

11. Brohmer, *State Immunity and the Violation of Human Rights*, Martinus Nijhoff Publishers, 1997.

12. C.J. Lewis, *State and Diplomatic Immunity*, Lloyd's London Press, 1990.

13. Christian Tomuschat and Jean-Marc Thouvenin, *The Fundamental Rules of the International Legal Order: Jus Cogens and Obligations Erga Omnes*, Martinus Nijhoff Publishers, 2006.

14. Christopher W. Morris, *An Essay on Modern State*, Cambridge University Press, 1998.

15. Dellapenna, *Suing Foreign Goverments and Their Coporations*, Transnational publishers, 1988.

16. Elizabeth R. Wilcox eds., *Digest of United States Practice in International law*, Oxford University Press, 2008.

17. Gordon, *Foreign State Immunity in Commercial Transactions*, Butterworth Legal Publishers, 1991.

18. Hazel Fox QC, *State Immunity*, Oxford University Press, 2005.

19. Higgins, *Problems and Process: International Law and How We Use it!*, Oxford University Press, 1996.

20. Jennings, *The Place of the Jurisidictional Immunity of States in International and Municipal Law*, Europa-Inst., 1988.

21. L. Henkin, *Foreign Affairs and the United States Constitution*, 2nd edition, 1996.

22. L. Henkin, *International Law: Politics and Values*, Martinus Nijhoff Publishers, 1992.

23. McClanahan, *Diplomatic Immunity: Principles, Practices, Problems*, St.Martin's Press, 1989.

24. Morgan, *International Law and the Canadian Courts*, Carswell, 1990.

25. Mohammed Bedjaoui eds. *International Law: Acheivements and Prospects*, UNESCO, 1991.

26. Patrick Capps, *Human Dignity and the Foundations of International Law*, Hart Publishing, 2010.

27. Reisman, *Jurisdiction in International Law*, Ashgate Publishing Company, 1999.

28. R. van Alebeek, *The Immunities of States and their Officials in International Criminal Law*, Oxford University Press, 2008.

29. Schreuer, *State Immunity: Some Recent Developments*, Grotius, 1988.

30. Sinclair, *The Law of Sovereign Immunity: Recent Developments*, Oxford University Press, 1980.

31. Sucharitkul, *Immunities of Foreign States before National Authorities*, Martinus Nijhoff Publishers, 1976.

32. Sucharitkul, *State Immunities and Trading Activities in International Law*, Praeger, 1959.

33. Sweeney, *The International Law of Sovereign Immunity*, U.S. Department of State, 1963.

34. *United Nations Materials on Jurisdictional Immunities of States and Their Property*, United Nations Legislative Series, United Nations, 1982.

35. Vaughan Lowe, *International Law*, Oxford University Press, 2007.

五、外文论文

1. Abir, Foreign Sovereign Immunities Act: the Right to a Jury Trail in Suits against Foreign Governments-owned Corporations, *Stanford Journal of International Law*, vol. 32, 1996.

2. Alexander Orakhelashvili, Immunities of state officials, international crimes, and foreign domestic courts: a reply to Dapo Akande and Sangeeta Shah, *European Journal of International Law*, 22(3), 2011.

3. Alford, When Nations Kill: The Liu Case and the Act of State Doctrine in Wrongful Death Suits, *Hastings International and Comparative Law Review*, Vol. 12, 1989.

4. Benjamin Eric Lovell, Export Group v. Reef Industries, inc.: the Reconciliation of the Foreign Sovereign Immunities Act of 1976, *North Carolina Journal of International Law and Commercial Regulation*, Winter, 1996.

5. Bray, Recent Trends in the Development of State Immunity in South Afican Law, *South African Yearbook of International Law*, 1981.

6. Brodskym, Martin v. Republic of South Africa: Alienating the Injured Americans, *Brooklyn Journal of International Law*, vol. 15,1989.

7. Brook, The International Law Association Draft Convention on Foreign Sovereign Immunity: A Comparative Approach, *Virginia Journal of International Law*, vol. 23,1983.

8. Brower, International Immunities: Some Dissident Views on the Role of Municipal Courts, *Virginia Journal of International Law*, vol. 41, 2000.

9. Burkhard, The International Law Commission's Draft Convention on the Jurisdictional Immunities of States and Their Property, *European Journal of International Law*, vol. 4, 1993.

10. Cardozo, Sovereign Immunity: The Plaintiff Deserves a Day in Court, *Harvard Law Review*, vol. 67,1954.

11. Carlo Focarelli, Denying foreign state immunity for commission of international crimes: the Ferrini decision, *International and Comparative Law Quarterly*, 54(4), 2005.

12. Cerna, Hugo Princz v. Federal Republic of Germany: How Far does the Long-arm Jurisdiction of US Law Reach? *Leiden Journal of International Law*, vol. 8, 1995.

13. Charles H. Brower, II, International Immunities: some Dissident Views on the Role of Municipal Courts, *Virginia Journal of International Law*, Fall, 2000.

14. Christian Tomuschat, The International Law of State Immunity

and its Development by National Institutions, *Vanderbilt Journal of Transnational Law*, October, 2011.

15. Christopher Keith Hall, UN Convention on State Immunity: the need for a human rights protocol, *International and Comparative Law Quarterly*, 55(2), 2006.

16. Dahai Qi, State Immunity, China and Its Shifting Position, *Chinese Journal of International Law*, July, 2008.

17. Denza, The 2005 UN Convention on State Immunity in perspective, *International & Comparative Law Quarterly*, vol. 55, 2006.

18. D. W. Greig, Forum state jurisdiction and sovereign immunity under the International Law Commission's draft articles: Part 1, *International & Comparative Law Quarterly*, 38(2), 1989.

19. Edan Burkett, Victory for Clergy Sexual Abuse Victims: the Ninth Circuit Strips the Holy See of Foreign Sovereign Immunity in Doe v. Holy See, *Brigham Young University Law Review*, 2010.

20. Emmanuel O. Ihuekwumere, Differences between the Pennsylvania Sovereign Immunity and Political Subdivision Tort Claims Acts, *Pennsylvania Bar Association Quarterly*, January, 1998.

21. Evans, When the State Taketh and the State Giveth, *International & Comparative Law Quarterly*, vol. 45, 1996.

22. Frulli, The Times They Are A-Changing the Italian Court of Cassation Denies Germany Immunity from Execution to Allow Compensation to War Crimes, *Journal of International Criminal Justice*, November, 2011.

23. Fox, Access to justice and state immunity, *Law Quarterly Review*, Vol. 117, 2001.

24. Fox, In defence of state immunity: why the UN Convention on State Immunity is important, *International & Comparative Law Quarterly*, vol. 55, 2006.

25. Fox, State Responsibility and Tort Proceeding against a Foreign

State in Municipal Court, *Netherlands Yearbook of International Law*, vol. 20, 1989.

26. Fox, State immunity and the international crime of torture, *European Human Rights Law Review*, 2006.

27. Fox, The Resolution of the Institute of International Law on the immunities of heads of state and Government, *International & Comparative Law Quarterly*, 51(1), 2002.

28. Fox, Where does the buck stop? State immunity from civil jurisdiction and torture, *Law Quarterly Review*, July, 2005.

29. Graham Ogilvy, Belhas v. Ya'alon: the Case for a Jus Cogens Exception to the Foreign Sovereign Immunities Act, *Journal of International Business and Law*, Spring, 2009.

30. International Law Association Human Rights Committee, Report on civil actions in the English courts for serious human rights violations abroad, *European Human Rights Law Review*, 2001.

31. Jack I. Garvey, Judicial Foreign Policy-Making in International Civil Litigation: Ending the Charade of Separation of Powers, *Law and Policy in International Business*, Winter, 1993.

32. Jane Wright, Retribution but No Recompense: A Critique of the Torturer's Immunity from Civil Suit, *Oxford Journal of Legal Studies*, Spring, 2010.

33. Joan E. Donoghue, Taking the "Sovereign" out of the Foreign Sovereign Immunities Act: A Functional Approach to the Commercial Activity Exception, *Yale Journal of International Law*, Summer, 1992.

34. Joan E. Donoghue, The Public Face of Private International Law: Prospects for a Convention on Foreign State Immunity, *Law and Contemporary Problems*, Summer, 1994.

35. John M. Rogers, A Fresh Look at Agency "Discretion", *Tulane Law Review*, April, 1983.

36. Joseph W. Dellapenna, Civil Remedies for International Terrorism,

DePaul Business Law Journal, Fall/Spring, 1999/2000.

37. Joseph M. Terry, Jurisdictional Discovery Under the Foreign Sovereign Immunities Act, *University of Chicago Law Review*, Summer, 1999.

38. Joseph W. Dellapenna, Refining the Foreign Sovereign Immunities Act, *Willamette Journal of International Law and Dispute Resolution*, 2001.

39. Katherine Florey, Insufficiently Jurisdictional: the Case Against Treating State Sovereign Immunity as an Article III Doctrine, *California Law Review*, October, 2004.

40. M.P.A.Kindall, Immunity of States for Noncommercial Torts: A Comparative Analysis of the International Law Commissioner's Draft, *California Law Review*, October, 1987.

41. Makoto Nishigai, The Comfort Women Case in the United States: A Note on Questions Resolved and Unresolved in Hwang v. Japan, the First Lawsuit Brought by Asian Women Against Japan for War Crimes, *Wisconsin International Law Journal*, Spring, 2002.

42. Melanie Black, The Unusual Sovereign State: the Foreign Sovereign Immunities Act and Litigation Against the Holy See for its Role in the Global Priest Sexual Abuse Scandal, *Wisconsin International Law Journal*, Summer, 2009.

43. Michael Pugh, Legal aspects of the Rainbow Warrior affair, *International & Comparative Law Quarterly*, 1987.

44. Noah Benjamin Novogrodsky, Immunity for torture: lessons from Bouzari v. Iran, *European Journal of International Law*, 18(5), 2007.

45. Orakhelashvili, Immunities of state officials, international crimes, and foreign domestic courts: a reply to Dapo Akande and Sangeeta Shah, *European Journal of International Law*, vol.22, 2011.

46. Peter D. Trooboff, Sovereign Immunity—Suits Against Foreign States under Alien Tort Statute—Noncommercial Tort Exception—Private Right of Action Under Treaties, *American Journal of International Law*, July, 1989.

47. Roger O'Keefe, Foreign State Immunity at Home and Abroad: State Immunity and Human Rights: Heads and Walls, Hearts and Minds, *Vanderbilt Journal of Transnational Law*, October, 2001.

48. Sienho Yee, The Discretionary Function Exception under the Foreign Sovereign Immunities Act: When in America, Do the Romans Do as the Romans Wish? *Columbia Law Review*, April, 1993.

49. Stella Havkin, The Foreign Sovereign Immunities Act: the Relationship between the Commerical Activity Exception and the Noncommercial Tort Exception in Light of De Sanchez v. Banco Central De Nicaragua, *Hastings International and Comparative Law Review*, Winter, 1987.

50. Teresa M. O'Toole, Amerada Hess Shipping Corp. v. Argentine Republic: An Alien Tort Statute Exception to Foreign Sovereign Immunity, *Minnesota Law Review*, April, 1988.

六、国际条约

1.《联合国宪章》
2. 2004年《联合国国家及其财产管辖豁免公约》
3. 1972年《关于国家豁免的欧洲公约》
4. 1969年《维也纳条约法公约》
5. 1961年《维也纳外交关系公约》
6. 1963年《维也纳领事关系公约》
7. 1953年《保护人权与基本自由公约》
8. 1969年《美洲人权公约》

七、联合国文件

1. Comments and Observation from Governments, UN Doc. A/CN.4/SER.A/1988.

2. Commentaries on Draft Articles on Responsibility of States for

Internationally Wrongful Acts, UN Doc. A/56/10 Supplement 10.

3. Conference on Diplomatic Intercourse and Immunities, Official Records, UN Doc. A/CONF.20/14 with Add.1.

4. Draft Articles on Jurisdictional Immunities of States and their Property, with commentaries, in Yearbook of the International Law Commission, 1991, vol. II, Part 2.

5. Draft articles on State responsibility—texts adopted by the Drafting Committee: articles 28-32 and title of chapter V of the draft—reproduced in A/CN.4/SR.1567, para.1 and SR.1579, para.1, UN Doc. A/CN.4/L.297 and Add.1.

6. Draft Report of the ILC on the Work of its Fortieth Session: Jurisdictional Immunities of States and Their Property, UNGA Doc. A/CN.4/L.439.

7. Eighth Report on Jurisdictional Immunities of States and Their Property, UN Doc. A/CN.4/396.

8. Fifth report on jurisdictional immunities of States and their property, UN Doc. A/CN.4/363 & Corr.1 and Add.1 & Corr.1.

9. Jurisdictional Immunities of States and Their Property, Information and Materials Submitted by Governments, UN Doc. A/CN.4/343.

10. Report of the International Law Commission on the work of its Thirtieth session, Official Records of the General Assembly, Thirty-third session, Supplement No. 10, UN Doc. A/33/10.

11. Second report on jurisdictional immunities of States and their property, UN Doc. A/CN.4/331 and Add.1.

八、国内立法

1.《中华人民共和国民事诉讼法》
2.《中华人民共和国领海与毗连区法》
3.《中华人民共和国外国中央银行财产司法强制措施豁免法》
4. 美国《外国主权豁免法》

5. 英国《国家豁免法》

6. 南非《外国国家豁免法》

7. 澳大利亚《外国国家豁免法》

8. 加拿大《国家豁免法》

9. 阿根廷《有关外国国家豁免的第24488法令》

10. 以色列《外国国家豁免法》

11. 日本《有关外国国家的日本民事管辖法》

九、其他文件

1. Asian-African Legal Consultative Committee, Final Report of the Committee on Immunity of States in Respect of Commerical and Other Transactions of a Private Character.

2. Harvard Law School, Havard Draft Convention on Competence of Courts in Regard to Foreign States.

3. International Law Association, Montreal Draft Convention on State Immunity.

4. League of Nations, Report of the Subcommittee of Experts for the Progressive Codification of International Law on Competence of the Courts in Regard to Foreign States.

5. Letter form Jack B. Tate, Acting Legal Advisor of the Department of State, to Philip B. Perlman, Acting Attorney General.

6. Organization of American States, Inter-American Draft Convention on Jurisdictional Immunity of States.

附录　国家侵权行为管辖豁免相关立法及立法草案、建议稿

序号	立法、立法草案、建议稿名称	具体规定
1	美国1976年《外国主权豁免法》	第1605节　第1条： 在下列任一情况下，外国国家在美国联邦法院或州法院都不享有管辖豁免： …… 6. 第2款（诉讼是基于外国国家在美国进行的商业活动提起的；或基于外国国家在美国的行为提起，而该行为与外国国家在美国境外的商业活动相关；或行为虽发生在美国领土外，但与外国国家在美国境外的商业活动相关，且对美国产生直接影响）未涵盖的其他情形，如因外国国家或其官员、雇员在其职权或雇佣范围内的侵权行为或不行为在美国造成的人身伤害、死亡或者财产在美国境内的损失或丧失，为此而向外国国家索赔。
2	英国1978年《国家豁免法》	第4条： 外国国家对由在英国的作为或不作为而引起的有关下列诉讼不得享有豁免： （1）死亡，或人身伤害；或 （2）有形财产之损害或灭失。
3	新加坡1979年《国家豁免法》	第7条： 外国国家对由在新加坡的作为或不作为而引起的有关下列诉讼不得享有豁免： （1）死亡，或人身伤害；或 （2）有形财产之损害或灭失。

续表

序号	立法、立法草案、建议稿名称	具体规定
4	南非1981年《外国国家豁免法》	第6条： 外国国家不应在本共和国法院受理的与下列问题有关的诉讼中享有豁免： （1）死亡，或人身伤害；或 （2）有形财产之损害或灭失。 以上问题由发生在本共和国内的作为或不作为引起。
5	澳大利亚1985年《外国国家豁免法》	第13条： 外国国家不得在与下列问题有关的诉讼中享有豁免： （1）死亡，或人身伤害；或 （2）有形财产之损害或灭失。 以上问题由发生在澳大利亚的作为或不作为引起。
6	加拿大1985年《国家豁免法》	第13条： 外国国家在发生在加拿大的有关下列诉讼不得享有豁免： （1）死亡，或人身伤害；或 （2）财产之损害或灭失。
7	阿根廷《有关外国国家豁免的第24488法令》	第2条： 外国国家不得在下列案件中援引管辖豁免： …… （6）当外国国家成为在阿根廷实施的犯罪或违法活动造成的损失或损害赔偿诉讼的被告时。
8	以色列2008年的《外国国家豁免法》	第5条： 外国国家不应在于以色列境内从事的侵权行为所引发的人身伤害或有形财产损害诉讼中享有管辖豁免。
9	日本2009年《有关外国国家的日本民事管辖法》	第10条： 在被指为外国国家所从事的行为造成的人身伤亡或动产损害或灭失案件中，如果所指的行为发生在日本，且从事行为之人在当时位于日本，外国国家不应在与上述行为造成的损害或损失的金钱赔偿诉讼相关的司法程序中享有豁免。
10	《关于国家豁免的欧洲公约》	第11条： 缔约国不得主张免于另一缔约国法院的管辖，如诉讼涉及因人身伤害或毁损有形财物而请求损害赔偿，而造成伤害或毁损的事实又发生于法庭地国的领域内，其伤害和毁损的肇事者在发生此项事实时，亦在该领域内。

续表

序号	立法、立法草案、建议稿名称	具体规定
11	《联合国国家及其财产管辖豁免公约》	第12条： 除有关国家间另有协议外，一国在对主张由可归因于该国的作为或不作为引起的死亡或人身伤害、或有形财产的损害或灭失要求金钱赔偿的诉讼中，如果该作为或不作为全部或部分发生在法院地国领土内，而且作为或不作为的行为人在作为或不作为发生时处于法院地国领土内，则不得向另一国原应管辖的法院援引管辖豁免。
12	《中美洲国家管辖豁免公约草案》	第6条： 国家遇下列情形不应提出管辖豁免： …… （5）在由第5条第1段（注：国家不应在法院地国从事的商业或贸易活动有关的诉讼中主张豁免）所提的活动而产生的财产损失、损害或侵权责任的诉讼中。
13	国际法协会1982年草案	第3条： 外国国家不应享有法院地国对以下事项的管辖豁免： …… （6）当诉因与以下情况有关： （a）人身伤亡；或者 （b）财产损害或损失。 以上两条只有造成人身伤亡、财产损害或损失的作为或不作为全部或部分发生在法院地国时才适用。